经济管理高职高专"十二五"部委级规划教材

QIYE WULIU GUANLI SHIWU

企业物流管理实务

包忠明◎编著　袁淑清◎主审

中国纺织出版社

内 容 提 要

本书按照高职教育培养目标的要求，以"教程"方式重点突出企业物流管理的操作技能知识，以实际工作"案例"和"问题"介绍企业采购与供应物流管理、企业生产物流管理、企业销售物流管理等基本技能知识，为学习企业物流管理知识和掌握企业物流管理技能提供有力支撑。

图书在版编目（CIP）数据

企业物流管理实务/包忠明编著 . —北京：中国纺织出版社，2015.2（2022.8 重印）

经济管理高职高专"十二五"部委级规划教材

ISBN 978 - 7 - 5180 - 1249 - 7

Ⅰ . ①企… Ⅱ . ①包… Ⅲ . ①企业管理—物流—物资管理—高等职业教育—教材 Ⅳ . ①F273.4

中国版本图书馆 CIP 数据核字（2014）第 281647 号

策划编辑：顾文卓 责任印制：储志伟

中国纺织出版社出版发行

地址：北京市朝阳区百子湾东里 A407 号楼 邮政编码：100124

销售电话：010—67004422 传真：010—87155801

http://www.c-textilep.com

E-mail：faxing@ c-textilep.com

中国纺织出版社天猫旗舰店

官方微博 http://weibo.com/2119887771

北京虎彩文化传播有限公司 各地新华书店经销

2015 年 2 月第 1 版 2022 年 8 月第 8 次印刷

开本：787×1092 1/16 印张：17.5

字数：359 千字 定价：42.80 元

　　企业物流管理不仅是企业管理的一个分支，而且是物流管理从业人员所必须学习掌握的重要职业技能。高职高专企业物流管理课程是一门关于企业采购、生产、销售过程中物流活动管理知识与技能的职业技能课程，它是高职高专物流管理专业职业技能课程体系的重要组成部分。

　　《企业物流管理实务》采取校企合作的研讨模式，共同对教材编写理念、编写思路、编写内容和编写方法等进行了认真细致的研讨。在充分调研和吸收企业管理人士意见的基础上，根据高职高专教育的培养目标和国家物流管理职业标准，坚持以培养全面素质教育为基础，以职业能力为本位，以就业为导向的指导思想，贯彻工学交替、学做一体的教育教学理念，使教材在编写思路和内容安排上均有所创新和突破。

　　教材以企业物流管理工作流程和企业典型工作任务为主线构建编写内容，围绕企业物流管理工作过程，序化技能知识与技能方法。教材的内容主要包括企业物流管理认知、企业采购物流管理、企业库存管理、企业生产物流管理、企业销售物流管理、企业回收与废弃物流管理和企业现代物流管理模式7个学习单元，构建了涵盖企业物流管理工作中所涉及的主要技能知识与技能方法的多个学习项目，使教材内容具有较强的针对性和实操性。

　　教材采取案例导入、任务引领的编写形式，将知识点与技能点"情境化"、"问题化"、"案例化"和"工作化"。每一单元均由"导入案例"导入单元内容，使单元内容"情境化"；技能知识均引入"问题"思考，使技能知识"问题化"；技能方法均围绕工作案例，使技能方法"案例化"和"工作化"。每一单元各子项目后编排了"拓展阅读"，作为相关知识的延伸及案例资料的拓展；每一单元各子项目后还编写了适量训练技能知识与技能方法的训练题，供学习者练习和训练使用；每一单元最后用"单元小结"对单元内容进行概括，可供学习者快速查阅相关知识点。

教材是为适应高职高专物流管理及其相关专业企业物流管理课程教学需要而编写的，也可作为成人教育、岗位培训等其他层次和类别企业物流管理课程教学和培训的教材及企业物流管理从业人员的学习参考书。

教材由包忠明教授独立完成全部书稿的撰写和统稿。袁淑清教授担任教材主审，对教材内容进行了认真审阅，并提出了修改意见。

在教材编写过程中，汲取了多家企业管理人士的建议，参阅了多本相关教材、著作及多篇论文和互联网资讯，在此表示诚挚的谢意。由于时间和水平的限制，书中会有一些不足之处，真诚地希望使用本教材院校的师生和企业专业人士提出宝贵意见。

编著者
2013.9

目录

单元1 企业物流管理认知

学习目标

完成企业物流管理的认知，能够准确描述企业物流及其管理的相关概念和原理，为学习企业物流管理知识与技能奠定基础。

学习内容

企业物流、企业物流管理、企业物流管理组织、企业物流合理化。

导入案例

青岛啤酒：厂内物流的提升策略

"喝啤酒就喝新鲜的青岛啤酒"，这不是一句空洞的广告词，背后支撑它的是青岛啤酒内部高效的物流运作。深圳青岛啤酒朝日有限公司（以下简称深圳青啤）主要生产纯生品牌，属于较少几家能生产纯生品牌的工厂，其产品辐射区域为全国。深圳青啤在物流信息化、搬运装卸集装化、储位精细化、设施布局科学化等方面形成了一条符合自身特色的物流管理之路。

1. 改进了包装

走进工厂内部，首先看到的是整整齐齐堆放成一板一板的直立空瓶（青岛纯生必须用新瓶），这是深圳青啤 2013 年下半年对供应商的新要求，之前全用麻袋运输和装卸，不仅物流效率低下，更重要的是上灌装线（生产线）时需按上线的要求进行人工转换，增加了物流环节，使得成本高、效率低。如今通过托盘化运作，最小流通单位由袋改为板，整个物流过程中的搬运、装卸、储存、运输、上线等均以集装化方式运作，效率得到提高，可以直接到生产线边。

2. 提高了仓容利用率

深圳青啤的成品仓有三个，与成品罐装线形成"凸"字格局，总面积 24000 平方米的仓库相当于三个足球场的面积，库存能力达 16000 吨，仅由 13 人管理，平均每人管理 1800 平方米。而在此之前的管理比较粗放，仓容利用率不高，见空就放使得库内通道堵塞、耽误查找，常出现发货延迟的现象。随着产量持续走高，仓储资源显得严重不足。2011 年物流管理系统被全面引入，通过精细测量，整体规划出储位和通道，使得仓储能力提高 20% 以上。

因生产批次数量有多有少，对储位能力的需求大小不一，为了提高仓容利用率，更好实现先进先出，管理者将仓库储位分为标准的大储位（比如某区60板为一个储位）和随机的小储位来实现仓储能力的柔性管理，从而满足多样化的需求。

3. 实施了托盘标准化

由于啤酒是重货，堆放高度和空间利用率形成矛盾，深圳青啤从平面到空间进行了各方面的优化与挖潜。为充分利用仓库高度，深圳青啤经过优化托盘码放，加强了底层的承受力，将托盘定为三层标准。在考虑充分利用面积的前提下，深圳青啤先后选用过1200mm×1000mm和1000mm×1000mm规格的托盘，但最终选定为1100mm×1100mm的规格，一方面是因为与啤酒小箱包装吻合度最高，另一方面可与集装箱或箱式货车的230mm宽度匹配。

4. 建立了可追溯信息系统

为满足客户差异化的需求，青啤的库存单品达80种之多。如何将合适的产品放在合适的地方，并能快速拣出来？这曾经是一个难题，而青岛啤酒通过自行开发的仓储管理信息系统（WMS）使得这一问题得到了有效解决。

首先，WMS会进行数据分析，统计比较出不同品类的进出库频率。对于大进大出的品类，则将其储位规划在靠近进出货口的地方，流量低、周转慢的品类的储位则离出入口稍微远些。其次，每支瓶装啤酒在灌装后，由专用激光机在瓶盖上打上具有唯一性的条码。在装箱后，每支啤酒瓶上的条码与纸箱上的条码建立集装关联；接着装上托盘，纸箱条码又与托盘的板条码建立关联。等叉车来取货入库时，车载终端使托盘的板条码与库位条码之间建立关联。这一系列关联最终形成了数据库，为WMS提供数据分析依据，支持物料在厂内的流动距离最短，并将客户交付的内部前置期缩到最少。最后，叉车司机按照包含产品批号的出货指令从储位取出货物，装上提货车辆，物流承运商的车辆又通过自带车载终端与货物建立关联（青啤对物流承运商的车辆信息化有要求）。

通过信息化系统，青岛啤酒将厂内物流延伸到厂外，可追溯到产品运到下游的中央物流中心、区域物流中心、终端物流中心以及经销商的全过程。

——资料来源：中国社会科学网（http：//www.cssn.cn/glx/glx_jdal/201401/t20140109_939995.shtml）。

案例问题：案例中企业都实施了哪些物流管理策略？这些物流管理策略涉及哪些企业物流活动？

案例问题提示：案例中企业主要实施了包装改进策略、仓容提高策略、托盘标准化策略和信息系统追溯策略等企业物流管理策略。这些物流管理策略涉及仓储、包装、搬运和信息处理等企业物流活动。

1.1 企业物流

在企业生产经营过程中，伴随着采购、生产加工、销售等活动，存在着各种原材料、零部件、半成品和产成品的流动，这就是企业物流活动。

1.1.1 企业物流的概念

企业物流仅限于企业生产经营范围内，侧重于企业内部物流活动。企业物流是以企业生产经营为核心的物流活动，属于微观物流。

（1）企业物流的定义

企业物流是指企业在生产经营活动中所发生的物流活动。企业在生产经营过程中，物品从供应、生产、销售到回收及再利用的整个过程，会发生运输、储存、装卸搬运、包装、配送、信息处理等物流活动。因此，企业物流表现为企业内部的物品实体流动以及完成物品实体流动的各种物流活动。

从系统论的观点来看，企业物流构成了一个系统。企业生产经营活动始于供应活动，通过对原材料、设备、人力和资金等的投入，经过加工运营，转换为最终的产品或服务，并通过销售活动提供给客户。企业物流处于企业生产经营活动之中，伴随企业生产经营活动的全过程。企业物流系统由运输、储存、装卸搬运、包装、配送和信息处理等要素构成。当企业物流组织向物流系统输入人力、物力、财力等各种资源后，经过企业物流系统中的运输、储存、装卸搬运等功能要素的作用，就可以为客户提供物流服务。企业物流系统如图 1 - 1 所示。

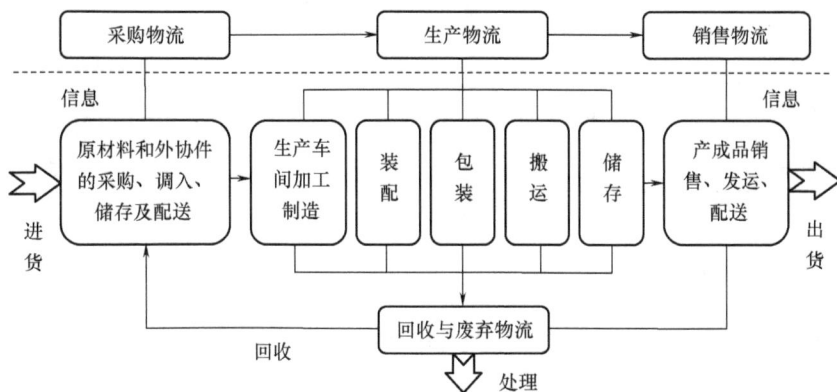

图 1 - 1　企业物流系统示意图

◇问题 1 - 1：请根据图 1 - 1 描述企业物流系统的构成。

（2）企业物流的特征

企业物流属于微观物流，它是仅限于企业内部的物流活动。企业物流具有连续性、物料流转、二律背反等特点。

①连续性

企业物流将企业整个生产经营过程中的所有孤立的作业点、作业区域有机地联系在一起，构成了一个连续不断的企业内部生产经营体系，使企业内部物流由静态的点和动态的点相结合联系起来而形成网络结构。

②物料流转

物料流转是企业物流的关键特征。物料流转即物料在企业生产经营过程中的流转运动，包括原材料、零部件、半成品和产成品等在厂区、库区、车间与车间之间的流转，工序与工序之间的流转，以及生产机台之间的流转等。在企业生产经营过程中，物料流转始终贯穿于生产、加工制造的全过程。

③二律背反

二律背反又称二律悖反、效益背反等，原指规律中的矛盾，即在相互联系的两种力量的运动规律之间存在的相互排斥现象。在企业物流中，二律背反是指企业物流与服务水平之间或物流各子系统功能之间的二重矛盾，即追求一方必须舍弃另一方的状态。例如，企业使用卡车运输商品，降低运费的最好方法是使卡车满载，即卡车装载商品的一次装载量尽量实现大批量，从而减少运输次数。与小批量运输次数频繁的运输相比，大批量运输的费用更为经济。但是，大批量运输会导致收货地仓库的商品库存量多于小批量运输，同时仓储保管费用也会增加。

企业物流中几种常见的二律背反现象见表 1-1。

表 1-1 常见的企业物流二律背反现象

管理目标与手段		背反结果	
降低储存费用	减少库存及仓库数量	进货次数增加	采购运输费用提高
降低包装费用	简化包装	装卸和运输破损	装卸和运输效率降低
降低缺货率	增加库存及仓库数量	库存量增加	仓储费用提高
装卸作业均匀化		运输难度增加	运输费用提高

1.1.2 企业物流的构成

企业物流的构成是指企业物流活动按其发生的先后次序划分为不同的组成部分。企业物流包括从采购生产所需的各种生产资料开始，经过加工制造，形成产成品并供应给客户为止的全过程，还包括随生产消费过程所产生的废弃物的回收和再利用活动。因此，伴随着企业供应、生产、销售等不同阶段，形成了企业采购物流、生产物流、销售物流、回收与废弃物流。

（1）采购物流

采购物流是指企业为采购所需的各种物资所发生的物流活动。采购物流表现为在为企业提供原材料、零部件或其他物料时，物品在供应者与需求者之间的实体流动。

企业采购物流体系如图 1 - 2 所示。

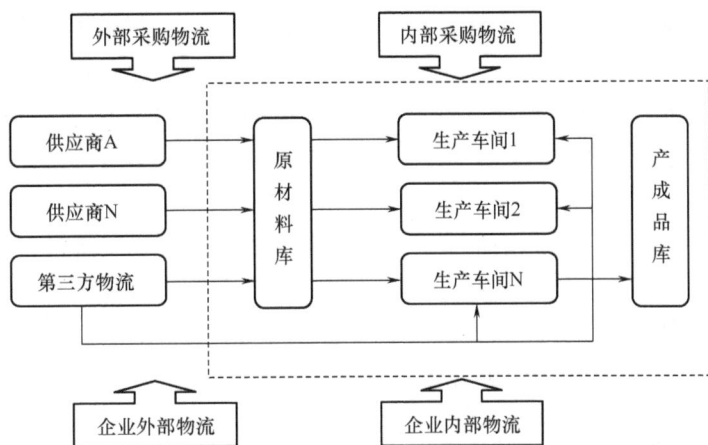

图 1 - 2　企业采购物流体系示意图

◇问题 1 - 2：请根据图 1 - 2 描述生产企业的采购物流体系。

由图 1 - 2 可知，企业需要根据生产经营计划组织采购物流，采购物流不仅可以在企业外部的企业与供应商之间发生，而且可以在企业内部各生产经营单元之间发生，所以，采购物流可以划分为企业外部采购物流和企业内部采购物流。企业外部采购物流是企业向供应商采购所需物资而发生的物资运输、仓储、装卸搬运等物流活动；企业内部采购物流是企业组织内部物资仓储以及将物资送达生产单元的物流活动。

（2）生产物流

生产物流是指企业在生产加工过程中所发生的物流活动。生产物流表现为在生产过程中发生的涉及原材料、在制品、半成品、产成品等的物流活动。

生产物流体现着物料实物形态在生产加工阶段的流转过程。在生产加工过程中，原材料、燃料、外购件等投入生产后，经过下料、发料，运送到各加工点和存储点，以在制品的形态，从一个生产单元流入另一个生产单元，按照规定的工艺过程进行加工、储存，借助一定的运输装置，在某个加工点内流转，又从某加工个点内流出，形成完整的物料实物形态流转过程。

（3）销售物流

销售物流是指企业在出售商品过程中所发生的物流活动。销售物流是企业为保证自身的经营利益，伴随销售活动而将产品所有权转给用户的物流活动。

销售物流是产品从生产地到用户的时间和空间的转移，是以实现企业销售利润为目的的，是包装、运输和储存等环节的统一。销售物流活动带有极强的服务性，以满足买方的要求，最终实现销售。

（4）回收与废弃物流

回收与废弃物流分别是指回收物流和废弃物流。回收物流是对生产和流通中的可利用物资再利用的物流活动。废弃物流是对生产和流通中的不可利用物资进行处理的物流活动。

回收与废弃物流产生于生产经营与消费过程。回收与废弃物流中的物资常见的产生来源包括生产加工过程中产生的废品、边角余料、废渣、废水，流通过程中产生的变质、损坏的物资，以及废弃包装材料等，消费过程中产生的丧失使用价值的物资，如办公垃圾、家庭垃圾等。

回收与废弃物流中的物资有一部分形成再生资源，即可以回收并再利用的物资；另一部分基本或完全丧失了使用价值，即无法再利用的废弃物。将可以回收并再利用的物资进行分拣、加工、分解，使其成为有用的物资重新进入生产和消费，形成回收物流；将无法再利用的废弃物根据实际需要进行收集、分类、加工、包装、搬运和储存等，并分送到专门处理场所，形成废弃物流。

1.1.3 企业物流的分类

企业物流可以按照不同的分类标准划分为不同的类别，包括按企业的性质和物流活动的主体进行不同的分类。

（1）按企业的性质分类

按企业性质的不同，企业物流可分为生产企业物流与流通企业物流。

①生产企业物流

生产企业物流是指主要从事生产制造企业的物流活动。生产企业物流涵盖了购进生产经营所需的原材料、设备等物资，经过生产加工生产出产成品，最后销售给客户的整个过程中所发生的物流活动。生产企业物流按照企业生产经营的不同阶段可以划分为采购阶段物流、生产阶段物流、销售阶段物流。生产企业物流系统如图 1 - 3 所示。

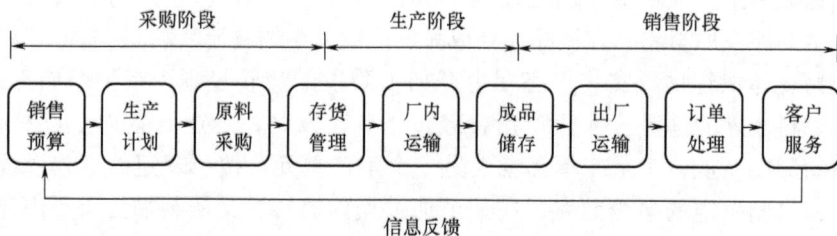

图 1 - 3　生产企业物流系统示意图

◇问题 1 - 3：请根据图 1 - 3 描述生产企业物流系统的构成。

在图 1 - 3 中，采购阶段物流主要表现为企业根据销售预算和生产计划进行原材料等物资采购，原材料等物资流入企业仓库而形成的物流活动。生产阶段物流主要表现为企业生产部门从仓库领取原材料等运输到生产车间进行生产加工变为产成品并入库而形成的物流活动。销售阶段物流主要表现为企业根据订单从成品仓库提取成品运送给客户而形成的物流活动。

②流通企业物流

流通企业物流是指主要从事商品流通企业的物流活动。流通企业物流涵盖了从事商品批发、商品零售或者批发零售兼营以及从事实物流通企业的物流活动。流通企业物流可以划分为批发企业物流、零售企业物流、物流企业物流。

批发企业物流是主要为转售而从事商品销售的流通企业的物流活动。批发企业物流主要包括贸易批发商、代理商、代销商及制造商的销售分支机构等流通企业形式的物流活动。

零售企业物流是主要为消费者销售商品和提供服务的流通企业的物流活动。零售企业物流包括小到夫妻店、大到巨型购物中心，从百货商场到邮购、电视购物和互联网购物等零售形式所涉及的物流活动。

物流企业物流是专门为批发、零售企业完成商品流通的物流企业的物流活动。物流企业物流包括运输、保管、储藏、包装、装卸、加工等综合功能的物流活动。物流企业物流可以划分为仓储企业物流、配送中心物流和第三方物流等。

（2）按物流活动主体分类

按物流活动主体不同，企业物流可分为企业自营物流与第三方物流。

①企业自营物流

企业自营物流是指企业自备车队、仓库、场地、人员，以自给自足方式经营企业的物流业务。在现代企业物流模式下，企业自营物流不再是传统物流作业功能的自我服务，而是以生产制造企业为核心的供应链物流管理。

②第三方物流

第三方物流是指发货人和收货人之外的专业物流企业提供物流服务的业务模式。第三方物流包括物流系统设计、货物集运、选择承运人、海关代理、仓储管理、信息管理、业务咨询、价格谈判和报表管理等物流服务业务。

拓展阅读 1-1

物流师考试案例例题：内部物流

2001 年 3 月 25 日某百货公司通过海尔网站的电子商务平台下达了 55 台商用空调订单，订单号：5000571。海尔物流采购部门、生产制造部门同时接到订单信息。在计算机系统上显示出商用空调事业部的缺料情况；采购部门向压缩机供应商发布网上订单；配送部门（根据配送单）4 小时送料到工位。

3 月 30 日海尔完成了 55 台商用空调的生产，并在当天配送给用户。海尔完成客户定制订单只用了 5 天。

请分析：（1）海尔企业内部物流的一体化运作情况；

（2）海尔物流与社会物流的关系。

案例分析：（1）海尔以订单处理为核心建立电子商务网站。在企业内部实现订单与生产系统、采购系统的连接，自动确定出生产计划和采购计划，并通过配送部门实现原材料的门到门的配送。

（2）海尔虽然拥有自己的配送部门等物流系统，但在第三方物流日益完善的情况下，完全可以利用第三方物流的资源，以较低的成本和较高的水平完善海尔的物流任务。此时海尔物流的作用就是合理计划和安排组织社会第三方物流，使其与海尔自有物流及其生产、采购营销系统无缝衔接。

——资料来源：中华考试网（http：//www.examw.com/wuliu/anli/165250/）

训练题 1－1

一、单项选择题

1. 企业物流是指企业（　　　）过程中的物流活动。

A. 采购　　　　B. 生产　　　　C. 销售　　　　D. 生产经营

2. 企业物流属于宏观物流（　　　）。

A. 正确　　　　B. 错误

3. 企业物流实际上就是企业在生产过程中的物流活动（　　　）。

A. 正确　　　　B. 错误

4. 企业销售物流或称为输出物流（　　　）。

A. 正确　　　　B. 错误

5. 在企业物流系统中，进货物流活动属于系统的（　　　）。

A. 输入　　　　B. 转换　　　　C. 输出

6. 贯穿企业物流系统全过程的物流要素是（　　　）。

A. 运输　　　　B. 仓储　　　　C. 信息　　　　D. 搬运

7. 使企业内部物流由静态的点和动态的点相结合联系起来而形成网络结构，这是企业物流的（　　　）特征。

A. 连续性　　　　B. 物料流转　　　　C. 二律背反

8. 企业物流的关键特征是（　　　）。

A. 连续性　　　　B. 物料流转　　　　C. 二律背反

9. 企业为降低库存成本而减少库存量，会引起采购费用的（　　　），这属于二律背反现象。

A. 上升　　　　B. 降低　　　　C. 上升或降低　　　　D. 固定不变

10. 带有极强服务性的企业物流活动属于（　　　）。

A. 采购物流　　　　B. 生产物流　　　　C. 销售物流　　　　D. 回收物流

11. 对企业生产过程中产生的废水进行处理并循环利用属于（　　　）。

A. 生产物流　　　　B. 回收物流　　　　C. 废弃物流　　　　D. 销售物流

12. 将企业物流分为企业自营物流和第三方物流是按（　　　）所进行的分类。

A. 企业性质　　　　B. 物流活动主体　　C. 物流属性　　　　D. 企业类型

二、多项选择题

1. 下列属于企业物流的物流活动有（　　　　）。

A. 生产加工　　　　B. 装卸搬运　　　　C. 包装　　　　　　D. 配送

2. 下列属于企业物流基本特征的有（　　　　）。

A. 连续性　　　　　B. 物料流转　　　　C. 二律背反　　　　D. 分散性

3. 下列属于"二律背反"现象的有（　　　　）。

A. 减少库存降低储存费用，从而增加进货次数和进货成本

B. 简化包装降低包装费用，从而降低包装强度和装卸搬运效率

C. 增加库存降低进货成本，从而减低缺货率

D. 片面追求装卸作业均衡化，从而增加运输难度

4. 下列属于企业物流构成内容的有（　　　　）。

A. 采购物流　　　　B. 生产物流　　　　C. 销售物流　　　　D. 回收和废弃物流

5. 企业物流按照物流活动主体可以划分为（　　　　）。

A. 生产企业物流　B. 流通企业物流　C. 企业自营物流　D. 第三方物流

6. 下列属于生产企业物流活动的有（　　　　）。

A. 生产加工　　　　B. 厂内运输　　　　C. 成品仓储　　　　D. 客户服务

7. 流通企业物流可以划分为（　　　　）。

A. 批发企业物流　B. 零售企业物流　C. 物流企业物流　D. 内部物流

8. 下列属于物流企业物流的有（　　　　）。

A. 社会物流　　　　B. 仓储企业物流　C. 配送中心物流　D. 第三方物流

1.2　企业物流管理

现代企业管理不仅包括传统的生产管理、财务管理、营销管理，而且包括物流管理，物流管理逐渐发展成为现代企业管理的重要内容。

1.2.1　企业物流管理的概念

企业物流管理通过企业物流功能的最佳组合，在保证一定服务水平的前提下，实现物流成本最低化，从而提高企业的经济效益。

（1）企业物流管理的定义

企业物流管理是指对企业生产经营中的物流活动进行计划、组织、协调、控制的活动。企业物流管理是企业管理的重要组成部分。

企业物流管理的本质是对物流活动的管理，是处理物流活动关系的活动。企业物流管理是企业物流功能的最佳组合，即企业物流中的运输、储存、装卸搬运、配送、包装、流通加工和信息处理等各种物流功能的最佳组合。企业物流活动关系是企业物

流活动中所发生的企业与其他物流主体以及企业内部的物流业务关系。企业物流管理就是要将企业物流活动中的各种物流功能进行优化组合，并处理好在这一过程中的各种物流活动关系。因此，企业物流管理的目标主要包括确保物流服务水平、物流成本最低化、企业经济效益最大化等。

（2）企业物流管理的产生

企业物流是伴随着企业生产经营活动而产生的，而企业物流被人们所重视并形成企业物流管理却经历了一个较长的认识过程。企业物流管理产生的过程见表1–2。

表1–2　企业物流管理产生的过程

年代	阶段特征
20世纪初	（1）企业物流管理分散于企业采购、供应、营销等各职能部门 （2）库存及其费用成为企业管理的突出问题
20世纪40~60年代	（1）开始运用系统论解决库存问题 （2）出现了物料管理和配送管理 （3）主要对进货物流和出货物流进行管理
20世纪80年代	（1）企业的输入、输出及市场和制造功能得以集成 （2）形成了企业输入、输出的物流全过程管理 （3）企业内部物流实现了一体化管理
20世纪90年代	（1）企业物流管理与供应商管理、客户管理相结合 （2）企业物流管理从企业内部物流一体化管理延伸至供应商和客户管理 （3）企业供应链管理成为企业物流管理的核心

中国在改革开放前并没有物流和物流管理的概念，直到1979年之后才从日本和欧美引入了物流和物流管理的概念。在20世纪90年代前，中国对物流的认识还仅限于"物资流通"，物流和物流管理的研究主要侧重于宏观物流，对企业物流还没有真正重视。20世纪90年代后，企业物流管理逐渐得到企业管理者的认识，特别是近年来国内一些大型企业开始按照现代企业物流管理的要求构建企业物流管理体系，并取得了明显的成效。

1.2.2　企业物流管理的内容

企业物流管理实际上是在降低物流运作成本与确保客户物流服务质量之间的权衡过程，因此，企业物流管理需要合理地组织企业各种资源，实现企业效益的最大化。一般认为，企业物流管理的内容包括物流活动要素管理、物流系统要素管理和物流职能要素管理，见表1–3。

表1-3　企业物流管理的内容

管理内容		管理项目
物流活动要素管理	运输管理	运输方式的选择，运输路线的选择，车辆调度与组织等
	仓储管理	原材料、半成品和产成品的储存策略，库存控制，物资的保管养护等
	装卸搬运管理	装卸搬运系统设计，装卸搬运设备规划与配置，装卸搬运作业组织等
	包装管理	包装容器和包装材料的选择与设计，包装技术方法的改进，包装系列化、标准化、自动化等
	流通加工管理	加工场所的选定，加工机械的配置，加工技术方法的研发与改进，加工作业流程的制定与优化等
	配送管理	配送中心选址及优化布局，配送机械的合理配置与调度，配送作业流程的制定与优化等
	物流信息管理	物流信息的搜集、加工、处理、存储和传输等
	物流服务管理	物流服务战略管理、物流服务营销管理、物流服务信息管理、物流服务质量管理和绩效评估等
物流系统要素管理	人的管理	物流从业人员的招聘与录用，物流专业人才的培训与提高，物流教育、物流人才培养规划与措施的制定与实施等
	物的管理	物资的运输、储存、包装和流通加工等
	财的管理	物流成本的确定与控制，物流经济效益指标体系的建立，物流资金的筹措与运用，提高物流经济效益的方法等
	设备管理	物流设备的选择，物流设备的优化配置，物流设备的合理使用，物流设备的更新改造，物流设备的研制、开发与引进
	方法管理	物流技术的研究、推广与普及，物流科学研究工作的组织与开展，物流新技术的推广普及，现代物流方法的应用等
	信息管理	物流信息的采集、传输、处理、应用等
物流职能要素管理	物流计划管理	物流系统计划的编制、执行、修正和监督等
	物流质量管理	物流服务质量管理、物流工作质量管理、物流工程质量管理等
	物流技术管理	物流基础设施和设备管理，物流专业技术的开发、推广与引进，物流作业流程的制定，物流技术情报和技术文件的管理，物流技术人员的培训等
	物流经济管理	物流费用的确定与控制，物流劳务价格的确定与管理，物流活动的经济核算与分析等

◇问题1-4：请根据表1-3描述企业物流管理的分类情况。

（1）物流活动要素管理

物流活动要素管理包括运输、仓储、装卸搬运、包装、流通加工、配送、信息和服务管理等。物流运输管理主要是对物流运输的规划、运输设备和运输服务的管理；

仓储管理主要是对库存物资的管理；装卸搬运管理主要是为减少装卸搬运次数、实现装卸搬运合理化而组织的管理活动；包装管理主要是借助管理手段最大限度地降低包装成本；流通加工管理主要是对物品在向消费者流通过程中的加工处理的管理；配送管理主要是对配货、装货、送货等物流活动的管理；信息管理主要是物流活动中各种物流信息的输送、处理等活动；物流服务管理主要是为满足客户物流需求而进行的物流活动。

（2）物流系统要素管理

物流系统要素管理主要包括构成物流系统的人、财、物、设备和信息及物流技术方法等的管理。人的要素作为物流系统的核心主体，是物流系统和物流活动中最活跃的要素；物的管理主要是对物流活动中的客体即物质资料实体的管理；财的管理主要是对物流管理中的有关降低物流成本、提高物流效益等方面的内容；设备管理主要是对物流作业中所使用设备的管理；方法管理主要涉及物流技术方法的使用、普及等方面的内容；信息管理主要是将物流信息作为物流系统中枢而有效实施物流管理的过程。

（3）物流职能要素管理

物流职能要素管理主要包括物流计划管理、物流质量管理、物流技术管理和物流经济管理等。物流计划管理主要是对物流活动过程中的各物流环节进行的科学计划管理，它是物流管理工作的首要职能；物流质量管理主要是为提高物流服务水平而实施物流管理活动，它是物流管理工作的中心问题；物流技术管理主要是对物流硬件技术和软件技术的管理，它是物流管理工作的依托；物流经济管理主要是对涉及物流经济要素的管理，物流成本管理是物流经济管理的核心。

1.2.3 企业物流管理的结构

按照企业物流管理的功能，可以将企业物流管理划分为规划管理、控制管理和作业管理三个层面，如图1-4所示。

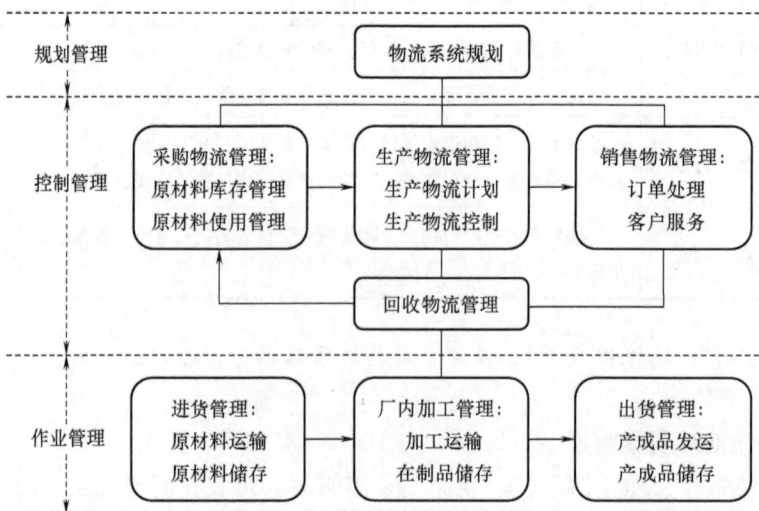

图1-4　企业物流管理结构示意图

◇问题 1-5：请根据图 1-4 描述企业物流管理的结构。

规划管理是对整个物流系统进行统一计划、实施和控制。规划管理的目的在于通过实施规划管理而形成有效的反馈约束和激励机制，其主要内容包括物流系统战略规划、系统控制和绩效评定等。

控制管理是对物流流动过程的控制。控制管理主要内容包括订货处理、客户服务、库存计划与控制、生产计划与控制、物料采购与管理等。

作业管理是为完成物料在企业生产经营过程中的时间和空间转移而实施的管理活动。作业管理主要内容包括发货与进货运输、厂内加工运输、包装、保管和流通加工等。

拓展阅读 1-2

石钢：加强物流管理　降低物流成本

在严峻的市场形势下，物流费用在钢铁企业的生产成本中占 15% 左右的比例。如何才能把这"车轮"上的费用降下来？石家庄钢铁有限公司进行了一系列探索，以"全物流成本管理"为重点，不断完善物流费用管理流程，推动结构优化降本。

1. 创新管理夯实基础

石钢公司目前全部物流作业包括原料运输、厂区内及厂区间搬运、钢材外销运输等，具有环节多、流程长、工作量大等特点。目前，石钢公司的物流组织全部由第三方物流单位来承担，科学高效地进行物流管理，是实现物流成本降低目标的基础。

为强化管理，石钢公司明确了整体物流业务的主管领导和主责部门，按照物资进厂到出厂顺序，划分出了各分管部门，组建了物流费用管理机构，实现了专业管理与集中管控相结合。以物流"五定"（物料"定点"存放、车辆"定路线"行走、车辆"定时"运行、车辆"定车型"、管理"定人"）为原则，公司对厂区物流及物料进行全面梳理，明确了入厂车辆运行路线和待车点，从而达到车辆路线的统一管理和物流车辆的高效运行。

2. 信息技术事半功倍

鑫跃焦化原料基地距公司主厂区有 70 千米，全部物料靠汽运。对烧结矿、焦炭运输的在途、滞留、候车情况及时掌控，是保证高炉正常生产的关键。为了保证这条生命线的畅通，石钢公司对烧结矿及焦炭的运输车辆全部安装了 GPS 监控及报警系统，并结合生产特点，对 GPS 系统进行了定置功能开发，实现了对在途车辆运行方向和实时轨迹、聚集报警、停车超时报警、偏离既定路线报警等功能。

物流一卡通系统和自动排号系统则是主要针对车辆在入厂及厂内运行的管理。物流一卡通系统则涵盖进厂物资流、厂内周转物资流、出厂物资流的全过程管理，实现了计量质量数据的实时采集匹配、物资流执行流程管理、车辆运输监督管理、物资库存和仓储管理、调度中心监控管理等。一卡在手，就实现了进厂、过秤、卸货、单据打印、结账等全部流程自助办理的功能。原来需要几分钟完成的工作环节，现在几秒钟即可办妥。速度快、效率高，还减少了多个岗位人员的工作量，效果非常显著。自动排号系统可对车辆入厂秩序进行规范，并能在遇有公司检修和事故状态时，通过程序自动排定待车顺序，提前通知各车辆待车排队情况，避免了车辆在企业的门前长时间待车，实现了各运输单位车辆进厂的公平、公正。

3. 重点攻关成效显著

石钢公司针对物流上存在的问题制定了物流费用管理思路，成立了物流费用管控小组，分进厂物流、鑫跃往来、厂内物流、出厂物流四个大类对公司物流费用进行管理，对各大类费用中详细科目进行分解，细化分工，制定流程。通过重新梳理公司物流费用结构，初步搭建起了全物流费用分析的总体框架。为确保措施落实到位，拟定了《石钢公司降低物流费用考核办法》，在考核物流费用完成情况的同时，确立了 11 项物流关键指标进行日常重点管控。通过与唐钢、邢钢等兄弟单位的对标，公司以"全物流成本管理"为核心，建立起数据交换常态化机制和具体措施交流机制，同时针对重点环节，开展了降低火运调卸、降低延占费用等 5 项攻关，大幅度降低了成本。

——资料来源：全国物流信息网（http：//news. 56888. net/2014311/2582129528. html）。

训练题 1-2

一、单项选择题

1. 企业物流管理的对象是（　　）。
A. 生产活动　　　B. 营销活动　　　C. 财务活动　　　D. 物流活动

2. 仓储管理属于企业（　　）。
A. 物流活动要素管理　　　　　　B. 物流系统要素管理
C. 物流职能要素管理

3. 物流成本的确定与控制属于企业（　　）。
A. 物流活动要素管理　　　　　　B. 物流系统要素管理
C. 物流职能要素管理

4. 物流计划属于企业（　　）。
A. 物流活动要素管理　　　　　　B. 物流系统要素管理
C. 物流职能要素管理

5. 既属于物流活动要素又属于物流系统要素的是（　　）。
A. 运输　　　　B. 仓储　　　　C. 信息　　　　D. 质量

6. 物流劳务价格管理属于企业物流职能要素的物流（　　）管理。
A. 计划　　　　B. 质量　　　　C. 技术　　　　D. 经济

7. 订单处理属于企业物流管理结构中的（　　）层次。

A. 规划管理　　　B. 控制管理　　　C. 作业管理

8. 产成品发运属于企业物流管理结构中的（　　　）层次。

A. 规划管理　　　B. 控制管理　　　C. 作业管理

二、多项选择题

1. 企业物流管理的目标主要包括（　　　）等。

A. 确保物流服务水平　　　　　　B. 物流成本最低化

C. 企业规模最大化

2. 下列关于企业物流管理的表述正确的有（　　　）。

A. 企业物流管理是企业管理的一个分支

B. 企业物流管理是对企业内部物流活动的管理

C. 企业物流管理的唯一目标是使物流功能达到最佳组合

D. 企业物流管理的根本任务是通过使物流功能达到最佳组合实现成本最低和服务最佳

3. 一般认为，企业物流管理的内容包括（　　　）等管理。

A. 物流活动要素　　　　　　　　B. 物流系统要素

C. 物流职能要素　　　　　　　　D. 物流人的要素

4. 下列属于物流活动要素管理的有（　　　）。

A. 物流信息管理　　　　　　　　B. 物流计划管理

C. 客户服务管理　　　　　　　　D. 物流方法管理

5. 下列属于物流活动职能要素管理的有（　　　）。

A. 物流信息管理　　　　　　　　B. 物流计划管理

C. 物流质量管理　　　　　　　　D. 物流技术管理

6. 按照企业物流管理的功能，可以将企业物流管理划分为（　　　）三个层面。

A. 规划管理　　　B. 控制管理　　　C. 技术管理　　　D. 作业管理

1.3　企业物流管理组织

物流管理组织要解决的一个主要问题就是通过企业组织设计安排企业负责物流活动的人员，以便物流活动人员更好地相互协调、相互合作。因此，企业物流管理组织发挥着调节物流活动目标冲突、改善企业内部管理和提高企业物流运作效率等作用。

1.3.1　企业物流管理组织的概念

（1）企业物流管理组织的定义

企业物流管理组织是指企业以物流管理为核心，分解、组合责权，以履行物流管理职能的组织结构。随着企业物流管理活动的发展，企业越来越重视物流管理组织的构建。企业物流管理组织是围绕企业物流管理而构建的，表现为对企业物流管理责任与权力的分解和组合过程。

企业物流管理组织构建的目的是履行物流管理职能。物流管理组织职能就是通过一定的物流组织机构，确定与其相应的职位、职责和职权的过程。物流管理组织职能通过物流组织结合并合理传递信息等一系列活动，将物流各要素连接成为一个有秩序的有机整体。

企业物流管理组织的实质是安排从事物流活动人员的过程。物流要素的结合，最终体现在人的劳动的结合上，即把企业员工承担的物流任务组织成一个体系，以便于企业员工共同为实现企业的经营战略目标而工作。

（2）企业物流管理组织的构成要素

企业物流管理组织的构成要素包括物流管理人员、企业物流信息、企业规章制度以及管理方法和手段等。

①物流管理人员

物流管理人员是企业物流管理组织的主体，物流管理人员的数量、素质和结合方式，影响着整个企业物流管理组织的效率。物流管理人员的主体作用体现在三个方面：一是物流管理职务与人员素质的协调一致；二是物流管理人员责、权、利的统一；三是物流管理人员素质的培养和提高。

②企业物流信息

企业物流信息是企业物流管理组织的媒介，它是连接企业物流管理内部各组成部分的纽带。企业物流管理人员的管理活动，要靠各种物流信息的传输来实现。企业物流信息是企业物流管理组织的神经系统，企业物流管理活动离不开企业物流信息的交流。

③企业规章制度

企业规章制度是企业物流管理组织的行为准则。在企业物流管理组织中，不同物流层次和物流环节的岗位职责不同，每个物流岗位人员的能力和行为方式也不同，必须依靠严格统一的规章制度来规范约束每一个个体的行为。因此，企业规章制度是保证物流组织系统有序、协调运行的重要途径。

1.3.2 企业物流管理组织的发展过程

根据西方国家物流发展的历史和实践，企业物流管理组织的发展经历了职能分割、职能集中、职能整合、职能一体化以及供应链管理等阶段。

（1）职能分割阶段

20世纪50年代前工业化的较长时期内，物流职能分散于企业不同的职能部门，物流作为一种辅助性和支持性活动而不被企业所重视。职能分割就是物流被分割在企业的各个职能部门。职能分割阶段企业无法进行跨部门的物流职能协调，造成影响企业经营的效益低下、经营浪费和信息失真等现象。传统的职能分割情况如图1-5所示。

（2）职能集中阶段

20世纪60年代后，企业逐渐认识到了物流职能集中所产生的效果，并试图通过职能集中的做法来提高物流的作用。职能集中就是将企业物流管理提升到更高层次，实

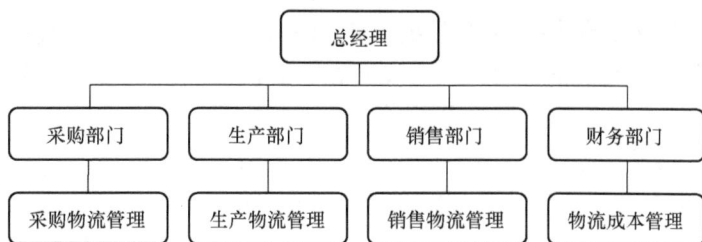

图 1-5　职能分割阶段示意图

行职能集中化管理。在这一阶段，企业管理者协调不同传统部门的物流职能，使之能在一定程度上协调运作，减少相互悖反的内耗现象，实现企业物流管理的综合职能。职能集中情况如图 1-6 所示。

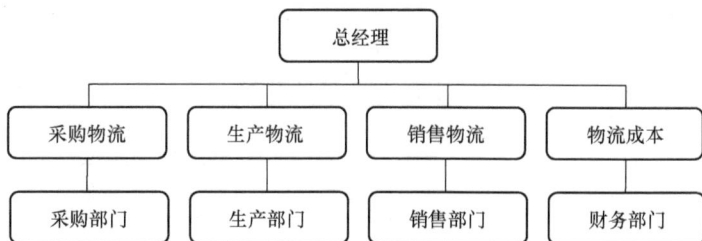

图 1-6　职能集中阶段示意图

物流职能的集中协调虽然能够取得一定程度的效果，但职能的集中主要取决于企业管理者的意志，且经常会遇到来自纵向传统部门分割的阻碍和反弹，难以取得稳定的物流效益。

（3）职能整合阶段

20 世纪 60 年代至 70 年代，许多国家通过物流职能整合来加强物流管理，提高物流职能效益。职能整合就是将处于分割状态的物流职能整合在一起的过程。职能整合是保障对物流进行系统化控制的主要手段。职能整合通过建立独立的物流组织，把分散在不同部门中相同或相近，甚至相冲突的物流资源采取组织手段整合在一起，以消除重复、悖反、脱节现象，增加物流资源的利用率。职能整合情况如图 1-7 所示。

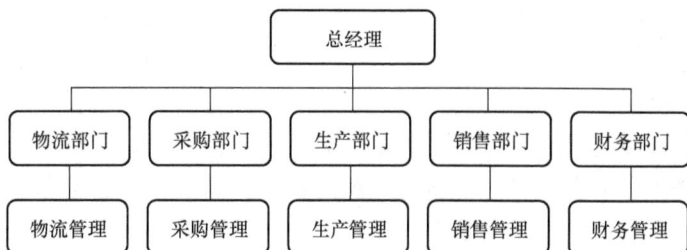

图 1-7　职能整合阶段示意图

物流职能的整合虽然建立了独立于其他职能部门的物流组织,解决了物流系统功能协调的问题,但又出现了新的甚至更多的协调要求,传统部门协调问题依然经常发生。同时,过大的物流组织机构的权力又会在企业内部形成新的结构不平衡和权力冲突,这为改进企业物流组织管理提出了新要求。

(4)职能一体化阶段

20世纪80年代以来,企业物流组织管理随着信息技术的发展而进入职能一体化阶段。职能一体化就是运用信息手段对企业内部物流过程进行一体化有效控制。职能一体化的情况如图1-8所示。

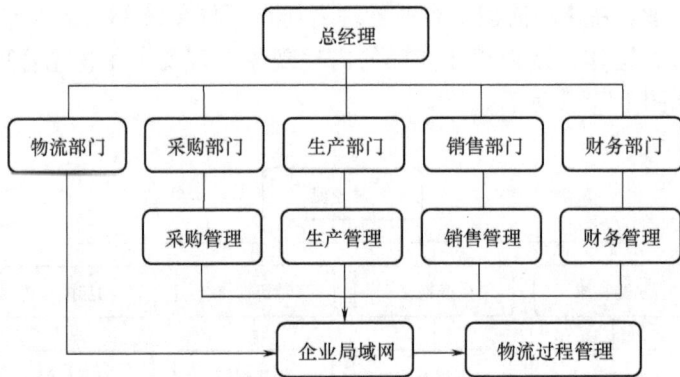

图1-8 职能一体化阶段示意图

在职能一体化阶段,现代信息技术特别是互联网和通讯技术的发展为物流管理提供了强大支撑,使企业物流管理实现了突破性改变。一方面,职能一体化改变了传统权力型管理组织,通过以信息化为基础的一体化管理,实现了对企业物流相关过程的有效控制。另一方面,职能一体化的物流管理不再是侧重于固定组织和部门,而是侧重于对整个物流过程的控制、管理和协调,企业物流管理的重点由职能转换与管理转移到物流过程控制上。

(5)供应链管理阶段

20世纪80年代中期人们提出了供应链管理的概念,直至21世纪,供应链经历了由传统供应链向精细化、敏感化供应链的发展过程。供应链是指在生产经营过程中为最终用户提供产品和服务的上游与下游企业所形成的网络结构。供应链管理是指利用计算机网络技术对供应链中的商流、物流、信息流和资金流进行计划、组织、协调和控制的管理活动。供应链管理系统是一条由终端客户驱动的无缝需求管道。供应链管理的情况如图1-9所示。

在企业物流管理组织发展过程中,职能分割、职能集中、职能整合和职能一体化阶段,基本都是针对企业内部物流活动组织而言的,而供应链管理使企业物流管理延伸到企业外部,将企业外部与企业生产经营相关的供应商、经销商和最终用户等链接起来,构成了供应链物流网络,从而极大地释放了物流管理的能量

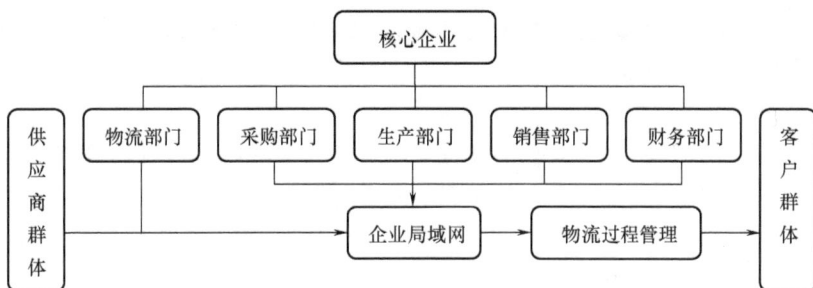

图 1-9　供应链管理阶段示意图

◇问题 1-6：请根据图 1-5、图 1-6、图 1-7、图 1-8、图 1-9 描述企业物流管理组织的发展过程。

1.3.3　企业物流管理组织的模式

典型的企业物流管理组织的模式主要有直线型、参谋型、直线参谋型、矩阵型和项目型等管理组织模式。

（1）直线型组织模式

直线型组织模式是指物流部门的职能岗位按直线排列，且物流部门对企业所有物流活动具有直接管理权和指挥权的组织模式。直线型组织模式是一种比较简单的企业物流管理组织模式，当物流活动对企业经营较为重要时，企业一般采用这种模式。直线型组织模式如图 1-10 所示。

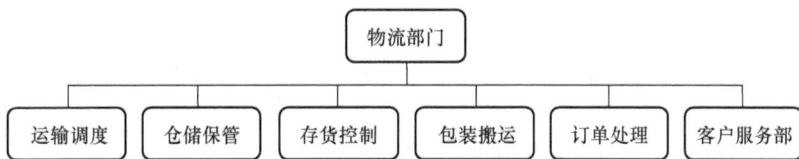

图 1-10　直线型物流组织模式示意图

直线型组织模式的特点表现为两个方面：

①物流部门独立于其他职能部门

在直线型组织模式下，单独设立物流部门，企业物流管理的职能集中于物流部门且具有完全的独立性，不再作为其他职能部门的从属职能而存在，物流部门与其他部门处于并列的地位。

②物流部门独立负责企业物流工作

直线型组织模式的物流部门负责企业的所有物流活动，包括日常物流业务的运作与物流系统的分析、设计、规划等，这对物流部门及其物流经理的管理运作和业务水平提出了较高的要求。

直线型组织模式的优点是能够集中统一管理企业物流活动，避免了物流管理中的相互推诿和相互牵制等现象；缺点是物流部门及其经理全权负责企业所有物流管理工作，增加了管理决策的风险。

（2）参谋型组织模式

参谋型组织模式是指物流部门只负责物流规划、分析、协调以及物流技术等工作的组织模式。参谋型组织模式是按照职能来设计管理组织的一种组织模式，物流部门是其他职能部门物流活动的参谋，一般适用于刚开始实施综合物流管理的企业作为过渡性的组织模式。参谋型组织模式如图1-11所示。

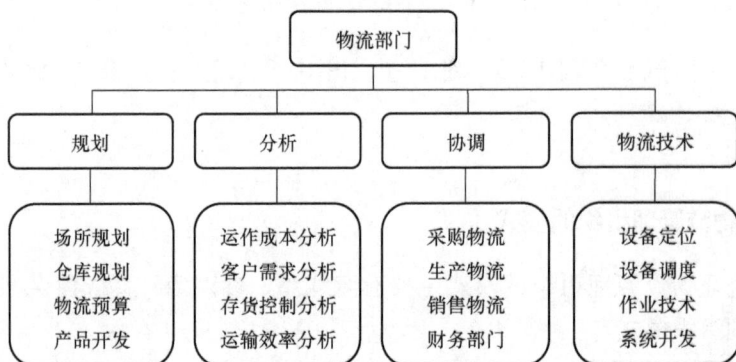

图1-11 参谋型物流组织模式示意图

参谋型组织模式的特点表现为两个方面：

①物流部门不负责企业物流作业活动

在参谋型组织模式下，企业物流活动被划分为两个层次：物流规划活动与物流作业活动。物流部门的职能是负责企业物流规划、分析、协调和物流技术等物流规划层次的活动；其他职能部门的职能是负责运输、仓储、包装、装卸搬运等物流作业活动。

②物流部门对企业物流管理发挥参谋作用

参谋型组织模式的物流部门对企业物流活动只是起到参谋作用，负责其他职能部门的物流管理协调合作，不具有物流作业管理的最终决策权。物流作业活动分散于其他职能部门，由其他职能部门各自决策管理。

参谋型组织模式的优点是能够在较短的时期内使企业采取较新的物流管理手段；缺点是物流作业活动分散在各职能部门，会出现物流效率低下、资源浪费和职权不明等现象。

（3）直线参谋型组织模式

直线参谋型组织模式是指对企业职能部门的物流活动与企业物流规划、分析、协调和物流技术等工作实行垂直式领导的组织模式。直线参谋型组织模式下的物流部门对企业物流规划、分析、协调和物流技术等和企业物流作业活动均具有直接管理权和指挥权。直线参谋型组织模式如图1-12所示。

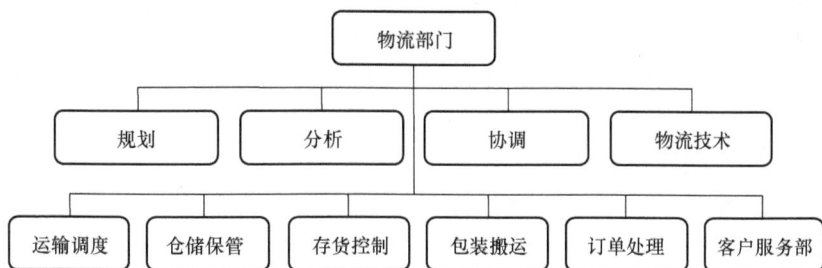

图 1 – 12　直线参谋型物流组织模式示意图

直线参谋型组织模式的特点主要表现为将物流部门的职能划分为参谋职能和业务职能两个层次。参谋职能的职责是在物流经理领导下对现存的物流系统进行分析、规划和设计，并向上级管理者提出改进建议，对业务职能不具有直接管理权和指挥权。业务职能的职责是在物流经理领导下负责企业物流业务的日常运作。

直线参谋型组织模式的优点主要是企业物流管理权集中化，使物流决策更加迅速，易于发挥集团效率。缺点是物流管理部门内部的直线部门与参谋部门之间、物流部门与其他职能之间的目标不容易统一，增加了高层管理人员的协调工作。

（4）矩阵型组织模式

矩阵型组织模式是指由垂直与水平两个方向的物流管理系统交错而组成的组织模式。矩阵型组织模式就是垂直方向的物流业务由原职能部门管理，水平方向的完整物流业务由物流部门管理。由于一个物流业务需要跨越多个职能部门，历时较长且涉及要素众多，因而一个物流业务可以看作一个项目，矩阵型组织模式一般作为类似项目管理的组织模式。矩阵型组织模式如图 1 – 13 所示。

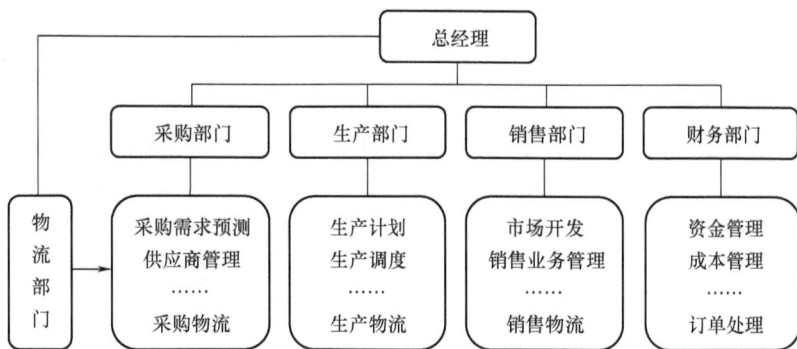

图 1 – 13　矩阵型物流组织模式示意图

矩阵型组织模式的特点表现为将企业物流划分为纵横交错的物流系统，纵向物流由企业各职能部门负责管理，横向物流由物流部门作为类似项目管理的一个完整物流业务来管理。

矩阵型组织模式的优点：一是物流部门作为基于目标管理的责任中心，提高了企业物流运作效率；二是通过物流部门对物流系统进行一体化的规划和设计，提高了物流的整合效应；三是组织形式比较灵活，可以适应企业管理的多种需求。矩阵型组织模式的缺点是物流职权关系受到纵横两个方向的控制，可能会导致某种冲突和不协调。

（5）项目型组织模式

项目型组织模式是指以物流项目为中心，辅之以职能部门的组织模式。物流项目是指为实现某一特定的物流目标而设定的一系列物流任务。项目型组织模式就是围绕物流项目构建的企业物流管理组织。项目型组织模式一般适用于同时进行多个项目但不生产标准产品的企业，常见于一些涉及大型项目的公司，如建筑业、造船业、航空航天业等。项目型组织模式如图 1 - 14 所示。

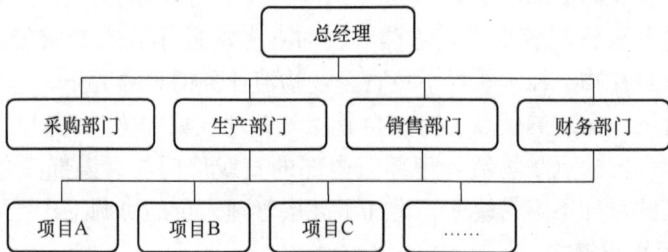

图 1 - 14　项目型物流组织模式示意图

◇问题 1 - 7：根据图 1 - 10、图 1 - 11、图 1 - 12、图 1 - 13、图 1 - 14 比较企业物流组织模式的不同。

项目型组织模式的特点主要表现为每个物流项目构成相对独立的单元，在项目型组织内部，完成每个物流项目目标所需的所有资源完全分配给这个项目，专门为这个物流项目服务。

项目型组织模式的优点是作为企业传统组织模式的补充，既能得到传统组织模式标准化的好处而提高运行效率，又能因项目组织模式的存在而增强灵活性。缺点是组织机构的稳定性和运行的经济性较差，组织内部过多地依赖项目组织的负责人。

1.3.4　企业物流管理组织的设计

企业物流管理组织设计是在充分考虑影响企业物流管理组织因素的基础上，对企业物流管理组织的系统规划。企业为了适应市场变化的需要，在企业物流重组、改造和供应链变化过程中，需要重新调整和建立合适的组织形式，对组织内各种要素进行系统的规划设计。

（1）影响企业物流管理组织的因素

影响企业物流管理组织的因素主要有企业类型因素、企业战略因素、企业规模因素、企业技术因素和企业环境因素等。

①企业类型因素

企业类型在此主要是指企业所从事的经济活动类型。虽然不同类型的企业都存在物流活动，但企业类型不同其物流管理关注的重点是不同的。例如，流通销售类企业的物流管理更多地会关注物资的实物配送；服务类企业的物流管理的中心任务是进行物料管理；生产加工类企业由于涉及的物流活动较多，因而物流管理不仅要关注物料管理，而且要关注实物配送。因此，不同类型企业的物流组织形式和结构具有各自不同的特点，物流管理组织的设计应充分考虑这些不同。

②企业战略因素

企业战略是实现企业组织目标的各种行动方案、方针和方向选择的总称。企业战略的制定必须考虑物流管理组织的实现；为适应既定的企业战略，物流管理组织应做出相应的调整。不同的企业战略要求实施不同的物流业务活动，这会影响物流管理职位的设置；企业战略重点的改变，会引起物流管理组织工作重点与各部门及其内部职位在组织中重要程度的改变。

③企业规模因素

企业规模的大小对企业的物流管理组织具有明显的影响。大型企业的物流管理组织比小型的专业化程度更高，且横向和纵向的分工更细，物流管理规章制度更加健全。而小型企业的物流管理组织结构相对简单，通常只有两三个纵向层次，形成"扁平"式的组织模式，组织内的员工分工也相对比较灵活。

④企业技术因素

技术因素在此是指企业生产经营所采取的技术类型。一般而言，采取常规技术的组织结构标准化程度较高，适合采用追求稳定运行效率的机械式组织；采取非常规技术的组织结构标准化程度较低，适合采用具有适应性和弹性的有机式组织。例如，大量生产企业采用机械式组织最为有效，而单件和连续生产采用有机式组织最为有效。

⑤企业环境因素

企业环境是指一些相互依存、互相制约、不断变化的各种因素组成的一个系统，是影响企业管理决策和生产经营活动的现实各因素的集合。一般情况下，较稳定的企业环境适合采用机械式组织；不确定的企业环境适合采用有机式组织。在当今市场竞争较为激烈的市场环境中，企业物流管理组织必然趋于柔性和弹性，以便于企业物流管理和运作。

（2）企业物流管理组织设计的内容

企业物流管理组织设计的核心内容是物流组织的职能界定和职权划分，还涉及组织层次与宽度、人员配备等问题。

①职能界定

职能界定就是确定企业物流管理组织及其内部各职位的作用和职责。企业物流活动往往分散于生产、销售等职能之中，设计物流管理组织需要对这些物流活动进行分析和整理，以便界定企业物流管理组织的职能。职能界定的一般做法见表 1-4。

表1-4 职能界定的一般做法

做法1	梳理物流组织职能	将企业所有物流活动归并为若干管理项目，再将管理项目归并为若干基本职能。一般而言，企业物流管理组织的职能可以分为采购、运输、仓储、库存控制、订单处理等职能
做法2	确定关键职能	关键职能是企业物流管理组织若干职能中发挥关键作用的职能，与其对应的是非关键职能。确定关键职能的目的在于围绕关键职能进行物流资源的分配，确保关键职能的有效完成
做法2	进行职能分解	职能分解就是将所确定的各项职能分解为具体的物流业务，并确定各项物流业务的具体任务。职能分解的目的是为职权划分提供依据

②职权划分

职权与职责是企业管理组织中并存的两个概念。职权是经由一定正式程序赋予某一职位的权力；职责是某项职位应该完成某项任务的责任。职权划分一方面要坚持权责一致的原则，即企业物流管理组织中各职位的职权与责任要对等一致；另一方面要坚持集权与分权相结合的原则，即企业物流管理组织中的职权集中与分散有利于物流管理组织的有效运作。

③组织层次与管理幅度

组织层次是指企业物流管理组织的纵向结构。组织层次与企业物流管理组织规模成正比，即组织层次随物流管理组织的规模扩大而增加。管理幅度又称管理宽度，是指企业物流管理组织的横向结构，通常表现为组织主管人员有效监督管理其直接下属的人数。管理幅度有一定的限度，超过限度管理效率会下降。

企业物流管理组织层次应根据各级企业物流管理组织的规模大小来设计，规模较大，则组织层次较多；规模较小，组织层次较少。企业物流管理组织的管理幅度应充分考虑物流工作的复杂程度、人员素质、信息沟通和协调难度等因素，合理确定管理幅度的界限。

④人员配备

企业物流管理组织的人员配备是指对物流管理组织中全体人员的配备。人员配备是企业物流管理组织有效活动的保证，也是企业物流管理组织发展的基础。企业物流管理组织的人员配备包括配备物流主管、物流专业人员和作业人员等，其中配备物流主管是完成人员配备的关键。物流主管是企业物流管理组织的直接组织者、指挥者和执行者，配备合适的物流主管是企业物流管理组织有效运作的保证。

企业物流管理组织的人员配备要坚持规范化、经济化、柔性化、动态化的原则。具体做法见表1-5。

表1-5 企业物流管理组织人员配备的具体做法

做法1	按物流管理组织需要配备人员	根据企业物流管理组织的运作需要，使人员配备的数量、层次和结构符合组织的目标任务和组织机构设置的要求

续表

做法2	合理确定物流管理组织的人员比例	组织内部的人员构成比例应合理，应争取不断增加物流专业人员和物流经验丰富人员的比例，控制非专业人员和无物流经验人员的比例
做法3	考察并培训物流管理组织人员	对应聘人员根据岗位标准要求进行考察，对新聘用人员实行岗前培训，建立物流管理人员培训长效机制。
做法4	按物流管理岗位配备合适人员	根据所配备人员的专业背景、技能水平、工作经验等，将物流人员配备在合适的岗位上
做法5	健全物流管理人员考评制度	对员工的业绩进行考评，并据此决定员工的续聘、调动、升迁、降职或辞退

（3）企业物流管理组织设计的过程

企业物流管理组织的设计应坚持分工明晰、责权对称、柔性经济的原则，设计出符合企业目前和未来发展需要的物流管理组织。企业物流管理组织设计的过程一般包括明确企业经营理念和物流管理组织目标、确定物流管理组织定位、选择物流管理组织模式、设计物流管理组织框架、评估和改进物流管理组织结构等（如图 1－15 所示）。

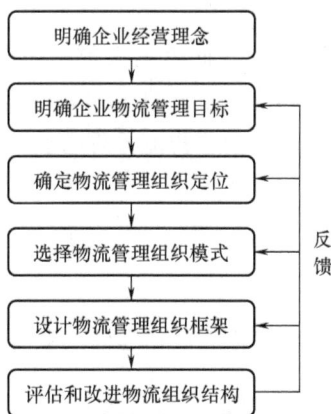

图 1－15　企业物流管理组织设计过程示意图

①明确企业经营理念

经营理念是企业系统的、根本的管理思想。企业经营理念是管理者追求企业绩效的根据，涵盖企业的经营信念、发展方向、基本设想以及企业追求的经营目标等。企业经营理念决定着企业物流管理组织的目标和定位，不同经营理念下设计的物流管理组织结构会有较大差异。

②明确企业物流管理组织目标

企业物流管理组织目标是企业物流管理组织运行所要达到的最终目的，它是贯彻企业经营理念和实现企业物流管理目标的组织保障。企业物流管理目标主要包括确保物流服务水平、物流成本最低化、企业经济效益最大化等。企业物流管理组织目标应围绕企业经营理念，并服从于企业物流管理目标。因此，应该在明确企业经营理念的基础上，按照企业经营目标和物流管理目标的要求来确定企业物流管理组织目标。

③确定物流管理组织定位

企业物流管理组织定位就是确定企业物流管理组织的方向和重点。企业物流管理组织定位是由企业经营理念和企业物流管理目标决定的。例如以顾客服务为经营理念的企业，一般会重视产品送达的准时程度、售后服务等，物流管理组织定位侧重于顾客服务机构的完善；以员工要素为重企业，物流管理组织定位则侧重于发挥人力资源的优势等。

④选择物流管理组织模式

直线型、参谋型、直线参谋型、矩阵型和项目型等物流管理组织模式各有优点和不足，选择时应充分考虑不同模式的优缺点。同时，各种类型物流管理组织模式都有各自的适用范围，应按照物流管理组织模式的适用范围进行选择。

⑤设计物流管理组织框架

企业物流管理组织框架是企业物流管理组织机构的基本构成形式。设计物流管理组织框架一方面要依据企业经营理念、企业物流管理组织目标和定位；另一方面可以参考同行业、同规模企业的组织结构，分析判断企业未来内外环境的变化趋势，设计出灵活、柔性的物流管理组织。

⑥评估和改进物流管理组织结构

企业物流管理组织的设计不是一蹴而就的工作，还需要经过初步设计、试运行和评估，以及改进、修订、完善等过程。企业物流管理组织经过评估运作状况和不断地改进、完善，最终使其能够真正适应企业物流管理与企业未来发展的需要。

拓展阅读 1-3

某企业物流管理组织的变革

某企业的物流工作以生产物流为主，采购物流为辅。物流管理主要针对原材料、在制品和产成品在工厂内部的实物活动和相应的信息流流动过程，同时和公司总部的物流部门合作，参与部分采购物流和信息流活动，以及少量销售物流和信息流活动。

在合资以前，企业采用的是常见的直线型职能组织结构，其中，生产科和销售科分别管理半成品和产成品仓库，采购科管理原材料仓库并负责采购和销售活动中的主要运输工作，整个工厂的物流工作实际上由三者共同承担。

在旧的物流组织体制下，工厂一直备受物流、信息流不畅的困扰，流动资金严重积压，物流成本和生产成本高居不下，员工工作缺乏效率。主要表现在：

（1）物流职能分散，本位主义盛行，部门缺乏合作，人员过于膨胀；

（2）混乱的库存管理制约物流工作，物流路线冗长，物流活动主次不分；

（3）信息流动受阻，前后环节反馈迟缓，信息流和物流不能有效配合；

（4）员工缺乏效率观念和责任感，依赖经验办事。

该企业物流组织体制的变革则先后经历了三个阶段。第一阶段，销售科归入总部销售组织，生产科和采购科合并组建物料科。物料科内部设立计划主管，负责订单接受和生产计划的制订，兼管进口原材料的采购工作；设立仓库主管，统一管理产成品仓库、半成品仓库和原材料仓库；设立记账员，负责各种实物的收发统计；设立物料科长，总体负责工厂的生产与采购物流管理，协调计划主管和仓库主管的工作，并兼管国内原材料的采购工作。但是，车间计划员仍然未纳入物料科直接领导。第二阶段，车间计划员成为物料科下属员工，并受计划主管和车间主任双重领导和绩效考核。第三阶段，设立采购主管，专门负责采购工作，减轻了物料科长和计划主管的负担，进一步理顺了物流组织结构关系。最终的物流组织结构如图 1–16 所示。

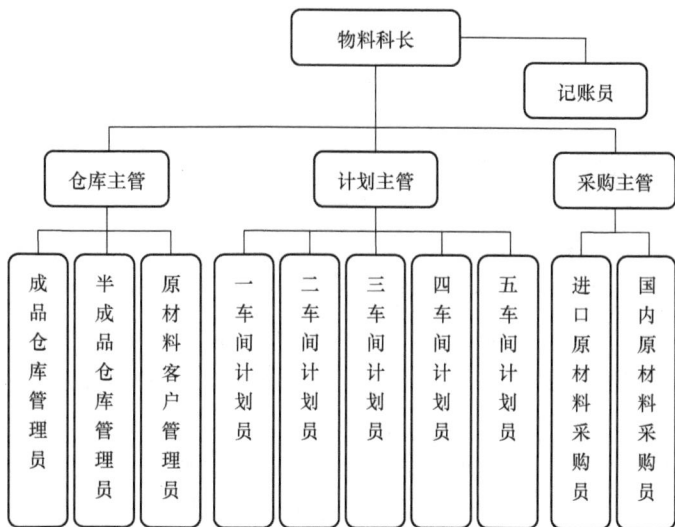

图 1–16　某企业物流组织结构示意图

同物流组织结构一样，物流与信息流流程也发生了很大的变化。部门之间的反馈信息流大量增加；信息流周期大大缩短，一般为周或日循环；运输职能已经移到所属公司总部，原材料采购一般由供应商送货，而产品销售一般由客户自提，厂外物流活动基本借助其他企业或公司总部的物流力量。

——资料来源：浦震寰、蔡改成．企业物流管理（第二版）［M］．大连：大连理工大学出版社，2012.8：27～28。

训练题 1–3

一、单项选择题

1. 企业物流管理组织是围绕（　　）的组织结构。

A. 采购管理　　　B. 物流管理　　　C. 生产管理　　　D. 销售管理

2. 企业物流管理组织的目的是（　　）。

A. 安排物流活动人员　　　　　　　　B. 协调物流管理关系

C. 履行物流管理职能

3. 企业物流管理组织的实质是（　　）。

A. 安排物流活动人员　　　　　　　　B. 协调物流管理关系

C. 履行物流管理职能

4. 物流管理方法与手段不属于企业物流管理组织构成要素（　　）。

A. 正确　　　　　　B. 错误

5. 人们将（　　）比作企业物流管理组织的神经系统。

A. 物流管理人员　　B. 物流信息　　　C. 规章制度　　　D. 物流管理方法

6. 企业管理者协调不同传统部门的物流功能，使之能在一定程度上协调运作阶段是企业物流管理组织发展的（　　）阶段。

A. 职能分割　　　B. 职能集中　　　C. 职能整合　　　D. 职能一体化

7. 在企业物流管理组织发展过程中，开始建立独立的物流管理部门的是（　　）阶段。

A. 职能分割　　　B. 职能集中　　　C. 职能整合　　　D. 职能一体化

8. 使企业物流管理延伸至企业外部的企业物流管理组织发展阶段是（　　）。

A. 职能集中　　　B. 职能整合　　　C. 职能一体化　　　D. 供应链管理

9. 只负责物流规划、分析、协调以及物流技术等工作的企业物流管理组织模式是（　　）模式。

A. 直线型　　　　B. 参谋型　　　　C. 直线参谋型　　　D. 矩阵型

10.（　　）组织模式物流目标独立于企业其他职能部门且独立负责企业物流运作。

A. 直线型　　　　B. 参谋型　　　　C. 直线参谋型　　　D. 矩阵型

11. 将物流部门的职能划分为参谋职能和业务职能两个层次的是（　　）。

A. 直线型　　　　B. 参谋型　　　　C. 直线参谋型　　　D. 矩阵型

12. 物流职权关系受到纵横两个方向的控制，可能会导致某种冲突和不协调，这是（　　）物流管理组织模式的缺点。

A. 直线型　　　　B. 参谋型　　　　C. 直线参谋型　　　D. 矩阵型

13. 适合刚开始实施综合物流管理企业作为过渡性物流管理组织模式的是（　　）。

A. 直线型　　　　B. 参谋型　　　　C. 直线参谋型　　　D. 矩阵型

14. 服务类企业一般重点关注（　　）。

A. 实物配送　　　B. 物料管理　　　C. 实物配送和物料管理

15. 具有适应性和弹性的组织是（　　）。

A. 扁平式组织　　B. 机械式组织　　C. 有机式组织

16. 企业物流管理组织及其内部各职位的作用和职责是指企业物流管理组织的（　　）。

A. 职能　　　　　B. 职权　　　　　C. 职责　　　　　D. 职位

17. 企业物流管理组织的纵向结构是（　　　）。

A. 管理宽度　　　　B. 管理幅度　　　　C. 组织层次

18. 配备（　　　）是企业物流管理组织人员配备的关键。

A. 物流主管　　　　B. 专业人员　　　　C. 作业人员　　　　D. 技术人员

19. 确定企业物流管理组织的方向和重点属于企业物流管理组织设计的（　　　）过程。

A. 明确企业经营理念　　　　　　B. 明确物流管理目标

C. 确定物流管理定位　　　　　　D. 设计物流管理组织框架

20. 企业物流管理组织设计在最后要（　　　）。

A. 明确企业经营理念　　　　　　B. 明确物流管理目标

C. 设计物流管理组织框架　　　　D. 评估和改进物流管理组织结构

二、多项选择题

1. 企业物流管理组织的作用表现为（　　　）。

A. 调节物流活动目标冲突　　　　B. 改善企业内部管理

C. 提高企业物流运作效率

2. 下列属于企业物流管理组织构成要素的有（　　　）。

A. 物流管理人员　　B. 物流信息　　　　C. 规章制度　　　D. 物流管理方法与手段

3. 企业物流管理组织的发展从传统的职能分割阶段开始经历了（　　　）发展阶段。

A. 职能集中　　　　B. 职能整合　　　　C. 职能一体化　　D. 供应链管理

4. 主要针对企业内部物流的物流组织发展阶段包括（　　　）。

A. 职能分割　　　　B. 职能集中　　　　C. 职能整合　　　D. 职能一体化

5. 下列属于典型的企业物流管理组织模式的有（　　　）。

A. 直线型　　　　　B. 参谋型　　　　　C. 直线参谋型　　D. 矩阵型

6. 下列属于直线型物流组织模式特点的有（　　　）。

A. 物流部门独立于其他职能部门

B. 物流部门不负责企业物流作业活动

C. 物流部门独立负责企业物流工作

D. 物流部门对企业物流管理发挥参谋作用

7. 矩阵型组织模式的优点有（　　　）。

A. 物流部门作为基于目标管理的责任中心而提高了企业物流运作效率

B. 通过物流部门对物流系统进行一体化的规划和设计，提高了物流的整合效应

C. 可以作为企业传统组织模式的补充

D. 组织形式比较灵活，可以适应企业管理的多种需求

8. 下列属于影响企业物流管理组织的因素有（　　　）。

A. 企业类型因素　　　　　　　　B. 企业战略因素

C. 企业规模因素　　　　　　　　　D. 企业技术因素

9. 下列属于企业物流管理组织设计内容的有（　　　）。

A. 职能界定与职权划分　　　　　　B. 确定组织层次与宽度

C. 配备组织人员　　　　　　　　　D. 更新物流系统

10. 下列属于企业物流管理组织设计中职能界定过程的有（　　　）。

A. 组织职权划分　　　　　　　　　B. 梳理物流组织职能

C. 确定关键职能　　　　　　　　　D. 进行职能分解

11. 企业物流管理组织设计的原则包括（　　　）。

A. 分工明晰原则　　　　　　　　　B. 责权对称原则

C. 柔性经济原则　　　　　　　　　D. 公平公正原则

12. 下列属于企业物流管理组织设计过程的有（　　　）。

A. 明确企业经营理念　　　　　　　B. 明确物流管理目标

C. 设计物流管理组织框架　　　　　D. 评估和改进物流管理组织结构

1.4　企业物流合理化

企业物流合理化是企业物流管理的总目标。企业物流合理化是实现企业经营整体优化的基础，也是降低物流成本进而降低生产经营成本的重要途径。

1.4.1　企业物流合理化的概念

企业物流合理化是指使企业内部物流设备配置和物流活动组织趋于合理的过程。企业物流合理化的实质就是以合理的物流成本获取较高的物流服务。物流成本是企业物流系统为提高物流服务水平而投入的人力、财力和物力，物流服务是企业物流系统投入之后的产出效益。企业物流合理化就是企业物流投入与产出比的合理化，即以尽可能低的物流成本，获得可以接受的物流服务，或者以可以接受的物流成本提供尽可能高的物流服务。

企业物流合理化是企业物流系统各物流活动要素的合理化。企业物流合理化就是根据各物流活动要素之间的相互联系、相互制约、相互影响的关系，将各物流活动要素作为一个系统来规划、组织和管理，使构成物流活动的采购、运输、仓储、装卸搬运、包装、配送、流通加工和信息处理等各种物流活动实现合理化。

企业物流合理化是企业物流整体的优化。企业物流合理化通过"整体思考"，使物流系统合理化。由于物流内部各活动之间存在着交替损益的关系，因此，一个部门的合理化，并不表示物流整体的合理化。如果将仅从个别部门考虑的方法称为"局部思考"，那么，以整体目的为主的考虑方法，可称为"整体思考"。企业物流追求的低成本、高效益，是针对企业采购物流、生产物流和销售物流等整体最优化而言的，企业从原材料的采购计划到向最终消费者提供产成品的转移等各种物流活动，不仅是部分和部门的活动，而且是将各部分和部门活动有效结合发挥综合效益的活动。

1.4.2 企业物流合理化的途径

企业物流合理化是企业物流管理的总体要求，企业必须通过合适的路径和采取必要的方法努力实现合理化的要求。企业物流合理化的途径就是企业为实现物流合理化目标而采取的措施和方法。这些措施和方法涉及物流技术、物流活动管理等诸多方面，因此，物流合理化的途径在不同类型的企业、不同的时期和不同的环境条件下，选择不尽相同，但企业物流合理化的途径主要包括提高物流技术水平和物流管理水平两个方面。

（1）企业物流技术水平

企业物流技术是指由物流装备支撑的企业物流流通技术或输送技术。企业物流技术是提高企业物流系统效率的主要手段，它是反映企业物流系统水平的主要标志，也是企业物流规模化、系统化、网络化等现代物流技术的重要支撑。企业物流技术可以划分为物流硬技术、物流软技术和物流信息技术。

①物流硬技术

物流硬技术是组织物资流通或输送的物流设备、设施及其应用技术，它是企业物流合理化的前提和保障。物流硬技术包括物流活动所需要的各种机械设备、运输工具、仓库建筑、站场设施以及服务于物流的电子计算机、通信网络设备等。

提高企业物流技术水平就是要以企业物流作业的省力化、机械化、自动化为目标，加强现有物流设备、设施的技术改造，积极采用集装、条形码、立体库等现代物流技术，逐步实现企业物流装备技术的现代化。

②物流软技术

物流软技术是指为了构建高效率的物流系统而使用的物流技术。物流软技术主要包括生产设施的合理布置、物流设备的合理配置、物流活动的合理规划，以及对物流效率的有效评价等方面的技术。

提高物流技术水平必须加强企业生产和服务系统的设备、设施的空间规划设计，这是企业物流合理化的前提。工厂内各车间的相对位置以及车间内各台设备的相对位置一经确定，则物流路线随之确定。合理布置的目的是为了减少物流的迂回、交叉以及无效的往复运输和装卸，并避免物流运输和装卸中的混乱、路线过长等现象。

③物流信息技术

物流信息技术是现代信息技术在物流各个作业环节中的综合应用。物流信息技术是现代物流区别传统物流的根本标志，也是物流技术中发展最快的领域，尤其是计算机网络技术的广泛应用使物流信息技术达到了较高的应用水平。

企业物流信息系统要逐步由人工系统向计算机系统转化，由分散管理向系统管理转化，由业务型向决策型转化，由计算机单机系统向网络系统转化。企业要建立完善的物流信息系统，根据企业外部原材料供应市场和产成品销售市场等信息，合理制订生产计划，控制生产物流节奏，压缩库存，合理调度运输和搬运设备，保持企业内部物流的顺畅。

（2）企业物流管理水平

企业物流管理水平是实现企业物流合理化的关键途径，因此，提高企业物流管理水平应作为企业加强物流管理，实现物流合理化管理目标的重要内容。从企业物流合理化的角度来看，企业物流管理水平主要体现在企业生产过程管理、库存管理和供应链管理等方面。

①生产过程管理

从物流管理的角度来看，企业生产过程管理就是通过合理制订生产计划使企业物流均衡化，同时减少库存和物流中间环节，有效缩短生产周期，保障产成品的交货期，从而加快资金周转。均衡生产在企业物流中就是生产物流流量的均衡。均衡生产的主要措施是科学地制订生产计划和加强生产的组织管理。在良好的生产过程中，物流达到理想状态，从原材料投入到成品产出的全过程，在制品始终处于不停滞、不堆积、不间断、不超越和有节奏的流动状态，生产组织方式表现为工序间在制品存储量趋于零库存的趋势。

②库存管理

库存管理的重点是通过合理的控制策略和方法，在企业的原材料、在制品和产成品库存满足生产经营要求的前提下，将库存控制在合理的范围内，减少流动资金的占用。降低库存可以减少占用的流动资金，有效地加快资金周转。但降低库存要综合考虑库存管理目标，例如，原材料管理要满足减少流动资金、降低原材料成本和保证供应防止缺货等指标的要求。

③供应链管理

供应链管理是指从供应商开始到最终用户，对整个流通过程中全部商品流动的综合管理。现代物流活动不再是单个生产、销售部门或单个企业的活动，而是包括供应商、批发商、零售商等关联企业在内的整个统一体的共同活动。现代企业物流管理通过供应链管理强化了企业之间的关系，并以实现"双赢"和"多赢"为目的。

在供应链环境下，企业物流管理主要表现为供应链管理。供应链管理通过企业计划的衔接、企业信息的衔接、在库风险承担的衔接等管理机制，使供应链包含了这一流通过程的所有企业。供应链管理通过市场参与企业的联盟，追求流通生产全过程效率的提高，使产需结合在时空上比以前任何时候都要紧密，同时促使企业由建立在市场预测基础上的投机型经营向根据市场实际需求进行生产的实需型经营转变。实需型经营的基础是信息，高度发达的信息网络和信息支撑成为实需型经营的前提，信息也成为物流管理的核心。

1.4.3 企业物流管理合理化

现代企业物流必须有现代化的企业物流管理，而要实现企业物流管理的现代化，首先要实现企业物流管理的合理化。物流系统要求为实现物流系统的有效运转，提高物流服务水平，需要对物流活动进行系统化管理。所谓物流系统化管理，是指为实现既定的物流系统目标而对物流系统所进行的计划、组织、指挥、监督和调节的活动。

物流系统化管理能够有效促进物流活动的合理化，避免物流活动对企业经营活动产生负面影响。

企业物流管理合理化的核心内容是实现企业物流系统的合理化。企业物流系统合理化包括企业物流目标系统化、物流各子系统管理合理化、整个物流系统管理合理化。

（1）物流目标系统化

物流目标系统化是指对物流系统内部的各系统目标和要素进行系统化以实现物流系统整体优化的活动。物流目标系统化是物流系统集成、运作、管理和评价的总出发点，也是企业物流系统合理化的基础和约束条件。物流目标系统化是对物流系统内相互配合的子系统目标的权衡过程，也是对物流系统内部相互冲突的子系统要素的协调过程。

物流目标系统化最终要确定能够实现物流系统整体优化的物流系统整体目标和要素目标，因此，物流目标系统化必须坚持物流系统整体最优的原则，在明确物流目标系统化的目标和对象的基础上，对物流系统目标进行优化。

①物流目标系统化的边界

物流目标系统化是实现物流系统目标优化的过程，它是实现物流系统整体目标的优化，而不是简单系统内部要素目标的局部优化。所以，确定物流目标系统化目标的中心任务是界定物流系统的边界，例如针对物流系统是供应链物流还是企业内部物流，是生产企业内部物流或者销售企业内部物流还是第三方物流等。界定物流系统边界最好以供应链物流系统作为系统边界。供应链物流系统不仅是包括了上下游企业之间和企业内部所有物流资源的物流系统，而且是包括了采购、运输、储存、装卸搬运、包装、流通加工和物流信息等一系列物流活动的物流系统。如果一个企业无法驾驭企业外部的物流资源，那么必须以一个企业完整的物流系统作为系统边界，即以企业内部包含所有物流活动要素的物流系统作为系统边界。

②物流目标系统化的对象

物流要素可以按照不同的标准划分为多个不同的层次，例如按照功能要素可以划分为运输、储存等，运输要素又可以划分为公路运输、铁路运输等，铁路运输可以继续划分为整车运输和零担运输等。因此，物流系统及其目标具有明显的复杂性，为了加强物流系统管理，企业必须对复杂的物流系统目标进行系统化，以便降低物流成本，避免不同层次的物流要素分散运作。

物流目标系统化的对象可以划分为两个层次：物流系统的目标和物流系统要素的目标。物流系统的目标要定位在供应链物流或企业整体物流层次上；物流系统要素的目标要定位在高一级层次上，即从高一级层次上来优化低一级层次的目标，而不能随意强调系统和要素的相对性。

（2）物流各子系统管理合理化

物流各子系统管理合理化就是要使构成物流活动的各个要素环节均实现合理化，包括采购、运输、储存、装卸搬运、包装、流通加工和物流信息等物流活动和物流环节的合理化。

物流各子系统管理合理化的内容比较繁杂，但主要内容应包括以下几方面：

①运输工具的合理选择；

②仓储的合理选址；

③仓储设备的合理选择；

④仓库内的结构合理布局；

⑤包装材料的合理选择；

⑥装卸、搬运工具的选择；

⑦装卸、搬运流程的合理设计；

⑧流通加工设施设备的合理选择；

⑨各物流分系统内信息系统的合理设计等。

（3）整个物流系统管理合理化

企业物流活动中的二律背反现象会引起这样的结果：某一物流子系统实现了合理化，而另一物流子系统合理化却处于不利的状态。由于企业物流活动中存在着诸多二律背反现象，因而企业物流管理合理化不能仅着眼于物流子系统，而要同时考虑对其他子系统的影响及其利弊关系，即从宏观角度考虑整个物流体系管理的合理化。

整个物流系统管理合理化需要处理好以下几方面的关系：

①物流系统内部各物流要素环节的关系；

②企业内部物流系统与外部物流环境的关系；

③物流系统当前利益与长远利益的关系；

④物流系统整体利益与各子系统利益的关系。

拓展阅读 1-4

物流系统与物流合理化

1. 物流系统

物流系统是指为达到一个共同的目标，多种物流要素相互关联、有效作用的一个有机整体。物流系统运行的目标是使物流系统整体优化和合理化，并服从或改善社会大系统的环境。

（1）物流系统的构成

物流系统按其机能可以划分为物流作业和物流信息两个子系统。物流作业系统的目标是使物流作业省力化和效率化，包括输送、装卸、保管、流通加工和包装等机能；物流信息系统的目标是完成商品流动全过程的信息活动，包括订货、发货、在库和出库等机能。物流作业系统和物流信息系统及其各机能相互联系、紧密衔接，构成一个完整的有机整体，发挥输送、装卸、保管、流通加工、包装和信息处理等物流功能。

（2）物流系统的基本模式

物流系统具有输入、转换及输出三大功能，如图 1-17 所示。物流系统的输入包括自然资源（土地、设施、设备）、人、资金和信息资源。物流系统的转换过程就是通过管理主体对物流活动以及这些活动所涉及的资源进行计划、执行、控制，最终高效完成物流任务。物流系统的输出就是物流服务，包括组织竞争优势、时间和空间效用以及物资（原材料、在制品、制成品）向客户的有效移动。物流系统转换过程的物流活动，是增值性经济活动，又是增加成本、增加环境处理过程的物流活动。

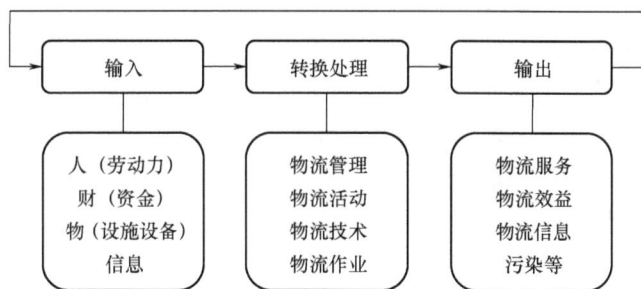

图 1-17 物流系统的一般模式示意图

（3）物流系统的特征

物流系统的特征表现在其目标、运行原则和要素运作等方面。物流系统在目标上表现为实现物流的效率化和效果化，即以较低的物流成本和优良的物流服务完成商品实体从供应地到消费地的运动。物流系统在运行原则上表现为 7R，即合适的质量（Right Quality）、合适的数量（Right Quantity）、合适的时间（Right Time）、合适的地点（Right Place）、优良的印象（Right Impression）、适当的价格（Right Price）和合适的商品（Right Commodity）。在要素运作上表现为通过物流作业系统和物流信息系统的有机联系和相互作用，来实现物流系统的目标。

2. 物流合理化

所谓"合理化"，就是事物的主体或事物的普遍性处于全面、客观、适中、科学的状态，也可以说处于符合规律、符合客观、符合实际的状态。物流合理化是指对物流设备配置和物流活动组织进行调整改进，实现物流系统整体优化的过程。物流合理化是物流管理追求的总目标。

物流合理化具体表现为以尽可能低的物流成本，获得尽可能高的服务水平，也就是说要低费用、高效率地进行物流管理。其基本方法是改变物流结构，充分利用空间，提高物流效益等。其要点包括：一是改变物流结构，减少商品流通环节，提倡按一定生产、交通、地理条件自然形成的渠道进行流通，防止商品迂回倒流和层层入库；二是商品运输要做到快发、快运、快装、快卸；提倡统一发货，以零拼整，然后中转分运，大力推广集装箱"门到门"运输；三是商品存储要做到尽量缩短在库时间，变仓储静态管理为动态管理，强调"活货"存储，尽量缩短商品待运时间；四是加强搬运管理，提高物流效益，缩短搬运距离和搬运时间。

物流合理化的目标是多流、迅速、及时、安全、准确和经济，实现物流合理化的主要方法有计划化、共同化、直达化、规模化、社会化和服务化等。

训练题 1－4

一、单项选择题

1. 企业物流合理化的实质是（　　　）。

A. 企业物流设备使用合理化

B. 企业物流管理组织设计合理化

C. 以合理的物流成本获取较高的物流服务

D. 以较低的物流服务换取较低的物流成本

2. 企业物流合理化就是（　　　）的合理化。

A. 物流投入　　　　　　　　　B. 物流产出

C. 物流投入产出比　　　　　　D. 物流服务

3. 下列关于企业物流合理化表述不正确的是（　　　）。

A. 企业物流合理化是使企业内部物流设备配置和物流活动组织趋于合理的过程

B. 企业物流合理化是物流技术的合理化

C. 企业物流合理化是企业物流系统各物流活动要素的合理化

D. 企业物流合理化是企业物流整体的优化

4. 为了构建高效率的物流系统而使用的物流技术属于（　　　）。

A. 物流装备技术　　B. 物流硬技术　　C. 物流软技术　　D. 物流信息技术

5. 下列属于物流软技术的是（　　　）。

A. 运输设备　　　　B. 装卸机械　　　C. 仓库　　　　D. 物流规划

6. 企业生产过程管理就是通过合理制订生产计划使企业物流（　　　）。

A. 均衡化　　　　　B. 自动化　　　　C. 信息化　　　　D. 节奏化

7. 供应链管理是企业（　　　）。

A. 内部物流管理　　　　　　　B. 内外物流一体化管理

C. 外部物流管理　　　　　　　D. 物流信息化管理

8. 为实现既定的物流系统目标而对物流系统所进行的计划、组织、指挥、监督和调节的活动是（　　　）。

A. 企业物流管理合理化　　　　B. 企业物流系统化管理

C. 企业物流系统合理化　　　　D. 企业物流合理化管理

9. 确定物流目标系统化目标的中心任务是（　　　）。

A. 界定物流合理化的边界　　　B. 界定物流系统的边界

C. 界定物流子系统的边界　　　D. 界定物流系统要素的边界

10. 企业物流管理合理化不能仅着眼于物流子系统，而要同时考虑对其他子系统的影响及其利弊关系，这是指（　　　）。

A. 物流目标系统化　　　　　　B. 物流各子系统管理合理化

C. 整个物流系统管理合理化　　D. 物流系统要素合理化

二、多项选择题

1. 下列关于企业物流合理化的表述正确的有（   ）。

A. 以尽可能低的物流成本获得可以接受的物流服务

B. 以可以接受的物流成本提供尽可能高的物流服务

C. 企业物流合理化是企业物流系统各物流活动要素的合理化

D. 企业物流合理化是企业物流整体的优化

2. 企业物流合理化的途径主要包括提高（   ）水平两个方面。

A. 物流系统化　　B. 物流技术　　　C. 物流管理　　　D. 物流装备

3. 从实现物流合理化的角度看，企业物流技术可以划分为（   ）。

A. 物流硬技术　　B. 物流软技术　　C. 物流信息技术　D. 物流装卸技术

4. 作为企业物流合理化的途径，提高企业管理水平涉及（   ）等方面。

A. 生产过程管理　B. 库存管理　　　C. 设备改造　　　D. 供应链管理

5. 企业物流系统合理化包括（   ）。

A. 企业物流目标系统化　　　　　　B. 企业物流组织合理化

C. 物流各子系统管理合理化　　　　D. 整个物流系统管理合理化

6. 整个物流系统管理合理化需要处理好以下几方面的关系（   ）。

A. 物流系统内各物流要素环节的关系

B. 企业内部物流系统与外部物流环境的关系

C. 物流系统当前利益与长远利益的关系

D. 物流系统整体利益与各子系统利益的关系

单元小结

本单元的学习内容主要是认识企业物流和企业物流管理，分为企业物流、企业物流管理、企业物流管理组织和企业物流合理化四方面的学习内容。

企业物流是生产和流通企业在生产经营活动中所发生的物流活动。企业物流具有连续性、物料流转、二律背反等特征；企业物流一般由采购物流、生产物流、销售物流、回收与废弃物流构成；企业物流按企业性质分为生产企业物流和流通企业物流，按物流活动主体分为企业自营物流和第三方物流。

企业物流管理是指对企业生产经营中的物流活动进行计划、组织、协调、控制的活动。企业物流管理的内容主要包括物流活动要素管理、物流系统要素管理和物流职能要素管理等。企业物流管理的结构可以划分为规划管理、控制管理和作业管理三个层面。

企业物流管理组织是指企业以物流管理为核心，分解、组合责权，以履行物流管理职能的组织结构。企业物流管理组织的构成要素包括物流管理人员、企业物流信息、企业规章制度以及管理方法和手段等。企业物流管理组织经历了职能分割、职能集中、职能整合、职能一体化和供应链管理等发展阶段。常见的企业物流管理组织有直线型、参谋型、直线参谋型、矩阵型和项目型等模式。影响企业物流管理组织设计的因素主要有企业类型因素、企业战略因素、企业规模因素、企业技术因素和企业环境因素等。企业物流管理组织设计的内容主要包括物流组织的职能界定和职权划分，还涉及组织层次与宽度、人员配备等问题。企业物流管理组织的设计过程包括明确企业经营理念和物流管理组织目标、确定物流管理组织定位、选择物流管理组织模式、设计物流管理组织框架、评估和改进物流管理组织结构等。

企业物流合理化是指使企业内部物流设备配置和物流活动组织趋于合理的过程。企业物流合理化的途径主要是提高企业物流技术水平和管理水平。企业物流管理合理化包括物流目标系统合理化和物流各子系统管理合理化。

单元 2 企业采购物流管理

学习目标

完成企业采购物流管理知识与技能的学习，能描述采购与采购管理的概念和基本原理，学会采购需求预测方法及其应用，学会供应商管理、招标采购管理的基本原理和方法。

学习内容

采购物流认知、采购需求预测、供应商管理、招标采购管理。

导入案例

A 公司采购管理改进前后对比

1. 采购管理改进前的状况

A 公司使用的电脑品牌多样，经常维修、升级，造成价格无优势、服务低水准、管理混乱的局面。A 公司整体的"采购力"被分散、被浪费，价格五花八门，很难有优势可言，使得采购无所谓什么"技巧"，竞标也变成了一种形式。

2. 采购管理改进后的状况

首先由申请人提出申请，提交需要的数量，并非型号和报价。所有申请由部门经理根据预算审批，交企业财务总监批准（电脑全额超过 2000 元，属于固定资产项目），然后统一交由 IT 部门汇总。IT 部门根据公司规定和工作需要决定配备的机型、品牌、配置、操作系统及应用软件等。

A 公司采购部门根据汇总数量和金额及要求，决定竞标的名单。IT 部门提交竞标的内容，采购部门牵头成立招标委员会和评标小组，邀请 IT 经理、工程师参加评审。采购部门按照招标流程进行采购，与参加投标的供应商就价格、售后服务、升级服务、交货条件、索赔条款等进行谈判。评标委员会按照事先商定的评标标准评判参加投标的供应商，推出胜标者，向胜标者发出胜标通知，向败标者发出感谢信。采购部门与胜标方签订采购合同，监督供应商的执行。

这样，A 公司的供应商会得到一个公平的竞争环境，采购员的谈判能力和 IT 经理的专业能力也得到了发挥。同时，A 公司也得到了采购部门努力换来的竞争优势：好的价格、好的售后服务、升级承诺及供应商好的反馈。公司的"钱"被聪明地花出去了，公司从而树立起了良好的管理形象。

——资料来源：杜学森．企业物流管理［M］．上海：上海交通大学出版社，2005.8：49～50。

案例问题：通过 A 公司采购管理改进前后的对比，说明企业采购管理的重要性。

案例问题提示：A 公司采购管理改进前管理混乱，属于无序管理；改进后采购管理被理顺，属于有序管理。改进后的采购管理取得了明显成效，说明采购管理在企业管理中发挥着重要作用。采购管理的作用体现在减少库存、降低成本、提高效率和决策水平等方面。

2.1　采购物流认知

采购物流是发生于企业采购过程中的物流活动，它是企业物流过程的第一阶段。采购物流对企业生产经营活动的正常、高效进行发挥着保障作用。采购物流以采购为主要功能和组成部分，采购及其管理构成采购物流的核心内容。

2.1.1　采购

采购活动存在于企业生产经营过程中，也存在于人们工作和生活等其他领域。采购是企业采购物流的开端，也是采购物流的基础。

（1）采购的概念

①采购的定义

采购的定义有狭义和广义之分。狭义的采购是指用购买的方式获取商品或服务的活动。广义的采购是指用购买、交换、租赁、借贷、外包等方式获取商品或服务的活动。狭义的采购仅限于使用购买的方式获取商品或服务，而广义的采购除使用购买的方式外，还可以使用其他多种能够获取商品或服务的方式来获取商品或服务；狭义的采购必须获得商品的所有权，而广义的采购并不要求必须获得商品的所有权，可以仅获取商品的使用权。

一般认为，采购是指广义的采购。其中，购买是指用货币获取商品或服务的活动；交换是指用以物易物的交易方式获取商品或服务的活动；租赁是指以支付租金的方式获取商品或服务的活动；借贷是指无须支付任何代价获取商品使用权、使用完毕返还原物的活动；外包是指企业将采购业务委托给其他专业机构代理的活动。

从企业物流的角度来看，企业采购就是企业从市场获取商品或服务的活动和过程。企业采购的目的是为了满足企业生产经营需要，企业采购需要支付一定的代价，并通过物流手段实现获取商品或服务的目标。

◇问题 2－1：采购就是人们日常生活中的"买东西"，此说法是否正确？为什么？

②采购的特征

采购是企业物流的开端，亦是企业物流的基础。采购的基本特征主要包括：

a. 采购是企业的一种物流活动。企业采购过程中需要通过运输、仓储、装卸搬运等物流活动将采购的物资运达企业和送达生产单元。

b. 采购需要支付一定的代价。除借贷方式外，采购中的购买、交换、租赁和外包等获取商品或服务的方式都需要支付一定的代价。

c. 采购是企业获取资源的活动。采购实际上是从资源市场获取资源的活动。资源习惯上划分为生产资料和生活资料；也可以按物资形态划分为原材料、零部件等物资资源和信息、技术等非物资资源。资源市场是由提供资源的供应商等构成的，从资源市场获取所需资源的过程就是采购。

（2）采购的分类

企业采购可以按照不同的分类标准划分为不同的类别，包括按采购对象的形态、采购的科学化程度、采购的组织形式、采购的范围等进行分类。企业采购的基本分类情况见表 2 - 1。

表 2 - 1　企业采购的分类

按采购对象的形态分类	有形采购	对原材料、零部件等有形的物资资源的采购
	无形采购	对信息、技术、服务等无形的非物资资源的采购
	工程采购	围绕工程项目的有形的和无形的资源采购
按采购的科学化程度分类	传统采购	按固定采购周期有计划地实施的采购
	科学采购	按灵活采购周期运用科学方法和现代采购手段实施的采购
按采购的组织形式分类	集中采购	设置专门采购机构统一组织的采购
	分散采购	各预算单位自行设置采购机构、独立组织的采购
	混合采购	集中采购与分散采购相结合的采购模式
按采购的范围分类	国内采购	在本国境内进行的采购
	国际采购	在本国境外进行的采购

（3）采购的程序

企业采购的程序是指企业采购的业务流程。企业采购的业务流程大致分为确认需求、选择供应商、实现交易、处理订单、收货验货、结算货款和资料归档等环节，如图 2 - 1 所示。

确认需求 → 选择供应商 → 实现交易 → 处理订单 → 收货验货 → 结算货款 → 资料归档

图 2 - 1　企业采购的程序示意图

①确认采购需求

确认采购需求包括需求发生、需求说明和需求计划等内容。企业采购需求通常由物资使用部门向采购部门提出采购申请，这是需求发生的主要来源。采购申请往往由采购部门以"请购单"的形成提出，并以此作为需求发生的凭证。请购单没有固定的格式，一般应载明申请部门、编号、预算额、日期、物品名称、需求数量、规格、需求日期等信息，一般格式见表2-2。

表2-2 请购单

申请部门：＿＿＿＿＿＿＿＿＿＿＿＿＿＿＿		编号：＿＿＿＿＿＿＿＿＿＿＿＿＿＿＿＿＿
预算额：＿＿＿＿＿＿＿＿＿＿＿＿＿＿＿		日期：＿＿＿＿＿＿＿＿＿＿＿＿＿＿＿＿＿
需 求 数 量	单 位	描 述

需要日期：＿＿＿＿＿＿＿＿＿＿＿＿＿＿＿

特殊发送说明：

遇有问题说明：

申请人：

说明：一式两份，原件送采购部门，申请人保留副本。

需求说明是采购申请人对申请采购物资的细节所做的详细说明。例如采购物资的数量、质量、包装、运输、售后服务、检验方式等。需求计划由采购部门根据采购申请制订，内容包括采购市场分析、物资价格调查、供应商分析、采购方法、采购日程安排、交货结算等。

②选择供应商

选择供应商是在企业供应商群体中选择合适的供货者的过程。选择供应商是采购业务流程的关键环节，企业应选择信誉好、产品质量和交货期等有保证的供应商。

③实现交易

实现交易包括确定采购价格、采购洽谈、签订采购合同等。确定采购价格是一个价格洽谈的过程，也是一个企业与供应商之间反复讨价还价的过程。采购洽谈的内容除了包括价格洽谈，还包括数量、质量、交货期、货款支付方式、违约责任等洽谈内容。签订采购合同是根据已确定的采购价格和采购洽谈结果、在互利双赢的基础上签订的，表示采购交易的达成。

④处理订单

采购订单是采购企业向供应商发出的具有法律约束力的采购书面通知。采购订单一般载明编号、发货日期，接受订单的供应商名称、地址，采购企业的名称、地址，采购数量、价格、质量、运输要求，交货日期、货款结算方式、违约责任等，一般格式见表2-3。

表 2-3 采购订单

订单编号：   填写日期：   年   月   日

企业名称：   地址：   电话：

供应商名称：   地址：   电话：

序号	物料编码	名称	型号	需求数量	单位	单价	金额	交货日期	备注
1									
2									
3									
4									
5									
6									
合　　计						总金额（小写）：			

总金额（大写）：
交货地点：
付款方式：
包装要求：
验收方式：
其他说明：

采购企业签字盖章：	供应商签字盖章：
订单人员：	业务员：

制单：   日期：   审核：   日期：   批准：   日期：

采购订单在价格洽谈达成或签订合约的基础上填写发出，适合于有长期供货关系的双方。采购订单得到供应商确认后，采购企业还要进行订单跟踪和催货。订单跟踪是通过询问供应商的进度而对订单所进行的例行追踪。大型采购跟踪可派人实地跟踪，小额采购可通过电话或网络跟踪。催货是对供应商施加压力，促其履行发运承诺。发运承诺包括加快已经延误订单货物的发运和提前发运货物。

⑤收货验货

收货验货是指由仓库负责的接收和检验货物并办理入库手续的过程。收货验货需由仓管员填写收货单。收货单应载明收货日期、供应商名称、物料数量、规格、单价、金额等主要信息（一般格式见表2-4）。发生货物短缺等情况，应及时报告运输或采购部门。

表2-4 收货单

供货单位：　　　　　　开单日期：　　年　　月　　日　　　　存放仓库：

货号	品名	规格	单位	数量	单价	金额	备注
合计							

总金额（大写）：			总金额（小写）：	
包装类别	件数	每件内装	合同号	
验收日期	备注：			

收货人：　　　　　复核人：　　　　　验收人：

⑥结算货款

结算货款是采购企业以收货入库凭证为依据向供应商支付货款。货款的支付由采购企业财会部门根据采购部门或仓库提供的收货入库凭证并按采购合同的规定来完成。

⑦资料归档

资料归档是对采购业务所涉及的各种单据、文件等资料建立档案进行保存的工作。归档的资料包括采购合同、采购订单等采购的凭据，以及收货单、入库单等收货验收入库的凭据。

2.1.2 采购物流

（1）采购物流的概念

采购物流是指企业为采购所需的各种物资而发生的物流活动。采购物流包括原材料等一切生产物资采购活动中所发生的物流活动，因此，采购物流也称原材料采购物流。

企业采购物流系统不仅是企业物流系统的重要组织部分，而且是企业物流系统中独立性比较强的子系统，是连接企业内部物流与外部物流的纽带。企业采购物流系统以采购为主要功能和组成部分，由采购业务、进货运输、仓储管理、库存管理、供料管理和用料管理等共同构成。企业采购物流系统如图2-2所示。

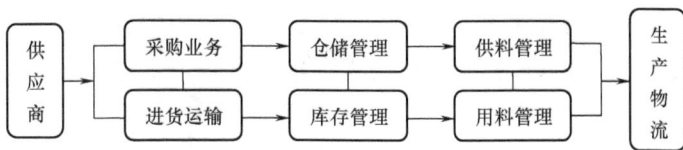

图 2-2 企业采购物流系统示意图

◇问题 2-2：根据图 2-2 描述采购物流系统的运行情况。

采购物流存在于企业的采购和供应过程之中。在企业采购过程中，企业向供应商采购所需物资，必然会发生物资运输、仓储、装卸搬运等物流活动；在企业组织采购物资的仓储以及将物资送达生产单元的过程中，也会发生物资仓储、装卸搬运等物流活动。企业这两个过程中的所有物流活动统称为采购物流。

采购物流为企业生产活动提供物资供应保障。一方面，采购物流是企业为保证生产节奏，不断组织原材料、零部件、燃料、辅助材料供应的物流活动，这种活动对企业生产的正常、高效率进行发挥着保障作用。另一方面，采购物流不仅要实现保证供应的目标，而且要在低成本、少消耗、高可靠性的限制条件下来组织采购物流活动，为企业降低生产经营成本提供保证。

采购物流在不同的企业重点有所不同。生产制造企业的采购基本上是原材料、零部件、半成品等物料的采购；零售企业的采购一般是用于销售的各种商品以及经营需要其他物料的采购；服务性企业的采购大都是提供服务所需的各种设备、工具等物资的采购；政府机关、事业单位的采购的重点是日常办公设备、用品的采购，例如纸笔、电脑、打印机等采购。

（2）采购物流的方式

企业的采购物流主要有企业自主采购、委托采购两种方式。

①企业自主采购

企业自主采购是企业自己组织采购物流活动的方式。企业自主采购是在卖方市场环境下经常采用的采购物流方式。

企业自主采购虽然是比较传统的采购物流方式，但在组织供应某些物资方面，仍然有一定的优势，例如设备、装备和设施等方面。因此，企业自主采购不能因其传统而全面否定，它在企业采购物流中仍然具有不可替代的作用，关键在于对其技术以及经济效果的综合评价。

②委托采购

委托采购是企业委托企业外的机构来组织采购物流活动的方式。委托采购按委托对象分为委托销售企业采购和委托第三方物流企业采购。

a. 委托销售企业采购。委托销售企业采购是企业将采购物流业务委托给社会销售企业代理的方式。委托销售企业采购是在买方市场环境下，企业利用买方的主导权而向销售企业提出供应服务需求，销售企业根据买方企业的需求进行采购订货的一种采购物流活动。

在委托销售企业采购方式下，买方企业可以充分利用买方市场的优势，对销售企业方及其物流执行方式进行选择并提出要求，这是有利于实现买方企业比较理想的采购物流的设计。但销售企业毕竟不是专业的物流企业，在物流服务方面可能会有所欠缺，难以满足买方企业采购物流实现供应链管理等现代化物流模式的要求。

b. 委托第三方物流企业采购。委托第三方物流企业采购是企业将采购物流业务委托给第三方物流企业代理的方式。委托第三方物流企业是企业在完成必要采购手续后，由买方企业和销售企业以外的第三方物流企业完成采购物流活动。第三方物流企业既向买方企业提供物流服务，同时又向销售企业提供物流服务。

第三方物流企业的物流活动更具专业性，能够提供更加完善的物流服务。企业要实施供应链管理，单纯依靠企业自身的物流管理会遇到许多难以克服的困难，借助于第三方物流企业的专业物流服务，可以有效地保证企业供应链管理的实施。

（3）采购物流的过程

采购物流是企业从市场获取生产经营所需资源的过程，也是组织资源到达企业的过程，还是组织所购物资在企业内部进入生产环节的过程。

①获取资源

采购物流的核心作用是从市场获取企业生产经营所需的各种资源。企业生产经营需求向采购物流提出资源要求，企业通过采购物流来获取资源，从而满足生产经营的资源需求。获取资源过程是企业完成后续所有供应活动的前提条件。

②组织资源到企业

采购获取的资源必须经过物流才能到达企业，这一物流过程是采购物流的具体体现，它属于采购物流的企业外部物流活动过程。在组织资源到企业过程中，采购物流形式反复出现装卸搬运、储存、运输等物流活动，并通过这些物流活动使企业获取的资源到达企业。

③组织企业内物流

企业通过采购物流获取的资源运达企业后，还需要组织所获取资源在企业内部的物流活动。获取资源的企业内部物流过程就是将所获取的资源送达生产单元的物流过程，它属于采购物流的企业内部物流活动过程。如以企业的原材料仓库为组织资源到企业过程的终点，原材料仓库就可以作为划分采购物流中企业外部与内部物流的界限。

2.1.3 采购管理

（1）采购管理的概念

采购管理是指对企业采购活动和采购全过程所进行的计划、组织、协调与控制。采购管理是为保障企业物资供应而对企业采购过程所进行的一种管理活动。采购管理的任务主要是调动整个企业的资源，满足企业的物资供应，确保企业生产经营战略的实现。

◇问题2-3：采购管理就是"做采购"，与采购是一回事。此说法是否正确？为什么？

采购管理与采购是两个不同的概念，其主要区别在于：

①内涵不同

采购管理是对整个企业采购活动的计划、组织、指挥、协调和控制，是一种企业管理活动；采购是按订单规定的指标，在资源市场完成采购任务，是企业一种具体的业务活动。

②参加人员不同

采购管理不仅需要企业采购人员参加，而且需要企业其他组织人员参加采购的协调和配合；采购一般只是由采购人员承担，不涉及或较少涉及企业其他组织人员。

③权限不同

采购管理是为了保证整个企业的物资供应，可以调动整个企业的资源；采购是完成企业具体的采购任务，一般只能调动采购部门内的管理权限。

（2）采购管理的职能

采购管理应坚持适时适量、保证质量和费用最少的原则。企业采购部门的职能就是要在采购管理原则的指导下，履行企业所赋予的采购管理职能。采购管理的基本职能包括采购预测、采购决策、采购计划、采购组织和采购控制等。

①采购预测

采购预测是根据生产计划和其他需求，在采购资源市场分析的基础上，对企业采购需求量等需求情况做出的预计和判断。

②采购决策

采购决策是根据采购需要的预测和生产计划安排，在考虑各种影响因素的情况下，对采购活动的实施等做出的科学选择。

③采购计划

采购计划是对采购活动做出的具体安排和规划，是采购活动的指导性文件。采购计划是根据采购预测和采购决策以及采购业务实际情况制订的。

④采购组织

采购组织包括建立采购组织机构、明确采购权限和职责、配备专业人员等静态组织活动，以及组织货源、采购招标、订货谈判、签订合同、组织交易等动态组织活动。

⑤采购控制

采购控制是指为了完成采购目标，对采购活动制订定额、规章制度、工作程序、采购标准、验货条件等，以及对采购过程的考核、监督、评价和反馈等活动。

（3）采购管理的内容

采购管理的内容是由各项采购管理活动构成的。采购管理的内容主要包括采购组织管理、采购需求管理、供应商管理、采购计划管理和采购业务管理等。

①采购组织管理

采购组织管理就是以采购活动为核心，分解、组合责权，以履行采购管理职能的活动。采购组织管理是对采购组织结构内部的采购职责的落实、监督和考评的活动。

②采购需求管理

采购需求管理包括采购需求预测、资源市场分析等活动。采购需求预测是对采品种、采购数量、采购时间的预测；资源市场分析是根据企业所需要的物资品种，分析资源市场的具体情况，包括资源分布情况、供应商情况、品种和质量、价格情况、交通运输情况等。

③供应商管理

供应商管理是指对供应商的调查、开发、选择、考评和激励等综合性的管理活动。供应商是企业资源的提供者，企业保持稳定的供应商群体是生产经营活动得以顺利进行的基础和前提。

④采购计划管理

采购计划管理包括制订采购计划、实施采购计划、采购评价分析等活动。制订采购计划是根据采购需求和供应商情况，对采购订货活动做出切实可行的安排，包括选定供应商、采购品种和数量、订货策略和运输策略等。实施采购计划就是将采购计划落实到具体责任人，按照既定的采购进度具体实施。采购评价分析就是对一次或一定时期的采购活动进行评估总结，包括评估采购活动的效果、总结采购经验、找出问题、提出改进方法等。

⑤采购业务管理

采购业务管理是对企业采购业务过程的管理，包括制订采购方案、采购洽谈、签订采购合同、实施进货、验收入库、支付货款等采购业务的管理。

拓展阅读 2-1

沃尔玛的采购流程

沃尔玛的全球采购活动都是以采购的政策、网络为基础，并严格遵循其采购程序的。在全世界商品质量相对稳定的情况下，只有紧密有序的采购流程才能保证沃尔玛采购足量的货物。该采购流程包括的主要业务内容为：搜索信息、确定计划、选择供应商、谈判、审核答复和跟踪检查等。

1. 收集产品信息及报价单。通过电子数据交换系统，向全球 4000 多家供应商发送采购订单及收集产品信息和报价单，并向全球 2000 多家卖场供货。

2. 决定采购的货品。沃尔玛有一个专门的采办会负责采购。经过简单的分类后，该小组会用 E-mail 的方式和沃尔玛全球主要店面的买手们沟通，这个过程比较长。在世界各大区买手来中国前（一般一年两到三次），采办会的员工准备好样品，样品上标明价格和规格，但绝不会出现供应商的名称，由买手决定货品的购买。

3. 筛选供应商。沃尔玛在采购中对供应商有严格的要求，不仅在提供商品的规格、质量等方面，还对供应商工厂内部的管理有严格的要求。

4. 与供应商谈判。买手决定了购买的产品后，买手和采办人员对被选中的产品进行价格方面的内部讨论，定下大致的采购数量和价格，再由采办人员同供应商进行细节和价格的谈判。谈判采取地点统一化和内部标准化的措施。

5. 审核并给予答复。沃尔玛要求供应商集齐所有产品的文献，包括产品目录、价格清单等，选择好样品提交，并会在审核后的 90 天给予答复。

6. 跟踪检查。在谈判结束后，沃尔玛会随时检查供应商的状况，如果供应商达不到沃尔玛的要求，则根据合同，沃尔玛有理由结束双方的合作。

——乔志强、程宪春．现代企业物流管理实用教程［M］．北京：北京大学出版社，2010.8：86～87。

训练题 2－1

一、单项选择题

1. 人们日常生活中的"买东西"也是采购（　　）。

A. 正确　　　　B. 错误

2. 在广义的采购中，用货币获取商品或服务的活动是（　　）。

A. 购买　　　　B. 交换　　　　C. 租赁　　　　D. 借贷

3. 在广义的采购中，不需要付出代价而获取商品或服务的活动是（　　）。

A. 购买　　　　B. 交换　　　　C. 租赁　　　　D. 借贷

4. 在企业采购过程中，需要通过（　　）手段获取商品或服务。

A. 生产　　　　B. 销售　　　　C. 回收　　　　D. 物流

5. 企业按照灵活采购周期进行的采购属于（　　）。

A. 传统采购　　B. 科学采购　　C. 集中采购　　D. 分散采购

6. 企业各预算单位自行设置采购机构、独立组织的采购属于（　　）。

A. 工程采购　　B. 集中采购　　C. 分散采购　　D. 混合采购

7. 在企业采购流程中，一般将（　　）作为采购的第一步。

A. 选择供应商　B. 确定采购价格　C. 安排采购订单　D. 签订采购合同

8. 企业一般将（　　）作为采购需求发生的凭证。

A. 收货单　　　B. 请购单　　　C. 采购订单　　　D. 入库单

9. 下列表示采购交易达成的活动是（　　）。

A. 选择供应商　B. 确定采购价格　C. 安排采购订单　D. 签订采购合同

10. 采购企业向供应商发出的具有法律约束力的采购书面通知是（　　）。

A. 收货单　　　B. 请购单　　　C. 采购订单　　　D. 入库单

11. 企业采购收货验货一般要由仓管员填写（　　）。

A. 收货单　　　B. 请购单　　　C. 采购订单　　　D. 领料单

12. （　　）的采购基本上是原材料、零部件、半成品等物料的采购。

A. 生产制造企业　B. 零售企业　C. 服务性企业　D. 政府机关

13. 下列更具物流专业性的采购物流方式是（　　）。

A. 企业采购部门采购　　　　　　B. 企业自主采购

C. 委托销售企业采购　　　　　　D. 委托第三方物流企业采购

14. 采购物流过程不包括下列（   ）过程。

A. 从市场获取资源　　　　　　　B. 组织资源到企业

C. 将资源送达生产单元　　　　　D. 生产加工物流活动

15. 采购管理实际上是对（   ）的管理。

A. 采购部门　　　B. 采购活动　　　C. 采购人员　　　D. 采购物资

16. 对采购活动做出的具体安排和规划是采购的（   ）职能

A. 预测　　　　　B. 决策　　　　　C. 计划　　　　　D. 控制

17. 以采购活动为核心，分解、组合责权，以履行采购管理职能的活动是采购（   ）管理。

A. 组织　　　　　B. 需求　　　　　C. 计划　　　　　D. 业务

18. 采购谈判属于（   ）管理。

A. 采购需求　　　B. 供应商　　　　C. 资源市场　　　D. 采购业务

二、多项选择题

1. 下列属于采购的有（   ）。

A. 交换　　　　　B. 租赁　　　　　C. 借贷　　　　　D. 外包

2. 下列表述属于采购特征的有（   ）。

A. 采购是企业的一种物流活动　　　B. 采购必然支付货币

C. 采购需要支付一定的代价　　　　D. 采购是企业获取资源的活动

3. 按采购对象的形态分类，企业采购分为（   ）。

A. 传统采购　　　B. 有形采购　　　C. 无形采购　　　D. 工程采购

4. 按采购的组织形式分类，企业采购分为（   ）。

A. 传统采购　　　B. 集中采购　　　C. 分散采购　　　D. 混合采购

5. 下列属于企业采购的业务流程有（   ）。

A. 选择供应商　　B. 处理订单　　　C. 收货验收　　　D. 资料归档

6. 下列属于采购订单一般载明的内容的有（   ）。

A. 采购数量、价格、质量、运输要求

B. 接受订单的供应商名称、地址

C. 采购部门的名称、地址

D. 交货日期、货款结算方式、违约责任等

7. 下列关于采购物流表述正确的有（   ）。

A. 连接企业内部物流与外部物流的纽带

B. 采购物流存在于企业的采购和供应过程之中

C. 采购物流为企业生产活动提供物资供应保障

D. 采购物流系统是独立于企业物流系统之外的系统

8. 采购物流过程主要包括下列（   ）过程。

A. 从市场获取资源　　　　　　　B. 组织资源到企业

C. 将资源送达生产单元　　　　　D. 生产加工物流活动

9. 下列属于采购管理职能的有（　　　　）。

A. 采购计划　　　　B. 采购预测　　　　C. 采购控制　　　　D. 采购组织

10. 下列属于采购管理内容的有（　　　　）。

A. 采购需求管理　　　　　　　　　B. 供应商管理

C. 采购组织管理　　　　　　　　　D. 采购业务管理

2.2　采购需求预测

　　采购需求预测是指根据以往的需求数据和需求变化情况，运用科学的预测方法对未来一定时期的需求数量及其变化情况进行预测的活动。采购需要预测的依据主要是以往的需求数据，同时要考虑未来市场和需求的变化情况。采购需求预测的对象是未来一定时期的需求数量及其变化情况，可以是一年、一个季度或一个月的需求情况。采购需求预测需要采取科学的预测技术方法，包括定性方法和定量方法。

2.2.1　采购需求预测的定性方法

　　定性预测方法是指预测者依据经验和分析判断能力及直观资料来推测未来变化趋势和结果的预测方法。定性预测方法包括经验判断法、德尔菲法、头脑风暴法和专家会议法等具体预测方法，采购需求的定性预测经常使用的是经验判断法，在一些情况下也可以使用德尔菲法。

（1）经验判断法

　　经验判断法是指根据预测者的经验和主观判断来推测未来趋势和结果的预测的方法。采购需求预测的经验判断法常用的具体方法有采购人员估计法和部门经理意见法等。

①采购人员估计法

　　采购人员估计法是指将采购部门业务人员对采购需求的估计值进行综合汇总作为采购需求预测值的一种方法。由于采购部门业务人员直接从事采购业务，对采购市场比较熟悉，因而在采购需求预测中比其他人员具备先天的优势。

　　◆案例 2-1：企业 3 位采购人员对下年 A 材料的采购需求量预测值（单位：件）见表 2-5，确定综合汇总后的下年 A 材料采购需求量。

表 2-5　采购人员采购需求预测表

采购人员	最低值	概率	最可能值	概率	最高值	概率
甲	500	0.2	800	0.5	1000	0.3
乙	400	0.3	700	0.5	1000	0.2
丙	400	0.2	600	0.6	900	0.2

3 位采购人员预测值的期望值分别为：

　　　甲采购人员预测期望值 = $1000 \times 0.3 + 800 \times 0.5 + 500 \times 0.2 = 800$（件）

　　　乙采购人员预测期望值 = $1000 \times 0.2 + 700 \times 0.5 + 400 \times 0.3 = 670$（件）

　　　丙采购人员预测期望值 = $900 \times 0.2 + 600 \times 0.6 + 400 \times 0.2 = 620$（件）

综合汇总后的下年 A 材料采购需求量为：

$$下年 A 材料采购需求量 = \frac{800 + 670 + 620}{3} = 696.67（件）$$

◇问题 2 - 4：在案例 2 - 1 中，如果丙采购人员的预测值修改为最高 1000 件、最可能 800 件、最低 600 件，则综合汇总后的下年 A 材料采购需求量为多少件？

②部门经理意见法

部门经理意见法是指将有关部门经理对采购需求的估计值进行综合汇总作为采购需求预测值的一种方法。在征求有关部门经理意见时，往往由企业负责人召集采购、生产、销售、财务等部门的负责人，由这些部门负责人对采购需求做出判断，提出预测意见，再对他们的预测意见进行综合汇总，从而得出采购需求的预测结果。

◆案例 2 - 2：企业 3 位部门经理对下年 B 材料的采购需求量预测值（单位：千克）见表 2 - 6，3 位部门经理的重要程度权数分别为 0.4、0.3 和 0.3，确定综合汇总后的下年 B 材料采购需求量。

表 2 - 6　部门经理采购需求预测表

经理	最低值	概率	最可能值	概率	最高值	概率
甲	3300	0.2	3500	0.6	4000	0.2
乙	3800	0.2	4000	0.5	4500	0.3
丙	4000	0.2	4600	0.7	5000	0.1

3 位部门经理预测的期望值分别为：

　　　甲部门经理预测期望值 = $3300 \times 0.2 + 3500 \times 0.6 + 4000 \times 0.2 = 3560$（千克）

　　　乙部门经理预测期望值 = $3800 \times 0.2 + 4000 \times 0.5 + 4500 \times 0.3 = 4110$（千克）

　　　丙部门经理预测期望值 = $4000 \times 0.2 + 4600 \times 0.7 + 5000 \times 0.1 = 4520$（千克）

综合汇总后的下年 B 材料采购需求量为：

　　　下年 B 材料采购需求量 = $3560 \times 0.4 + 4110 \times 0.3 + 4520 \times 0.3 = 4013$（千克）

◇问题 2 - 5：在案例 2 - 2 中，如果丙部门经理的预测值修改为最高 4600 千克、最可能 4300 千克、最低 4000 千克，则综合汇总后的下年 B 材料采购需求量为多少千克？

(2) 德尔菲法

德尔菲法是指以匿名的方式通过多轮征询专家意见而汇总整理出预测结果的预测

方法。德尔菲法得名于古希腊的一座城市，它是美国兰德公司在20世纪40年代末发明并推广使用的一种预测方法。德尔菲法的一般流程如图2-3所示。

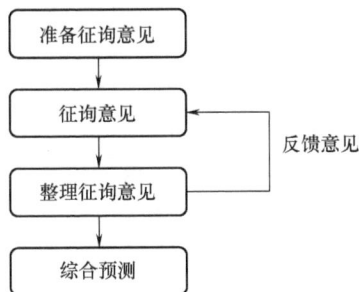

①准备征询意见

准备征询意见是指在向有关专家征询预测意见之前的一系列准备工作，包括确定专家、提供资料、设计征询表等。

②征询意见

征询意见是指向有关专家征询预测的具体意见，即由预测组织者向有关专家提供征询意见调查表，然后由专家根据自身的经验和判断能力，参考预测组织者提供的相关资料，提出预测的初步意见。征询意见的专家人数一般为10~30人。

图2-3 德尔菲法流程示意图

③整理征询意见

整理征询意见是指将征询意见阶段的征询意见调查表收集起来，并进行整理和分析，确定再次向专家征询的预测问题。

④反馈意见

反馈意见是指将所整理的征询意见反馈给有关专家，并作必要的说明。反馈意见是向专家再一次征询意见的过程。以上征询意见、整理征询意见和反馈意见，需要经过多次反复实施，一直到获取比较稳定或相对一致的预测意见为止。

⑤综合预测

在经过反复征询意见取得的预测意见差别较小后，可以对这些意见进行综合，最后测算出反映预测结果的预测值。

在进行采购需求量等数量指标预测时，可以用最后一轮征询意见的平均数作为预测值，也可以用最后一轮征询意见的中位数或极差数最小的中位数作为预测值。中位数是指把所有变量值按大小排序后正中间位置的数值。当变量值的项数为奇数时，处于中间位置的变量值即为中位数；当为偶数时，中位数则为处于中间位置的2个变量值的平均数。

◆案例2-3：企业对C材料年度需求趋势难以确定，因而聘请12位专家采用德尔菲法进行预测，具体数字见表2-7。综合汇总专家预测数据，确定最终预测值。

表2-7 德尔菲法专家预测需求量数据表

	1	2	3	4	5	6	7	8	9	10	11	12
第1轮	150	160	155	112	155	125	122	130	130	132	122	132
第2轮	150	150	150	133	145	135	135	134	134	135	128	135
第3轮	150	150	150	142	150	135	135	135	134	137	136	137

第 1 轮中位数和极差数：

预测值由小到大排序：112、122、122、125、130、130、132、132、150、155、155、160。

计算中位数：

$$中位数 = \frac{130 + 132}{2} = 131$$

计算极差数：

$$极差数 = 160 - 112 = 48$$

第 2 轮中位数和极差数：

预测值由小到大排序：128、133、134、134、135、135、135、135、145、150、150、150。

计算中位数：

$$中位数 = \frac{135 + 135}{2} = 135$$

计算极差数：

$$极差数 = 150 - 128 = 22$$

第 3 轮中位数和极差数：

预测值由小到大排序：134、135、135、135、136、137、137、142、150、150、150、150。

计算中位数：

$$中位数 = \frac{137 + 137}{2} = 137$$

计算极差数：

$$极差数 = 150 - 134 = 16$$

计算结果表明，第 3 轮的中位数为 137，且极差数为最小（16 < 22 < 48），因此，可以将 137 作为 C 材料采购需求量的预测值。

◇问题 2 - 6：在案例 2 - 3 中，如果只有前 9 位专家参与预测，则德尔菲法预测的 C 材料采购需求量是多少？

2.2.2 采购需求预测的定量方法

定量预测法是指根据以往数据和市场信息资料，运用数学方法分析因果关系并据此推算未来变化趋势和结果的预测方法。采购需求的定量预测经常使用直接计算法、动态计算法、类比计算法、比例推算法和平均预测法等具体预测方法。

（1）直接计算法

直接计算法也称定额计算法，是指利用计划期的生产量和生产消耗定额直接推算采购需求量的一种方法。某种物资采购需求量的计算公式为：

某种物资采购需求量 = 计划生产量 × 单位产品消耗定额

直接计算法适用于具有消耗定额的物资采购需求量的推算，且计算结果比较接近实际。

◆案例 2 - 4：企业本年计划生产某种产品 1000 台，已知主要消耗 D 材料的消耗定额为 32 千克，预测本年 D 材料的采购需求量。

D 材料的采购需求量 = 1000 × 32 = 32000（千克）

（2）动态计算法

动态计算法是指通过分析以往数据来找出计划期生产量与物资消耗的变化规律，并据此推算采购需求量的一种方法。实际计算时，可以利用计划期生产量与上期生产量的比例关系，考虑物资消耗水平的增减来进行计算。某种物资采购需求量的计算公式为：

$$某种物资采购需求量 = 上期物资实际消耗量 \times \frac{计划生产量}{上期生产量} \times \left(1 \pm \frac{本期物资消耗增减比例}{} \right)$$

动态计算法适用于没有物资消耗定额的物资采购需求量的推算，且推算采购需求量比较简单易行。

◆案例 2 - 5：企业本年计划生产某种产品 1000 台，已知上年实际生产 980 台，实际消耗 D 材料 31360 千克，预计生产该产品 D 材料的消耗水平降低 5%，预测本年 D 材料的采购需求量。

$$D 材料的采购需求量 = 31360 \times \frac{1000}{980} \times （1 - 5\%） = 30400（千克）$$

◇问题 2 - 7：在案例 2 - 5 中，如果上年实际生产某种产品 1060 台，且 D 材料的消耗水平提高 5%，则本年 D 材料的采购需求量预计为多少千克？

（3）类比计算法

类比计算法是指参照同类产品或类似产品的物资消耗定额来推算采购需求量的一种方法。类比计算法的计算公式为：

$$某种物资采购需求量 = 计划期生产量 \times 同类或类似产品物资消耗定额 \times \left(1 \pm \frac{本期物资消耗增减比例}{} \right)$$

类比计算法适用于没有物资消耗定额，但有可参照的同类产品或类似产品消耗定额的物资采购需求量的推算，且计算比较简单。

◆案例 2 - 6：企业本年计划生产某种产品 1000 台，已知类似产品 D 材料的消耗定额为 30 千克，预计生产该产品 D 材料的消耗水平比类似产品多出 5%，预测本年 D 材料的采购需求量。

$$D 材料的采购需求量 = 1000 \times 30 \times （1 + 5\%） = 31500（千克）$$

（4）比例推算法

比例推算法又称因素分析法或分析调整法，是指以基期需求量数据为基础，根据计划期生产经营和物资周转等因素，经分析调整来推算采购需求量的方法。在具体预测时，一般是在基期采购需求量中剔除不合理消耗量，以生产量增减反映计划期生产经营的变化。比例推算法的计算公式为：

$$某种物资采购需要量 = \left(基期采购需求量 - 不合理消耗量 \right) \times \left(1 \pm 计划期生产增减率 \right) \times \left(1 \pm 计划期物资周转变动率 \right)$$

比例推算法适用于没有物资消耗定额，但计划期生产量和物资周转变动情况可以预估的物资采购需求量的推算，且计算比较简单。

◆案例2-7：企业D材料上年采购需求量为32000千克，经分析不合理消耗量为60千克，预计本年度生产增长5%，物资周转加速2%，预测本年D材料的采购需求量。

D材料的采购需求量=（32000-60）×（1+5%）×（1-2%）=32866.26（千克）

◇问题2-8：在案例2-7中，如果预计本年物资周转放缓2%，则本年D材料的采购需求量预计为多少千克？

（5）平均预测法
平均预测法是指利用以往若干期需求数据的平均值来推算采购需求量的一种方法。由于计算平均值的方法不同，平均预测法具体分为简单平均法、加权平均法、移动平均法和指数平滑法等。

①简单平均法
简单平均法是用以往若干期需求数据之和除以期数求得的平均数作为预测值的一种方法。预测值的计算公式为：

$$\bar{x} = \frac{\sum x}{n}$$

式中，$\bar{x}$ 表示平均值（下期预测值）；

x 表示以往若干期需求数据；

n 表示期数。

简单平均法适用于采购需求量以往数据变化不大情况下的物资采购需求量的预测。

◆案例2-8：企业E材料上年12个月的需求量分别为100、106、105、109、98、108、104、105、110、125、126、137吨。要求分别根据全年、下半年、第四季度需求量数据，采用简单平均法对该企业下年1月份的E材料需求量进行预测。

根据全年数据预测：

$$\bar{x} = \frac{100+106+105+109+98+108+104+105+110+125+126+137}{12} \approx 111.08 \text{（吨）}$$

根据下半年数据预测：

$$\bar{x} = \frac{104+105+110+125+126+137}{6} \approx 117.83 \text{（吨）}$$

根据第四季数据预测：

$$\bar{x} = \frac{125+126+137}{3} \approx 129.33 \text{（吨）}$$

②加权平均法
加权平均法是为以往若干期的需求数据赋予一个权数来计算其加权平均数作为预

测值的一种方法。预测值的计算公式为：

$$\overline{x} = \frac{\sum xf}{\sum f}$$

式中，$\overline{x}$ 表示平均值（下期预测值）；

x 表示以往若干期需求数据；

f 表示与 x 对应的权数。

加权平均法一般对预测值影响较大的以往数据赋予较大的权数。因此，加权平均法适用于采购需求量以往数据波动不大，利用对预测值影响较大的以往数据来预测物资采购需求量。

◆案例 2-9：根据案例 2-8 的资料，由于下半年 E 材料需求量数据变化不稳定，最大值与最小值差别较大，因而可以将下半年各月需求量的权数确定为由远及近的等差数列，即 1，2，3，4，5，6，据此运用加权平均法预测下年 1 月份 E 材料的需求量。

运用加权平均法预测：

$$\overline{x} = \frac{104 \times 1 + 105 \times 2 + 110 \times 3 + 125 \times 4 + 126 \times 5 + 137 \times 6}{1 + 2 + 3 + 4 + 5 + 6} \approx 123.62 \text{（吨）}$$

◇问题 2-9：在案例 2-9 中，如果仅根据第 4 季度的数据进行预测，且取权数依次为 1，2，3，则下年 1 月份 E 材料的需求量预计为多少吨？

③移动平均法

移动平均法是指用以往若干期需求数据按由远及近的一定跨越期计算的平均值作为预测值的一种方法。最基本的一次简单移动平均的计算公式为：

$$\overline{x}_{t+1} = \frac{x_t + x_{t-1} + x_{t-2} + \cdots + x_{t-n+1}}{n}$$

式中，$\overline{x}_{t+1}$ 表示第 $t+1$ 期的一次移动平均值，即 x_{t+1} 的预测值；

x_t 表示第 t 期的数据（$t = n, \cdots 3, 2, 1$）；

n 表示移动平均期数，即数据的个数。

移动平均法能有效地消除预测中的随机波动，因此，移动平均法主要适用于以往数据没有大起大落和季节性波动的物资采购需求量的预测。

◆案例 2-10：企业 E 材料上年各月的需求量数据见案例 2-8。要求用一次移动平均法计算需求量的移动平均值，并预测下年 1 月 E 材料的需求量（取 $n=3$）。

根据案例 2-8 的数据计算需求量的移动平均值为（$n=3$）：

$$\overline{x}_4 = \frac{105 + 106 + 100}{3} \approx 104 \text{（吨）}$$

$$\overline{x}_5 = \frac{109 + 105 + 106}{3} \approx 107 \text{（吨）}$$

$$\overline{x}_{12} = \frac{126 + 125 + 110}{3} \approx 120 \text{（吨）}$$

上年 E 材料需求量的移动平均值见表 2 - 8。

表 2 - 8　上年 E 材料需求量及其一次移动平均值（$n = 3$）

月份	1	2	3	4	5	6	7	8	9	10	11	12
需求量	100	106	105	109	98	108	104	105	110	125	126	137
$\overline{x}_{t+1}$				104	107	104	105	103	106	106	113	120

下年 1 月份 E 材料的需求量为：

$$\overline{x}_{13} = \frac{137 + 126 + 125}{3} \approx 129 \text{（吨）}$$

◇问题 2 - 10：在案例 2 - 10 中，如果取 $n = 4$，则各期的移动平均值和下年 1 月份 E 材料的需求量分别为多少吨？

④指数平滑法

指数平滑法是通过计算以往若干期需求数据的实际值与指数平滑值的加权平均数作为预测值的一种方法。指数平滑值是利用指数平滑方法计算的预测值。最基本的一次指数平滑预测法的计算公式为：

$$S_{t+1} = \alpha x_t + (1 - \alpha) S_t$$

式中，S_{t+1} 表示第 $t + 1$ 期一次指数平滑预测值；

x_t 表示第 t 期的实际值；

S_t 表示第 t 期的预测值，即第 t 期的平滑值；

α 表示平滑系数（$0 \leq \alpha \leq 1$）。

运用指数平滑法需要确定平滑系数 α。一般地，当以往若干期数据波动较小时，平滑系数 α 应取较小值（0.1 ~ 0.3）；当以往若干期数据波动较大时，平滑系数 α 应取较大值（0.6 ~ 0.8）。

根据以往若干期数据计算指数平滑预测值，往往是计算期初至期末的指数平滑预测值数列，必须首先确定初始值 S_1。一般地，当以往若干期数据项数较多时，可选择第一项数据作为初始值；当以往若干期数据项数较少时，可选择前几项数据的平均值作为初始值。

指数平滑法是移动平均法的改良方法，与移动平均法一样，也适用于以往若干期数据没有大起大落和季节性波动的物资采购需求量的预测。

◆案例 2 - 11：企业 E 材料上年各月的需求量数据见案例 2 - 8。要求用一次指数平滑法计算需求量的指数平滑值，并预测下年 1 月 E 材料的需求量（取 $\alpha = 0.5$）。

选择 x_1 作为初始值，即 $S_1 = x_t = 100$（吨）。

计算以往各期的一次指数平滑值：

$$S_2 = 0.5 \times 100 + (1 - 0.5) \times 100 = 100 \text{（吨）}$$

$$S_3 = 0.5 \times 106 + (1 - 0.5) \times 100 = 103 \text{（吨）}$$

$$S_4 = 0.5 \times 105 + (1 - 0.5) \times 103 = 104 \ (吨)$$
$$S_5 = 0.5 \times 109 + (1 - 0.5) \times 104 = 106.5 \ (吨)$$
$$S_6 = 0.5 \times 98 + (1 - 0.5) \times 106.5 = 102.3 \ (吨)$$
$$S_7 = 0.5 \times 108 + (1 - 0.5) \times 102.3 = 105.2 \ (吨)$$
$$S_8 = 0.5 \times 104 + (1 - 0.5) \times 105.2 = 104.6 \ (吨)$$
$$S_9 = 0.5 \times 105 + (1 - 0.5) \times 104.6 = 104.8 \ (吨)$$
$$S_{10} = 0.5 \times 110 + (1 - 0.5) \times 104.8 = 107.4 \ (吨)$$
$$S_{11} = 0.5 \times 125 + (1 - 0.5) \times 107.4 = 116.2 \ (吨)$$
$$S_{12} = 0.5 \times 126 + (1 - 0.5) \times 116.2 = 121.1 \ (吨)$$

下年 1 月份 E 材料的需求量为：
$$S_{13} = 0.5 \times 137 + (1 - 0.5) \times 121.1 = 129.1 \ (吨)$$

◇问题 2-11：在案例 2-11 中，如果取 $\alpha = 0.6$，则以往各期的一次指数平滑值和下年 1 月份 E 材料的需求量分别是多少吨？

拓展阅读 2-2

季节变动预测法

季节变动是指某些市场现象的观察值，由于受自然气候、生产条件、生活习惯等因素的作用，每一年随季节的变化呈现出周期性的变动。如水果、蔬菜、鱼、虾等鲜活商品受自然气候的影响，形成市场供应量的季节性变动；又如月饼、汤圆、贺卡等节日礼品受传统习惯的影响，其销售量呈现出明显的季节变动。

季节变动预测法是指通过描述时间序列的季节性变动规律，并以此为依据预测未来市场商品供应量、需求量及价格变动趋势。季节变动一般每年均会重复出现，各年同月或同季有相同的变动方向，变动幅度一般相差不大。将这种各年相同的变动方向和幅度加以调动，就形成了季节变动模型。季节变动模型的指标有两种：一种是以相对数表示的季节比率，一种是以绝对表示的季节变差。

1. 季节比率

季节比率也称为季节指数，它是以相对数表示的季节变动指标，一般以百分数或系数表示。

季节比率根据季节变动的规律不同，其指标的计算表达式也有区别。

对于不含长期趋势变动的市场现象时间序列的季节变动，季节比率的计算公式为：
$$季节比率 = \frac{各月（或季）实际观察值}{月（或季）平均值} \times 100\%$$

对于含有长期趋势变动的市场现象时间序列的季节变动，季节比率的计算公式为：
$$季节比率 = \frac{各月（或季）实际观察值}{月（或季）趋势值} \times 100\%$$

季节比率反映的是市场现象时间序列中各月（或各季）的实际观察值，围绕季节比率平均值100%上下波动的状况。季节比率偏离100%的程度越大，说明季节变动的幅度越大；季节比率偏离100%的程度越小，说明季节变动的幅度越小。

为了减少偶然性，在进行具体的运用时，必须根据3年及以上的市场研究资料来进行分析预测。因此，上述计算公式应进一步改写为能应用多年资料计算的公式：

$$季节比率 = \frac{同月（或同季）实际观察平均值}{总平均值} \times 100\%$$

$$季节比率 = \frac{同月（或同季）实际观察平均值}{趋势值} \times 100\%$$

同时，在进行季节变动市场预测时，计算预测值的模型为：

$$y_t = \bar{y} \times S_t$$

式中，y_t表示季节变动预测值，$\bar{y}$表示上期各月平均值，S_t表示各月季节比率。

2. 季节变差

季节变差是以绝对数表现的季节变动的指标。其计量单位与市场现象实际观察值的计量单位相同，季节变差的计算公式也有两种表示方法：

对于不含长期趋势变动的市场时间序列的季节变动，其季节变差的计算公式为：

$$季节变差 = 各月（或季）实际观察值 - 月（或季）平均值$$

对于含有季节变动又有长期趋势变动的市场现象时间序列的季节变动，其季节变差计算公式可表达为：

$$季节变差 = 各月（或季）实际观察值 - 月（或季）趋势值$$

同样，季节变差在实际应用中，其计算公式可以改写成：

$$季节变差 = 同月（或季）实际观察平均值 - 总平均值$$

$$季节变差 = 同月（或季）实际观察平均值 - 趋势值$$

同时，若按季节变差预测，则预测模型为：

$$各月预测值 = 上年月平均值 + 各月季节变差$$

——资料来源：包忠明. 市场调查与预测［M］. 北京：中国财政经济出版社，2009.6：207～208。

训练题2-2

一、单项选择题

1. 采购需求预测的依据主要是（　　　）。

A. 未来需求数量　　　　　B. 未来需求变化情况

C. 以往需求数据　　　　　D. 以往专家建议

2. 定性预测法受预测者主观意识的影响，因而预测结果没有定量预测法准确（　　　）。

A. 正确　　　　　　B. 错误

3. 下列属于采购需求定性预测方法的是（　　　）。

A. 指数平滑法　　　B. 比例推算法　　　C. 德尔菲法　　　　D. 移动平均法

4. 向专家再一次征询意见的过程是德尔菲法的（　　　）。

A. 准备征询意见　　B. 征询意见　　　　C. 整理征询意见　　D. 反馈意见

5. 下列属于采购需求定量预测方法的是（　　　）。

A. 经验判断法　　　B. 比例推算法　　　C. 德尔菲法　　　　D. 专家意见法

6. 通过分析以往数据来找出计划期生产量与物资消耗的变化规律，并据此推算采购需求量的采购需求预测方法是（　　　）。

A. 直接计算法　　　B. 动态计算法　　　C. 类比计算法　　　D. 比例推算法

7. （　　　）适用于没有物资消耗定额，但计划期生产量和物资周转变动情况可以预估的物资采购需求量的推算。

A. 直接计算法　　　B. 动态计算法　　　C. 类比计算法　　　D. 比例推算法

8. 比例推算法计算某种物资采购需求量的公式为（　　　）。

A. 某种物资采购需求量 = 计划生产量 × 单位产品消耗定额

B. $\dfrac{\text{某种物资}}{\text{采购需求量}} = \dfrac{\text{上期物资}}{\text{实际消耗量}} \times \dfrac{\text{计划生产量}}{\text{上期生产量}} \times \left(1 \pm \dfrac{\text{本期物资消耗}}{\text{增减比例}}\right)$

C. $\dfrac{\text{某种物资}}{\text{采购需求量}} = \dfrac{\text{计划期}}{\text{生产量}} \times \dfrac{\text{同类或类似产品}}{\text{物资消耗定额}} \times \left(1 \pm \dfrac{\text{本期物资消耗}}{\text{增减比例}}\right)$

D. $\dfrac{\text{某种物资}}{\text{采购需要量}} = \left(\dfrac{\text{基期采购}}{\text{需求量}} - \dfrac{\text{不合理}}{\text{消耗量}}\right) \times \left(1 \pm \dfrac{\text{计划期生}}{\text{产增减率}}\right) \times \left(1 \pm \dfrac{\text{计划期物资}}{\text{周转变动率}}\right)$

9. 利用对预测值影响较大的以往数据来预测物资采购需求量是（　　　）。

A. 简单平均法　　　B. 加权平均法　　　C. 移动平均法　　　D. 指数平滑法

二、多项选择题

1. 下列属于德尔菲法预测程序的有（　　　）。

A. 准备征询意见　　B. 征询意见　　　　C. 整理征询意见　　D. 反馈意见

2. 准备征询意见是指在向有关专家征询预测意见之前的一系列准备工作，包括（　　　）等。

A. 确定专家　　　　B. 提供资料　　　　C. 设计征询表　　　D. 征询意见

3. 下列属于采购需求定量预测方法的有（　　　）。

A. 指数平滑法　　　B. 比例推算法　　　C. 德尔菲法　　　　D. 移动平均法

4. 适用于没有物资消耗定额的物资采购需求量推算的方法有（　　　）。

A. 直接计算法　　　B. 动态计算法　　　C. 类比计算法　　　D. 比例推算法

5. 下列属于平均预测法的有（　　　）。

A. 采购人员估计法　　　　　　　　　B. 部门经理意见法

C. 移动平均法　　　　　　　　　　　D. 指数平滑法

三、案例题

1. 企业采购经理和 3 位采购人员对下年某种材料的采购需求量预测值（单位：件）

见表2-9，确定综合汇总后的下年该种材料采购需求量。

表2-9 采购人员采购需求预测表

		最低值	概率	最可能值	概率	最高值	概率
采购经理		800	0.3	1000	0.5	1200	0.2
采购人员	甲	700	0.2	900	0.5	1000	0.3
	乙	600	0.3	800	0.5	1000	0.2
	丙	600	0.2	900	0.6	1100	0.2

2. 企业3位部门经理对下年某种材料的采购需求量预测值（单位：千克）见表2-10，3位部门经理的重要程度权数分别为0.4、0.3和0.3，确定综合汇总后的下年该种材料采购需求量。

表2-10 部门经理采购需求预测表

经理	最低值	概率	最可能值	概率	最高值	概率
甲	4500	0.2	5000	0.6	5500	0.2
乙	4800	0.2	5200	0.5	5500	0.3
丙	4000	0.2	4600	0.7	5000	0.1

3. 企业对其所需某种材料的年需求量采用德尔菲法进行预测，三次反复征询专家意见的结果整理见表2-11（单位：吨），其中，a表示最低销售量，b表示最可能销售量，c表示最高销售量。

要求：（1）通过计算材料需求量预测值的平均数，确定该种材料需求量的最终预测值；

（2）如果设定最低需求量、最可能需求量和最高需求量预测值的权数分别为0.2、0.6、0.2，计算该种材料需求量的最终预测值。

表2-11 材料需求预测整理表

专家	第一次征询			第二次征询			第三次征询		
	a	b	c	a	b	c	a	b	c
A	1000	1500	1900	950	1300	1700	980	1350	1650
B	1100	1600	2000	1050	1450	1800	1000	1400	1650
C	1000	1400	1800	1000	1400	1650	1050	1250	1550
D	900	1200	1500	950	1250	1400	980	1300	1300
E	1200	1600	1900	1100	1500	1700	1050	1450	1600

4. 企业本年计划生产甲产品 10000 件，已知上年实际生产 9800 件，实际消耗某种材料 300 千克，预计生产甲产品该种材料的消耗水平减低 5%，预测本年该种材料的采购需求量。

5. 企业本年计划生产甲产品 10000 件，已知类似产品某种材料的消耗定额为 30 千克，预计生产甲产品该种材料的消耗水平比类似产品多出 5%，预测本年该种材料的采购需求量。

6. 企业某种材料上年采购需求量为 10000 千克，经分析不合理消耗量为 30 千克，预计本年度生产增长 5%，物资周转加速 2%，预测本年该种材料的采购需求量。

7. 企业某种材料上年 12 个月的需求量见表 2 – 12（单位：千克）。要求分别根据全年、下半年、第四季度需求量数据，采用简单平均法对该企业下年 1 月份的该种材料需求量进行预测。

表 2 – 12　企业某种材料上年需求量

月份	1	2	3	4	5	6	7	8	9	10	11	12
需求量	1000	1050	990	1020	1100	1060	1080	960	1120	1150	1010	1030

8. 根据表 2 – 12 的资料，将下半年各月需求量的权数确定为由远及近的等差数列，即 1，2，3，4，5，6，据此运用加权平均法预测下年 1 月份该种材料的需求量。

9. 根据表 2 – 12 的资料，用一次移动平均法计算需求量的移动平均值，并预测下年 1 月该种材料的需求量（取 $n = 3$）。

10. 根据表 2 – 12 的资料，用一次指数平滑法计算需求量的指数平滑值，并预测下年 1 月该种材料的需求量（取 $\alpha = 0.5$）。

2.3　供应商管理

供应商是指可以为企业生产经营提供原材料、设备、工具及其他资源的企业。采购企业开展生产经营活动，必须从供应商那里采购生产经营所需的原材料、设备等物资。供应商可以是生产企业，也可以是流通企业，包括为企业提供资源的制造商、经销商和其他中介商。

供应商管理是指对供应商的调查、开发、选择、考评和激励等综合性的管理活动。供应商管理的目的就是建立稳定和可靠的供应商群体，为企业生产经营提供所需的物资供应。供应商管理的内容主要包括供应商分类管理、供应商的开发、供应商的选择、供应商的考评等。

2.3.1　供应商分类管理

供应商分类管理是针对不同类型的供应商，选择不同的管理方法，以实现对供应商的有效管理。供应商分类管理是供应商管理的基础内容。

（1）供应商的分类

①按供应金额分类

按供应金额大小，可以划分为重点供应商与普通供应商（如图2-4所示）。

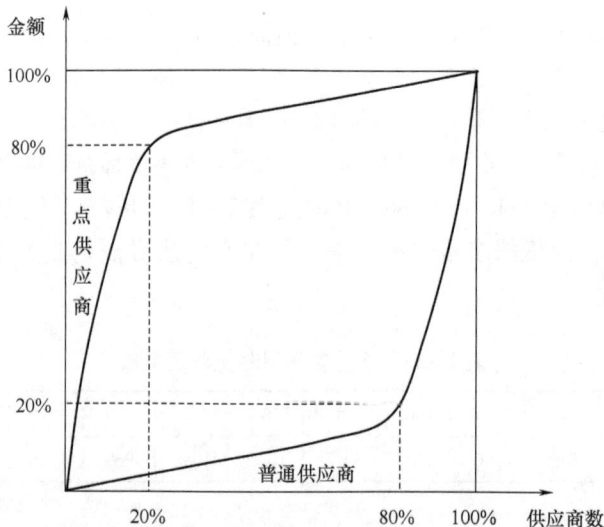

图2-4　按供应金额大小分类示意图

◇问题2-12：根据图2-4描述重点供应商与普通供应商的不同。

重点供应商是指占80%供应金额的20%的供应商。重点供应商供应的物资是金额较大的企业战略性物资或需要集中采购的物资。这些物资的金额占企业所需全部物资的80%，而供应商数量只占全部供应商的20%，因此重点供应商需要企业投入80%的时间和精力进行管理。

普通供应商是指占20%供应金额的80%的供应商。普通供应商供应的是金额较小且对企业生产经营影响不大的物资，例如维修配件、办公用品等。这些物资的金额只占企业所需全部物资的20%，而供应商数量却占全部供应商的80%，因此普通供应商只需要企业投入20%的时间和精力进行管理。

②按供应商重要程度分类

按供应商的重要程度，可以划分为商业型供应商、优先型供应商、重要型供应商和伙伴型供应商，如图2-5所示。

◇问题2-13：根据图2-5描述商业型供应商、优先型供应商、重要型供应商和伙伴型供应商的不同。

商业型供应商是与企业保持单纯交易关系的供应商。在某种物资市场供应比较充足的情况下，商业型供应商可以在市场方便地选择和更换。

优先型供应商是采购业务对供应商重要而对企业不十分重要的供应商。优先型供

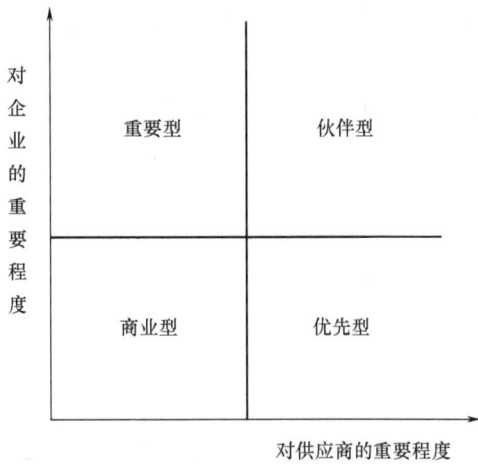

图 2 - 5　按供应商的重要程度分类示意图

应商使供应商选择处于有利地位。

重要型供应商是采购业务对企业重要而对供应商不十分重要的供应商。重要型供应商需要企业注意与其保持良好关系。

伙伴型供应商是采购业务对企业和供应商都很重要的供应商。伙伴型供应商需要企业与其建立起相互依赖的稳定合作关系。

③按供应商规模和经营品种分类

按供应商规模和经营品种，可以划分为低量少品种型供应商、低量多品种型供应商、专业型供应商和行业领袖型供应商（如图 2 - 6 所示）。

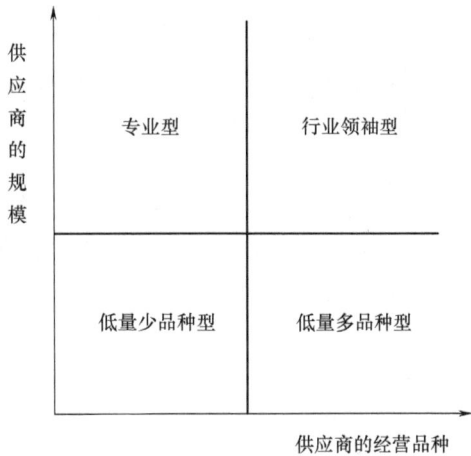

图 2 - 6　按供应商的规模和经营品种分类示意图

◇问题 2 - 14：根据图 2 - 6 描述低量少品种型供应商、低量多品种型供应商、专业型供应商和行业领袖型供应商的不同。

低量少品种型供应商是指经营规模小、经营品种少的供应商。此类供应商的增长潜力有限。

低量多品种型供应商是指经营规模小、经营品种多的供应商。此类供应商的增长潜力可以培养。

专业型供应商是指经营规模大、经营品种少的供应商。此类供应商由于专门经营品种较少的产品，因而具有专业性强、经验丰富、技术成熟、市场占有率高的特点。在满足品种需求的前提下，企业采购应重点选择此类供应商。

行业领袖型供应商是指经营规模大、经营品种多的供应商。此类供应商财务状况好、信誉度高，应是企业采购的首选供应商。

④按企业与供应商关系分类

按企业与供应商的关系目标，可以划分为短期目标型供应商、长期目标型供应商、渗透型供应商、联盟型供应商和纵向集成型供应商。

短期目标型供应商是与企业保持纯粹交易关系的供应商；长期目标型供应商是与企业之间超越交易关系而形成长期合作关系的供应商；渗透型供应商是在长期目标基础上发展而来的双方能够参与对方业务活动的供应商，例如互相投资、参股或派员参与对方业务活动等；联盟型供应商是与企业保持纵向供应链管理关系的供应商；纵向集成型供应商是与企业保持供应链一体化关系的供应商。

（2）供应商关系的分类

在供应商关系中，存在着两种典型的关系模式，即传统的竞争关系模式和合作双赢关系模式。

①竞争关系模式

竞争关系模式是指供需双方通过价格调整和采购数量分配而形成的短期合作企业关系。在竞争关系模式下，采购需求企业同时向若干供应商采购，通过供应商之间的竞争获取价格优惠；或者通过在供应商之间分配采购份额对供应商加以控制。竞争关系模式中的企业与供应商之间是一种短期合同关系。

②双赢关系模式

双赢关系模式是指在相互信任的基础上，围绕供需双方共同发展目标而建立的长期合作企业关系。双赢关系模式要求供需双方相互信任、共担风险、共享利益。因此，双赢供需关系是实现风险共担和利益共享的企业关系。

双赢关系模式的具体表现为：

a. 采购商对供应商给予协助，帮助供应商降低成本、改进质量、加快产品开发进度；

b. 通过建立相互信任的关系提高效率，降低交易和管理成本；

c. 正确处理交易价格与双方利益的关系，用长期的信任合作取代短期的合同；

d. 建立信息交流与共享机制，使决策有利于供应链整体利益。

2.3.2 供应商的开发

供应商开发是指从无到有寻找新供应商而建立起适合企业需要的供应商群体的过程。企业一般在两种情况下需要开发新的供应商：一是企业生产经营规模扩大，需要生产或销售新的产品,进而组建新的供应链时;二是企业与原来的供应商终止合作关系,从而需要开发新的供应商以满足生产或销售需求时。

供应商开发的基本步骤包括明确采购需求、编制供应商开发进度表、收集供应商资料、初步联系供应商、初步考察供应商、向供应商询价、供应商评审、产品质量认证、正式接纳供应商等(见图2-7所示)。

◇问题2-15:根据图2-7描述企业供应商开发的过程。

(1)明确采购需求

明确采购需求就是明确企业对物资采购的具体要求。明确采购需求是开发与选择供应商的依据。明确采购需求包括明确企业所需物资的数量、质量、品种、技术指标,以及交货期、供应商供货能力要求等。

(2)编制供应商开发进度表

编制供应商开发进度表就是将供应商开发过程编制一份时间进度表。编制供应商开发进度表的目的是为了明确开发供应商的具体工作进度,减少计划日期被拖延的可能性。供应商开发进度表的格式参见表2-13。

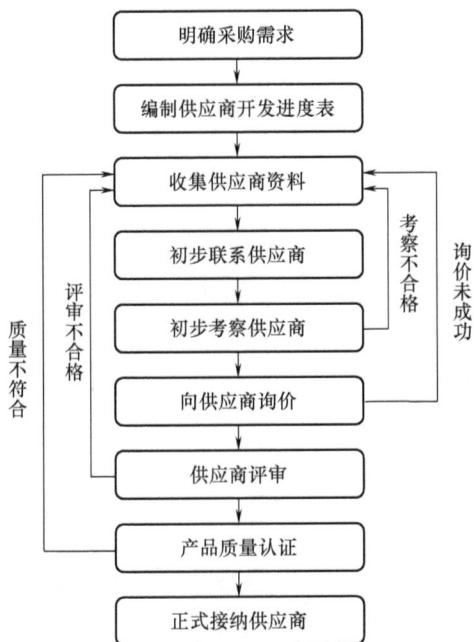

图2-7 供应商开发的基本步骤示意图

表2-13 供应商开发进度表

项目名称: 负责人: 编制时间:

序号	工作内容	时间进度安排							
		1	2	3	4	5	6	7	8
1	收集供应商资料	→							
2	初步联系供应商		→						
3	初步考察供应商			→					
4	向供应商询价				→	→			
5	供应商评审						→		
6	产品质量认证							→	
7	正式接纳供应商								→

(3)收集供应商资料

收集供应商资料就是收集和筛选潜在供应商的信息。可以通过互联网、参加展销会、他人介绍等收集供应商资料，收集的供应商资料包括供应商基本情况、财务状况、产品质量与价格、供应能力与服务水平等。

（4）初步联系供应商

初步联系供应商就是使用适当的联系方式与供应商取得联系。与供应商联系可以采取下列几种方式：

①使用电话联系

第一次尽量使用电话联系，说明联系的目的、采购需求，并了解供应商的基本情况，获取供应商初步信息；然后筛选出继续联系的供应商。

②面谈或邮寄供应商资料

可以邀请距离较近的供应商携带资料和样品到企业面谈，加深双方的了解；可以向距离较远的供应商要求快递其资料和样品。

③发放供应商调查问卷

使用调查问卷对供应商进行调查是掌握供应商信息的有效手段。

④使用电子邮件等互联网工具

使用互联网工具联系供应商更加快捷和方便。

（5）初步考察供应商

初步考察供应商就是在有必要考察供应商且具备考察条件的情况下，企业采购人员进入供应商的生产经营场所进行具体深入地了解。

（6）向供应商询价

向供应商询价就是让意向供应商进行报价。可以向意向供应商发询价单来询价。询价的内容包括物料的名称、技术指标、价格、交货周期、付款条件等。

（7）供应商评审

供应商评审就是对符合条件的潜在供应商进行现场实地考察评审。评审人员可以包括采购人员、质量监督人员、工程技术人员等；评审内容一般包括质量保证能力、供应能力、产品开发能力、价格水平、服务水平和管理水平等。

（8）产品质量认证

产品质量认证是通过对供应商提供的样品进行检测、装配来认证其产品的质量。产品质量认证不仅包括对供应商实物样品的检验认证，而且要求供应商提供材质证明、安全证明、检验报告等证明材料。

（9）正式接纳供应商

正式接纳供应商就是将通过供应商评审和产品质量认证的供应商接纳为合格供应商。

2.3.3 供应商的选择

供应商的选择是指按照规范的程序和科学的方法从供应市场选取并确定供应商的活动。供应商的选择要求选择程序要规范，选择方法要科学。

（1）供应商选择的一般步骤

供应商选择的一般步骤包括确定备选供应商、成立评价小组、设计评价指标体系、确定选择方法、评价供应商、选择确定供应商等。

①确定备选供应商

确定备选供应商就是通过供应市场环境和企业需求分析筛选出供企业选择的供应商。供应市场分析是对供应市场的调研过程，主要是了解供应市场的供应状况、确定企业可能的供应商范围、掌握供应商基本信息等。企业需求分析就是对企业需求状况、需求性质、需求数量和时间等进行充分了解，并以此作为选择供应商的依据。

②成立评价小组

成立评价小组就是成立一个专门来实施供应商评价的工作组。小组成员一般来自采购、生产、财务、技术、市场等部门，成员必须具有专业技能和认真负责的精神。

③设计评价指标体系

供应商评价指标是对供应商进行综合评价的标准和依据。企业应在兼顾定性与定量评价的前提下，设计一套能够客观和准确评价供应商的指标体系。供应商评价指标一般包括供应商的技术水平、质量控制、财务状况、成本控制、人力资源、设备水平、用户满意度等。

④确定选择方法

确定选择方法是根据企业需求特点确定合适的供应商选择方法。在供应商选择的诸多方法中，可以确定定性方法、定量方法以及定性与定量相结合的方法。

⑤评价供应商

评价供应商是依据评价指标对备选供应商综合业绩做出客观公正的评价。评价供应商是选择供应商的前提，必须以对供应商的充分调查为基础。实施供应商评价，必须与初步选定的供应商取得联系，以确认供应商是否有参与评价的意愿。

⑥选择确定供应商

选择确定供应商就是依据供应商的评价结果选择合适的供应商。选择确定供应商应以建立稳定的合作关系为出发点，为建立供应链合作关系和实施供应链管理奠定基础。

（2）供应商选择的方法

常用的供应商选择方法主要有直观判断法、协商选择法、招标选择法、综合评分法、采购成本比较法等。

①直观判断法

直观判断法是指依据所调查的供应商资料和采购人员的主观判断，通过对供应商进行分析评价来选择供应商的方法。直观判断法主要是依据有经验的采购人员的意见或直接由采购人员凭经验做出判断。直观判断法简单易行，但易受采购人员主观因素影响而降低可靠性。直观判断法常用于选择企业非主要原材料的供应商。

②协商选择法

协商选择法是指选出供应条件较为有利的几家供应商，分别通过协商以确定合适的供应商的方法。协商选择法能够使企业与供应商在供货质量、交货日期和售后服务等方面进行充分协商沟通，但选择范围有限，不能确保选择供应条件最为有利的供应商。协商选择法适用于采购时间紧迫、供应商竞争不激烈、采购物资规格和技术要求比较复杂的采购业务。

③招标选择法

招标选择法是指采用招标的方式邀请潜在的供应商参与竞标，从中选择合适供应商的方法。招标选择法扩大了企业选择供应商的范围，有利于选定供应条件较好的供应商，但招标选择法手续较多、时间较长，不能适应紧急采购的需要。招标选择法主要适用于采购物资数量大、供应市场竞争激烈的采购业务。

④综合评分法

综合评分法是指由评审人员通过对供应商进行综合评分来选择供应商的方法。综合评分法评分的依据是供应商选择指标，得分最高的供应商即为应选定的供应商。综合评分法对定性指标进行量化处理，便于对供应商进行定量选择，但综合评分法受制于供应商评价指标，缺乏对供应商的动态分析。综合评分法主要适用于长期合作的战略性供应商。

⑤采购成本比较法

采购成本比较法是指通过计算分析供应商的采购成本，选择采购成本较低的供应商的方法。采购成本比较法评价定量化、减少了主观因素影响，但评价指标单一，缺乏对供应商的综合分析。采购成本比较法主要适用于对质量和交货期能够满足要求的供应商的选择。

◆案例 2-12：企业计划采购某种材料 1200 吨，甲、乙两个供应商提供的材料质量均符合企业要求，且信誉较好。距离企业比较近的甲供应商的报价为 320 元/吨，运费为 5 元/吨，订购费用为 1200 元；距离企业比较远的乙供应商的报价为 300 元/吨，运费为 30 元/吨，订购费用为 1500 元。用采购成本比较法确定企业应选择哪一家供应商？

甲供应商：$1200 \times 320 + 1200 \times 5 + 1200 = 391200$（元）

乙供应商：$1200 \times 300 + 1200 \times 30 + 1500 = 397500$（元）

显然，从甲供应商采购比从乙供应商采购的成本低 6300 元（397500 元 − 391200 元），因此，应选择甲供应商。

◇问题 2-16：在案例 2-12 中，如果从乙供应商采购的运费为 20 元/吨，订购费用为 1000 元，用采购成本比较法确定企业应选择哪一家供应商？

2.3.4　供应商的考评

供应商考评是企业对其供应商所进行的定期考核和评比。供应商考评的对象是已经通过选择确认且正在为企业提供供应服务的供应商。供应商考评的目的在于了解供应商的表现，促进供应商提高供应水平，为供应商奖惩提供依据，确保供应商为企业提供优质的产品和服务。

（1）供应商考评的步骤

供应商考评的步骤通常包括确定考评对象和要素、组建考评小组、设计考评指标体系、选择考评方法、考评供应商和处理考评结果等。

①确定考评对象和要素

供应商考评可以按月、按季、按年进行，考评的对象和要素有所不同。月度考评针对的是企业核心供应商及重要供应商，以质量和交货期考评为主；季度考评针对大部分供应商，以质量、交货期和成本考评为主；年度考评针对所有供应商，以质量、交货期、成本、服务和技术等为考评要素。

②组建考评小组

组建考评小组就是组建一个专门来实施供应商考评的工作组。工作组成员应来自企业多个主要部门，且成员对企业的经营业务和技术要求、考评要求比较清楚。

③设计考评指标体系

供应商考评指标是考评供应商的标准和依据。供应商考评指标包括价格、质量、交货和服务水平等诸多方面，设计考评指标体系要坚持系统全面、简明科学、稳定可比、灵活可操作的原则。

④选择考评方法

供应商的考评方法很多，包括定性方法、定量方法以及定性与定量相结合方法等，其中，比较常用的是综合评分法，即通过对供应商评分以评分高低来考评供应商。

⑤考评供应商

考评供应商就是以供应商考评指标为标准，以对供应商的调查信息为基础，对供应商进行考核评价，得出考评结果。

⑥处理考评结果

企业可以在分析供应商考评结果的基础上，对供应商考评结果做出处理，见表2-14。

表 2-14　供应商考评结果的处理

得分	级别	处理结果	具体处理措施
85~100	A 级/优秀	继续深入合作	加大采购量，建立长期伙伴关系
70~84	B 级/合格	维持现有状态	正常采购
60~69	C 级/可辅助	减少对其采购或淘汰	减量或暂停采购
59 分以下	D 级/不合格	直接淘汰	停止采购

（2）供应商考评的指标

供应商考评指标是指对供应商进行综合评价的依据和标准。不同行业、企业和环境下的供应商考评标准不同，一般主要从质量、价格、供应状况及服务等几个方面进行考评。因此，供应商考评的指标一般有质量指标、价格指标、供应指标和服务指标等。

①质量指标

a. 来料质量指标。来料质量指标包括来料批次合格率、来料抽检缺陷率、来料在线报废率和来料免检率等。来料检查分为全检和抽检。来料批次合格率是最常用的来料质量指标，其计算公式为：

$$来料批次合格率 = \frac{合格来料批次}{来料总批次} \times 100\%$$

b. 工作质量指标。工作质量指标一般用交货差错率和交货破损率来表示，计算公式分别为：

$$交货差错率 = \frac{期内交货差错量}{期内交货总量} \times 100\%$$

$$交货破损率 = \frac{期内交货破损量}{期内交货总量} \times 100\%$$

②价格指标

价格指标是供应的价格水平，分别用市场平均价格比率和市场最低价格比率来表示。

$$市场平均价格比率 = \frac{供应商供货价格 - 市场平均价格}{市场平均价格} \times 100\%$$

$$市场最低价格比率 = \frac{供应商供货价格 - 市场最低价格}{市场最低价格} \times 100\%$$

◆案例 2 – 13：某企业 A 供应商供货的市场最高价为 1200 元，最低价为 1050 元，A 供应商供货价为 1150 元。计算 A 供应商价格考核指标。

$$市场平均价格比率 = \frac{1150 - (1200 + 1050) \div 2}{(1200 + 1050) \div 2} \times 100\% = 2.22\%$$

$$市场最低价格比率 = \frac{1150 - 1050}{1050} \times 100\% = 9.52\%$$

③供应指标

供应指标主要用于考评供应商的准时交货情况，主要有准时交货率、交货周期、订单变化接受率、总供货满足率和总缺货率等。其中，交货周期是自订单开出之日至收货之日的时间长度，常用天数表示。准时交货率的计算公式为：

$$准时交货率 = \frac{期内按时按量交货的实际批次}{期内订单确认的交货总批次} \times 100\%$$

④服务指标

服务指标主要考评供应商的协作和配合情况，主要包括反应表现、合作态度、共同改进和其他支持等。

（3）供应商的考评方法

供应商的考评方法一般有定性考评法、定量考评法、定性与定量结合考评法等。

定性考评法主要是考评人员根据以往的资料和自身经验，对供应商进行分析和判断，从而对供应商做出考评。例如直观判断法、经验判断法等。

定量考评法主要是采用定量计算的方式计算出考评指标的数值，并据此对供应商进行考评。例如采购成本比较法等。

定性与定量结合考评法主要是考评中既有定性考评又有定量考评，二者相结合对供应商进行考评。在考评指标的设计上，一部分指标属于定性指标，另一部分指标属于定量指标。例如综合评分法等。

综合评分法是指由考评人员按照考评指标对供应商进行综合评分来考评供应商的方法。综合评分法的考评依据是反映供应商综合情况的定性和定量的考评指标；综合评分法的考评手段是依据考评指标对供应商进行评分，并根据得分完成对供应商的综合评价。

综合评分法的基本步骤为：

①设计考评指标体系

根据考评目标设计出反映供应商综合情况的考评指标体系。考评指标一般包括质量指标、价格指标、供应能力指标和服务水平指标等。

②确定各个考评指标的得分标准

考评指标的得分标准反映该指标的重要程度，重要的指标赋予较高的得分，较为次要的指标赋予较低的得分。

③进行评分

由考评人员根据所确定的考评指标的得分，经过分析判断给出各项指标的评分值。一般使用供应商考评表来完成，供应商考评表的参考格式见表2－15。

表 2 - 15　供应商考评表

| 供应商名称 | | | 联系人 | | |
| 地址与邮编 | | | 联系电话 | | |
指标	标准	测评方法		得分	考评人
质量	30 分	以来料批次合格率指标考评： 得分 = 30 分 × 来料批次合格率			
价格	最高分为 40 分 标准分为 20 分	1. 根据市场最高价、最低价、平均价、自行估价制定标准价格对应分值为 20 分 2. 每高于标准价格 1%，标准分值扣 2 分；每低于标准价格 1%，标准分值加 2 分 3. 同一供应商供应几种物料，得分按平均计算			
交货	20 分	以准时交货率指标考评： 得分 = 20 分 × 准时交货率			
服务	10 分	1. 出现问题，不太配合解决，1 次扣 1 分 2. 公司会议正式批评或抱怨，1 次扣 2 分 3. 顾客批评，1 次扣 3 分			

④计算综合得分

综合得分的计算公式为：

$$\overline{Z} = \sum Z_j W_j$$

式中，$\overline{Z}$ 表示综合得分；

　　　Z_j 表示供应商的第 j 项指标得分；

　　　W_j 表示供应商的第 j 项指标的权数。

◆案例2-14：假设企业某一供应商的考评得分分别为质量29分、价格30分、交货18分、服务9分，设这些考评指标的权数依次为4、3、2、1。计算该供应商的综合评分。

$$\overline{Z} = \sum Z_j W_j = 29 \times 4 + 30 \times 3 + 18 \times 2 + 9 \times 1 = 251(分)$$

⑤进行综合评价

根据供应商考评的得分，评定供应商的考评等级，以便采取不同的激励措施。

拓展阅读2-3

戴尔与供应商实现"双赢"

戴尔是一家国际化的电脑制造商，它通过科学的管理体制以及与供应商公平的利润分配机制支持供应商的发展，从而与供应商建立良好的战略合作伙伴关系。

戴尔和供应商建有非常紧密的网络通道，每天都通过网络与供应商进行协调沟通，了解每个零部件的发展情况，并把自己新的要求及时发布在网络上，供所有的供应商参考，提高了与供应商之间的透明度和信息交流效率，激励供应商之间的竞争；供应商则随时向戴尔提供自己的最新产品发展技术、价格变化、存量等方面信息。通过网络沟通，密切了伙伴关系。

同时，戴尔不断地对送货情况进行评测，并给供应商发出详尽的绩效报告，让他们准确地知道自己做了什么，与过去相比、与其他供应商相比，他们的绩效让他们处在什么位置。如果一批货送晚了，哪怕只是晚几分钟，戴尔也会主动签发一份书面（电子）征询函，并且提出相应的要求。

戴尔鼓励供应商与之共同研究开发新产品，与供应商伙伴共享设计数据库、技术和资源，大大加快了新技术的发展和推向市场的速度。

在利润上，戴尔除了要补偿供应商的全部物流成本（包括运输、仓储、包装等费用）外，还要让其享受供货总额3%~5%的利润分配，给供应商以发展机会。让各地区的供应商同时作为该地区销售代理商之一，这样供应商又可获得另外一部分相应的利润。这种由单纯的供应商身份向供货及销售代理商双重身份的转变，使物品采购供应—生产制造—产品销售各环节更加紧密结合，也真正实现了由商务合作向战略合作伙伴关系的转变，从而实现了风险共担、利润共享的双赢目标。

与供应商的这种战略伙伴关系，开发了供应商的核心能力，供应商把自己熟悉的供货领域的新产品面市情况、性能价格比等信息及时反馈给戴尔，有利于完善产品的性能和新产品的研发。供应商在和戴尔的合作中与其融为一体，分享了企业高速成长的优厚回报。

——资料来源：浦震寰、蔡改成．企业物流管理（第二版）［M］．大连：大连理工大学出版社，2012.8：50~51。

训练题 2 - 3

一、单项选择题

1. 对供应商进行调查、选择、开发、控制和使用都是供应商管理的手段（　　）。
   A. 正确
   B. 错误

2. 将供应商划分为商业型供应商、优先型供应商、重要型供应商和伙伴型供应商是（　　）分类。
   A. 按供应金额大小
   B. 按供应商的重要程度
   C. 按供应商规模和经营品种
   D. 按企业与供应商的关系目标

3. 为企业带来 80% 供应金额的 20% 的供应商是（　　）。
   A. 商业型供应商　　B. 优先型供应商　　C. 重点供应商　　D. 普通供应商

4. 采购业务对企业和供应商都很重要的供应商属于（　　）。
   A. 商业型供应商　　B. 优先型供应商　　C. 重要型供应商　　D. 伙伴型供应商

5. 经营规模大、经营品种多的供应商属于（　　）供应商。
   A. 低量小规模型　　B. 低量多品种型　　C. 专业型　　D. 行业领袖型

6. （　　）供应商供需双方的合作关系最为紧密也最为复杂。
   A. 长期目标型　　B. 渗透型　　C. 联盟型　　D. 纵向集成型

7. 企业与供应商之间的共享利润、共担风险的企业关系称为（　　）。
   A. 市场关系　　B. 商业关系　　C. 供需关系　　D. 双赢供需关系

8. （　　）是开发供应商的依据。
   A. 明确采购需求
   B. 编制供应商开发进度表
   C. 收集供应商资料
   D. 产品质量认证

9. 在供应商开发过程中，考察不合格、询价未成功、评审不合格、质量不符合等都需要重新（　　）。
   A. 明确采购需求
   B. 编制供应商开发进度表
   C. 收集供应商资料
   D. 初步联系供应商

10. 选择供应商的第一步是（　　）。
    A. 建立供应商评价指标体系
    B. 确定备选供应商
    C. 确定供应商选择方法
    D. 分析供应市场与企业需求

11. （　　）是对供应商进行综合评价的标准和依据。
    A. 供应市场分析
    B. 企业需求分析
    C. 确定供应商选择方法
    D. 供应商评价指标

12. 通过打分选择供应商的方法是（　　）。
    A. 招标选择法
    B. 综合选择法
    C. 采购成本比较法
    D. 直观判断法

13. （　　）适用于采购物资数量大、供应市场竞争激烈的采购业务供应商的选择。

    A. 招标选择法   B. 综合选择法

    C. 采购成本比较法   D. 直观判断法

14. 在供应商选择方法中，（   ）易受采购人员主观因素影响而降低可靠性。

    A. 招标选择法   B. 综合选择法

    C. 采购成本比较法   D. 直观判断法

15. 供应商考评的对象是企业（   ）。

    A. 所有供应商   B. 潜在供应商

    C. 后备供应商

    D. 通过选择确认且正在提供供应服务的供应商

16. （   ）针对所有供应商，以质量、交货期、成本、服务和技术等为考评要素。

    A. 供应商考评   B. 年度考评   C. 季度考评   D. 月度考评

17. 采用综合评分法考评供应商，一般对得分为 70～84 分的供应商做（   ）处理。

    A. 继续深入合作   B. 维持现有状态

    C. 减少对其采购或淘汰   D. 直接淘汰

18. 考核供应商协调配合情况的指标是（   ）。

    A. 供应指标   B. 质量指标   C. 服务指标   D. 价格指标

19. 交货差错率和交货破损率是（   ）。

    A. 供应指标   B. 来料质量指标   C. 工作质量指标   D. 价格指标

20. 综合评分法属于供应商考评的（   ）。

    A. 定性考评法   B. 定量考评法

    C. 定性与定量结合法   D. 直观判断法

二、多项选择题

1. 下列关于供应商的表述正确的有（   ）。

A. 供应商企业外部环境的重要组成部分，也是企业资源市场的重要组成部分

B. 供应商是为企业生产经营提供原材料、设备、工具及其他资源的企业

C. 供应商一般为流通企业

D. 所有为企业提供资源的制造商、经销商和其他中介商都是供应商

2. 下列关于供应商管理的表述正确的有（   ）。

A. 供应商管理是指对供应商的调查、开发、选择、考评和激励等综合性的管理活动

B. 供应商管理的目的就是建立稳定和可靠的供应商群体，为企业生产经营提供所需的物资供应

C. 供应商管理的内容主要包括供应商关系管理、供应商的开发、供应商的选择、供应商的考评、供应商的激励等

D. 供应商管理就是选择供应商的过程

3. 供应商为企业提供的资源主要包括 （　　　　）。

A. 原材料　　　　　　B. 设备　　　　　　C. 工具　　　　　　D. 其他资源

4. 下列属于供应商管理手段的有 （　　　　）。

A. 选择　　　　　　B. 开发　　　　　　C. 考评　　　　　　D. 控制

5. 下列属于按供应商的重要程度分类的有 （　　　　）。

A. 专业型供应商　　　　　　　　　B. 行业领袖型供应商

C. 伙伴型供应商　　　　　　　　　D. 优先型供应商

6. 下列关于重点供应商的表述正确的有 （　　　　）。

A. 重点供应商是"重要的少数"

B. 重点供应商是占 80% 供应金额的 20% 的供应商

C. 企业投入 80% 精力管理的供应商

D. 企业投入 20% 精力管理的供应商

7. 双赢关系模式的具体表现为 （　　　　）。

A. 采购商对供应商给予协助

B. 通过建立相互信任的关系而降低成本、提高效率

C. 用长期的信任合作取代短期的合同

D. 建立信息交流与共享机制

8. 在供应商开发过程中，（　　　　）等都需要重新收集供应商资料。

A. 考察不合格　　　B. 询价未成功　　　C. 评审不合格　　　D. 质量不符合

9. 下列可以作为供应商评价指标的有 （　　　　）。

A. 供应商的技术水平　　　　　　　B. 供应商的财务状况

C. 供应商的产品质量　　　　　　　D. 供应商的服务水平

10. 下列属于供应商选择方法的有 （　　　　）。

A. 德尔菲法　　　　　　　　　　　B. 直观判断法

C. 采购成本比较法　　　　　　　　D. 招标选择法

11. 企业选择供应商需要重点处理好的关系包括 （　　　　）。

A. 自制与外购的关系　　　　　　　B. 单一供应商与多供应商的关系

C. 直接采购与间接采购的关系　　　D. 合同形式与供应商的关系

12. 下列关于供应商考评不正确的表述有 （　　　　）。

A. 供应商考评是对企业所有供应商的考评

B. 供应商考评是对已经通过企业认证的供应商的考评

C. 供应商考评是对所有为企业提供服务的供应商的考评

D. 供应商考评是对正在为企业提供服务的供应商的考评

13. 供应商考评的目的主要有 （　　　　）。

A. 了解供应商的表现　　　　　　　B. 促进供应商提高供应水平

C. 为供应商奖惩提供依据

D. 确保供应商为企业提供优质的产品和服务

14. 供应商考评的步骤中的第一步和第三步一般是（　　　　）。

A. 处理考评结果　　　　　　　　　　B. 确定考评对象和要素

C. 组建考评小组　　　　　　　　　　D. 设计考评指标体系

15. 供应商考评的工作质量指标主要包括（　　　）。

A. 交货差错率　　　　B. 交货周期　　　　C. 准时交货率　　　　D. 交货破损率

16. 供应商考评结果处理的方案主要有（　　　）。

A. 继续深入合作　　　B. 维持现状　　　　C. 减少采购　　　　D. 淘汰

17. 下列属于供应商考评方法的有（　　　）。

A. 定性考评法　　　　　　　　　　　B. 定量考评法

C. 定性与定量结合法　　　　　　　　D. 因素分析法

三、案例题

1. 企业计划采购某种材料 200 吨，甲、乙两个供应商提供的材料质量均符合企业要求，且信誉较好。距离企业比较近的甲供应商的报价为 320 元/吨，运费为 5 元/吨，订购费用为 200 元；距离企业比较远的乙供应商的报价为 300 元/吨，运费为 30 元/吨，订购费用为 500 元。用采购成本比较法确定企业应选择哪一家供应商。

2. 某企业拟采购 A 商品 1000 件，甲供应商报价 260 元/件，运费 8%，订购费 1000 元；乙供应商报价 220 元/件，运费 12%，订购费 1200 元。该企业应选择那一家供应商？

3. 某企业 A 供应商供货的市场最高价为 1200 元，最低价为 1080 元，A 供应商供货价为 1180 元。计算 A 供应商价格考核指标。

4. 假设企业某一供应商的考评得分分别为质量 29 分、价格 36 分、交货 16 分、服务 8 分，设这些考评指标的权数依次为 4、3、2、1。计算该供应商的综合评分。

2.4　招标采购管理

招标采购是现代经济社会常用的一种采购方式，也是国际贸易中通行的国际惯例。我国政府采购以招标采购作为防范腐败的重要方法，越来越多的企业也将招标采购作为主要采购方式。

2.4.1　招标采购认知

招标采购是指采购方发出公告或邀请书，邀请潜在的供应商参与竞标，从中选取合适的供应商并与其签订采购合同的一种采购活动。采购方的行为叫招标，采购方又叫招标方；供应商的响应行为叫投标，响应的供应商又叫投标方。可见，招标与投标是招标采购过程中的两个方面，分别表示采购方的采购行为和供应商的响应行为。

（1）招标采购的特点

招标采购是采购的一种特殊方式，不同于通过讨价还价来实现采购的普通采购方式，自身具有明显的特征，具体表现为以下几方面：

①规范性

招标采购需要招标方编制招标文件，投标方编制投标文件。招标文件是投标人编制投标文件的依据，也是整个招标采购的基础。投标文件是指投标人应招标文件要求编制的响应性文件，一般由商务文件、技术文件、报价文件三部分组成。招标文件和投标文件都具有法律约束力。招标采购的每个环节都有严格的程序和规则，招标方和投标方都不能随意改变。

②公开性

招标采购严格按照事先公布的标准进行，招标信息和招标过程全部公开，接受公众的监督，防止暗箱操作、徇私舞弊和腐败违法等行为的发生，维护了采购的公平和公正。

③竞争性

招标采购是若干投标人的一个公开竞标的过程，也是投标人实力的竞争过程。招标采购利用竞争机制调度投标人的积极性，营造一种竞争的局面，提高了投标的水平和质量。

（2）招标采购的基本方式

根据《中华人民共和国招标投标法》，招标分为公开招标和邀请招标。公开招标和邀请招标是招标采购的两种基本方式。

①公开招标

公开招标是指招标人以招标公告的方式邀请不特定的供应商参与投标的招标方式。在公开招标方式下，所有合法的投标者都有机会参与竞争，提高了招标的竞争性，因此公开招标又称为竞争性招标。

公开招标采取公告的方式向社会公众披露招标信息，招标公告的发布渠道必须是网络、报纸等公共媒体。公开招标的邀请对象是不特定的供应商，符合投标条件的合法投标者均可以参与投标。

公开招标适用于采购数量较大、潜在投标人数较多、竞争性较强的采购活动。公开招标的费用较高，程序较为复杂，用时较长，因而不适用于需求比较急促的采购。

②邀请招标

邀请招标是指招标人以投标邀请书的方式邀请特定的供应商参与投标的招标方式。邀请招标的邀请对象是一些符合条件的特定供应商，其公开程度远低于公开招标。

在邀请招标方式下，招标方根据供应商的资信和业绩选择供应商，被邀请供应商的数量比较有限（一般为 3～10 家），限制了招标的竞争性，因此邀请招标也称为有限竞争性招标或选择性招标，往往作为竞争性招标的辅助形式。

邀请招标一般适用于采购数量较小、潜在投标人数较少、竞争性不强的采购活动。邀请招标比较节约招标费用和时间，因而主要适用于需要在较短时间内完成的采购和采购价格波动比较大的商品采购。

2.4.2　招标准备工作

招标准备工作一般包括采购立项与计划、成立招标委员会、确定招标组织方法、制定招标策略和确定标底等工作。

（1）采购立项与计划

采购立项是根据采购需求确立采购事项的过程。采购立项表明采购资金已经落实，采购进入实质性环节，形成采购项目。采购立项后，应当编制严密的采购计划，对采购项目做出具体安排。还应根据采购计划编制采购预算，以保证按时在资金控制范围内采购到所需的物料。

（2）成立招标委员会

招标委员会是招标采购的组织领导机构，一般由主管领导、采购、财务及使用部门的领导组成。招标委员会下设招标办公室，负责招标工作的具体组织和落实。

（3）确定招标组织方法

招标的组织方法分为自行招标和委托招标。自行招标是具备招标人条件的采购企业自行组织的招标；委托招标是采购企业委托招标代理机构进行的招标。

（4）制定招标策略

制定招标策略是招标委员会依据企业需求和市场特点而确定招标方略的工作。制定招标策略主要包括选择合适的招标方法、确定招标的具体阶段和评标方法、制定评标标准和标底。

（5）确定标底

标底是采购项目通过项目概算而最终确定的合适的采购价格。标底由招标委员会确定，需要严格保密。标底确定的依据主要是市场供求关系、生产成本以及产品的科技含量等。

◇问题 2-17：招标采购一般需要做哪些准备工作？

2.4.3　招标的实施过程

招标的实施包括编制招标文件、发布招标公告或招标邀请函、资格预审、发售招标文件、开标、评标、决标、退还投标保证金和签订合同等工作过程。

（1）编制招标文件

招标文件是招标人向投标人提供的，为进行投标工作所必需的文件。招标文件是招标采购的指导性文件，是投标、评标和签订采购合同的依据。招标文件由投标邀请书、投标须知、技术要求、合同和附表等几部分构成。

①投标邀请书

投标邀请书是招标人邀请供应商参与投标的邀请函件。投标邀请书的内容一般包括文件编号、招标项目名称及性质、投标人资格要求、招标文件获取方式、投标地点及截止时间，投标保证金、开标时间及地点等。

②投标须知

投标须知是指明投标规则、使得供应商在投标时有章可循的文件。投标须知的内容一般包括项目说明、投标文件说明、投标文件的编制、投标文件的递交、开标与评标、授予合同、投标资料表等。

③技术要求

技术要求是所采购项目技术事项的有关规定。技术要求的内容一般包括设计要求与方案、项目的技术性能及配置要求、项目的进度要求、项目的实施要求及技术服务要求、项目的验收方式与内容等。

④合同

合同在此是招标文件中指明的合同格式、内容及签订合同的要求等。

⑤附表

附表一般包括供货一览表、报价表、工程量清单等表格。

（2）发布招标公告或投标邀请函

在招标文件编制完成后，根据招标方式发布招标公告或投标邀请书。招标公告或投标邀请书发出之日至提交投标文件截止日，一般不少于 30 天。

（3）资格预审

资格预审是对愿意承担招标项目投标人的资格条件进行预先审查。资格预审主要对投标人的财务状况、技术能力、资信等进行预审。

①资格预审的内容

资格预审包括基本资格与专业资格两方面的内容。基本资格是供应商的合法地位和信誉等。专业资格是具备基本资格的供应商履行招标采购项目的能力。

②资格预审的程序

资格预审的程序包括编制资格预审文件、发售资格预审文件、供应商提出资格预审申请和资格评定等过程。

（4）发售招标文件

发售招标文件是将招标文件、图纸和有关技术资料发放给通过资格预审获得投标资格的投标人。对发放的招标文件可酌收工本费，对图纸和技术资料可酌收押金。

（5）开标

开标是指在招标投标活动中，由招标人主持、邀请所有投标人或其代表参加的情况下，在招标文件预先约定的时间和地点当众对投标文件进行开启的法定流程。开标时间应当在提供给每一个投标人的招标文件中事先确定，且开标时间应与提交投标文件的截止时间相一致。

①开标的程序

开标的一般程序见表 2－16。

表 2－16　开标的一般程序

程序 1	宣布开标会议开始
程序 2	宣读投标人法定代表人资格证明书及授权委托书
程序 3	介绍参加开标会议的供应商和有关人员
程序 4	宣布公证、唱标、记录人员名单
程序 5	检查投标文件的密封情况：由投标人或其推选的代表检查，或由招标人委托公证机构检查并公证

程序6	开标与唱标：由工作人员当众拆封标书，逐一宣读招标人名称、投标报价和投标文件其他内容
程序7	投标人说明：投标人在招标文件内容范围内，对投标文件不明确的地方进行简单解释
程序8	宣读评标期间的有关事项
程序9	宣读公证词
程序10	宣布开标结束

②废标的认定

开标时如果发现有下列情况之一者，均应认定其为废标，见表2－17。

表2－17　废标的认定条件

条件1	未密封或书写与标记不符合招标文件要求的标书
条件2	无法人公章或无投标授权人签字的标书
条件3	未按规定格式填写，内容不全或字迹不清无法辨认的标书
条件4	投标文件内容没有对招标文件作实质性响应，或与招标文件有严重背离的标书
条件5	没有提交投标保证金的投标
条件6	其他不符合招标文件要求的投标

（6）评标

评标一般包括组建评标委员会、初步评标、详细评标和编写评标报告等过程。

①组建评标委员会

评标委员会由招标人的代表和有关技术、经济等方面的专家组成，成员人数为5人以上单数，其中技术、经济等方面的专家不得少于成员总数的三分之二。

②初步评标

初步评标的内容包括投标人的资格是否符合要求、投标文件是否完整、投标保证金是否交纳、投标文件是否对招标文件做出实质性响应等。初步评标不合格的投标，不能参加正式评标。

③详细评标

详细评标是在初步评标的基础上，按照招标文件确定的评标标准和方法，对投标文件进行评审和比较，并汇总评标结果。详细评标中设有标底的，应当参考标底。

④编写评标报告

评标委员会完成评标后，应当向招标人提出书面评标报告，并推荐合格的中标候选人。评标报告的内容包括招标项目、招标公告或招标邀请书发布时间、投标情况、投标报价、价格评比基础、评标的原则及标准和方法、评标结果、授标建议等。

（7）决标

决标是根据评标委员会提出的书面评标报告和推荐的中标候选人确定中标人的过程。决标可以由招标人做出，也可以由招标人授权评标委员会直接确定中标人。

中标人确定后，招标人应当向中标人发出中标通知，并同时将招标结果通知所有未中标的投标人。

（8）退还投标保证金

决标之后，对于未中标的投标人，应在中标通知书发出后 5 个工作日内无息退还投标保证金；中标供应商的投标保证金，将在采购合同签订后 5 个工作日内无息退还，或在签订合同同时自动转为履约保证金。

（9）签订合同

招标人和中标人应当自中标通知书发出之日起 30 日内，按照招标文件和中标人的投标文件订立书面合同。

◇问题 2 - 18：请描述一下一次公开招标的实施过程。

拓展阅读 2 - 4

物流师考试案例例题：竞标

2000 年下半年，由某地三九物流公司和英和物流公司找到某第三方物流公司，请该公司作为它们的"二级代理商"为其代办某化工有限公司的铁路、公路运输等物流业务。获此信息后，该公司认为此项目本公司就能胜任，不应坐失良机，应抓紧时间去投标。于是该公司立即起草自荐信函，并通过邮政寄发给某化工有限公司，希望能直接为他们提供物流服务。然而此时，该化工有限公司的物流代理招标工作已进入了第三轮。早在第一轮招标时就有 13 家国内外物流管理和物流实体公司参与竞标，其中有 9 家进入第二轮竞标；第二轮以后只剩 4 家企业闯入第三轮。上述的英和公司则幸运过关，进入第三轮。英和公司为了取得此轮竞标的胜利，才找到该公司作为其合作伙伴。

作为物流实力雄厚并拥有丰富物流实践经验的第三方物流公司，虽然做出了迅速反应，及时地起草了自荐信函，但最终还是失去了这次机会。

请回答下列问题：

（1）分析此公司竞标失败的原因；

（2）如何才能避免上述情况的再次发生。

该第三方物流公司竞标失败的原因：

（1）对信息把握不够及时，未能在第一时间获悉招标情况。

（2）邮政寄送自荐信函延误时间，使得错过了投标机会。当其得知时，物流代理招标工作已进入了第三轮，此时介入显然不符合招标法，再进行投标肯定不行。

（3）在正式招标前，面见比函见更具有说服力，也更正式。

（4）没重视诚信合作在第三方物流中重要作用，在此次能够借英和公司之力实现双赢情况下，贸然抛弃合作方，想一方独揽业务，这是物流合作之大忌，当然为招标方所不耻。

要避免竞标失败的再次发生，需从上面的分析中吸取教训：

（1）充分利用客户关系管理系统、物流信息平台等工具，及时地跟踪、把握信息，在第一时间参与投标。

（2）以诚信的态度和行为开展与其他第三方物流公司的合作，通过战略伙伴关系，共同开拓物流市场。

（3）寻求多方合作途径，增强企业竞争能力。

——资料来源：中华考试网（http：//www. examw. Dom/wuliu/anli/165249/）。

训练题 2-4

一、单项选择题

1. 招标实质上是一种订立合同的特殊程序（　　）。

A. 正确　　　　　　　　　　　　　　B. 错误

2. 招标采购响应方的行为叫作（　　）。

A. 招标　　　　　B. 定标　　　　　C. 评标　　　　　D. 投标

3. 招标人和投标人都要编制招标文件（　　）。

A. 正确　　　　　　　　　　　　　　B. 错误

4. 投标人与招标人讨价还价后只能一次报价（　　）。

A. 正确　　　　　　　　　　　　　　B. 错误

5. 邀请特定的供应商参与投标的招标方式是（　　）。

A. 公开招标　　　　B. 竞争性招标　　　C. 邀请招标　　　D. 指定招标

6. 对外发布招标公告的招标方式是（　　）。

A. 竞争性招标　　　B. 有限竞争性招标　C. 选择性招标　　D. 指定招标

7. 招标采购的实质性采购环节始于（　　）。

A. 招标公告　　　　B. 成立招标组织　　C. 制定招标策略　D. 采购立项

8. 招标采购需要组建招标委员会来负责招标工作的具体组织和落实（　　）。

A. 正确　　　　　B. 错误

9. 不具备法律规定招标人条件的招标采购应采取（　　）。

A. 自行招标　　　　B. 自愿招标　　　　C. 委托招标　　　D. 独立招标

10. 作为招标采购指导性文件的是（　　）。

A. 招标公告　　　B. 招标邀请书　　　C. 招标文件　　　D. 招标须知

11. 指明投标的规则，使供应商在投标时有章可循的文件是（　　）。

A. 招标公告　　　B. 招标邀请书　　　C. 合同　　　　　D. 招标须知

12. 招标公告或招标邀请书发出之日到提交投标文件截止之日，一般不得少于（　　）。

A.20 天　　　　　B.30 天　　　　　C.60 天　　　　　D.3 周

13. 招标采购中投标供应商的资格分为合法地位和信誉的是（　　）。

A. 投标资格　　　　B. 基本资格　　　　C. 专业资格　　　　D. 能力资格

14. 将招标文件等招标资料发放给通过资格预审获得投标资格的供应商是（　　　）。

A. 发售招标邀请书　B. 开标　　　　　　C. 发售招标文件　D. 发布招标公告

15. 在规定的时间和地点，将全部投标文件当众拆封并公开宣读的活动是（　　　）。

A. 投标　　　　　　B. 定标　　　　　　C. 决标　　　　　　D. 开标

16. 未密封或书写与标记不符合招标文件要点的标书应是（　　　）。

A. 废标　　　　　　B. 定标　　　　　　C. 决标　　　　　　D. 标底

17. 评标由招标人依法组建的（　　　）负责。

A. 招标委员会　　　B. 招标办公室　　　C. 评标委员会　　　D. 采购部门

18. 评标委员会成员人员为（　　　）以上的单数。

A. 3 人　　　　　　B. 5 人　　　　　　C. 7 人　　　　　　D. 9 人

19. 招标人根据评标委员会提出的书面评标报告和推荐的中标候选人确定中标人的过程是（　　　）。

A. 招标　　　　　　B. 投标　　　　　　C. 评标　　　　　　D. 决标

20. 对于未中标的投标人，在决标后中标通知书发出后（　　　）内无息退还投标保证金。

A. 3 个工作日　　　B. 1 周　　　　　　C. 10 天　　　　　　D. 5 个工作日

二、多项选择题

1. 下列关于招标采购的表述正确的有（　　　）。

A. 招标采购需要编制招标、投标文件

B. 招标采购的招标程序规范、公开

C. 招标采购的招标过程公开、竞争

D. 招标采购投标人可以讨价还价

2. 招标采购的基本方式有（　　　）。

A. 公开招标　　　　B. 秘密招标　　　　C. 邀请招标　　　　D. 指定招标

3. 招标采购的组织方法有（　　　）。

A. 自行招标　　　　B. 自愿招标　　　　C. 委托招标　　　　D. 独立招标

4. 下列属于招标采购评标方法的有（　　　）。

A. 综合评估法　　　B. 寿命周期成本法　C. 投票表决法　　　D. 性价比法

5. 法律规定招标人必须具备下列条件（　　　）。

A. 具有独立的法人资格

B. 采购人员经过相关采购培训

C. 招标项目的资金或资金来源已经落实

D. 招标文件已经编制完成

6. 下列属于招标文件内容的有（　　　）。

A. 投标邀请书　　　B. 投标须知　　　　C. 技术要求　　　　D. 合同

7. 招标须知应列示的内容主要有（   ）。

A. 项目与招标文件的说明　　　　　　　B. 投标人的资格要求

C. 投标文件的编制和递交要求　　　　　D. 开标与评标的方式和要求

8. 招标采购资格预审的程序包括（   ）。

A. 编制资格预审文件　　　　　　　　　B. 发售资格预审文件

C. 供应商提出资格预审申请　　　　　　D. 资格评定

9. 下列属于废标认定条件的有（   ）。

A. 未密封的标书

B. 书写与标记不符合招标文件要求的标书

C. 未按规定格式填写的标书

D. 没有提交保证金的投标

10. 下列属于评标报告的内容有（   ）。

A. 投标情况　　　　B. 投标报价　　　　C. 评标结果　　　　D. 授标建议

11. 有下列情形之一的投标人，应没收其投标保证金（   ）。

A. 在投标有效期内修改投标文件或撤销投标的

B. 中标人在规定期限内未能签订合同的

C. 中标人不能提供履约保函的

D. 提供虚假材料谋取中标的

单元小结

　　本单元主要包括企业采购物流认知、采购需求预测、供应商管理和招标采购管理等学习内容。

　　狭义的采购是指用购买的方式获取商品或服务的活动；广义的采购是指用购买、交换、租赁、借贷、外包等方式获取商品或服务的活动。采购可以按采购对象的形态、采购的科学化程度、采购的组织形式、采购的范围等分类。企业采购的业务流程大致分为确认需求、选择供应商、实现交易、处理订单、收货验货、结算货款和资料归档等环节。

　　采购物流是指企业为采购所需的各种物资而发生的物流活动。企业的采购物流主要有企业自主采购、委托采购两种方式。采购物流是企业从市场获取生产经营所需资源的过程，也是组织资源到达企业的过程，还是组织所购物资在企业内部进入生产环节的过程。

　　采购管理是指为保障企业物资供应而对企业采购过程所进行的管理活动。采购管理的基本职能包括采购预测、采购决策、采购计划、采购组织和采购控制等。采购管理的内容主要包括采购组织管理、采购需求管理、供应商管理、采购计划管理和采购业务管理等。

　　采购需求预测需要采取科学的预测技术方法，包括定性方法和定量方法。定性预测方法是指预测者依据经验和分析判断能力及直观资料来推测未来变化趋势和结果的预测方法。定性预测方法包括经验判断法、德尔菲法、头脑风暴法和专家会议法等预测方法。定量预测法是指根据以往数据和市场信息资料，运用数学方法分析因果关系并据此推算未来变化趋势和结果的预测方法。采购需求的定量预测经常使用直接计算法、动态计算法、类比计算法、比例推算法和平均预测法等定量预测方法。

供应商是指可以为企业生产经营提供原材料、设备、工具及其他资源的企业。供应商可以按供应金额大小、供应商的重要程度、供应商规模和经营品种、企业与供应商的关系目标等分类。供应商开发的基本步骤包括明确采购需求、编制供应商开发进度表、收集供应商资料、初步联系供应商、初步考察供应商、向供应商询价、供应商评审、产品质量认证、正式接纳供应商等。供应商选择的一般步骤包括确定备选供应商、成立评价小组、设计评价指标体系、确定选择方法、评价供应商、选择确定供应商等；常用的供应商选择方法主要有直观判断法、协商选择法、招标选择法、综合选择法、采购成本比较法等。供应商的考评步骤通常包括确定考评对象和要素、组建考评小组、设计考评指标体系、选择考评方法、考评供应商和处理考评结果等；供应商考评的指标一般有质量指标、价格指标、供应指标和服务指标等；供应商的考评方法一般有定性考评法、定量考评法、定性与定量结合考评法等。

招标采购是指采购方发出公告或邀请书，邀请潜在的供应商参与竞标，从中选取合适的供应商并与其签订采购合同的一种采购活动。招标准备工作一般包括采购立项与计划、成立招标委员会、确定招标组织方法、制定招标策略和确定标底等工作。招标的实施包括编制招标文件、发布招标公告或招标邀请函、资格预审、发售招标文件、开标、评标、决标、退还投标保证金和签订合同等工作过程。

单元 3 企业库存管理

学习目标

　　完成企业库存管理知识与技能的学习，能够准确描述库存的形成、类型、功能与弊端、库存的成本构成，以及库存管理的目的、内容及其效果评价方法，学会库存管理的基本原理和常用方法并能应用于库存管理实践。

学习内容

　　企业库存形成、类型、功能与弊端及库存的成本构成，企业库存管理的目的、内容及库存管理效果的评价，企业库存管理的常用方法。

导入案例

晋亿实业有限公司的库存模式

　　螺丝又称为"工业之米"，用途广、数量大，但品种繁多、利润微薄。因为利润微薄，所以只能靠大规模生产实现效益。品种繁多，又意味着扩大规模必然带来大量库存，占用大量周转资金，进一步降低利润率。所以，螺丝企业技术含量低、进入门槛低，本小利微、规模普遍偏小。

　　在不起眼的螺丝行业，很难想象会产生年销售 20 亿元的大型企业集团，以商人蔡永龙为首的中国台湾"蔡氏三兄弟"就创造了这一神话。蔡氏三兄弟在螺丝产业打拼 20 年之后有了今天 3 大制造基地。

　　位于浙江嘉善的晋亿公司，是 3 大基地之一，占地面积 30 万平方米，厂房面积 17 万平方米，毗邻上海，总投资 13 亿元，其中半数为固定资产投资，主要包括制造设备、物流设施和信息管理系统，以及库容达 10 万吨产品的自动化立体仓库。公司生产各类高品质的紧固件，其生产量占全世界 4 万种螺丝的一半，国际 GB、美国 ANIS、德标 DIN、日本 JIS、国际标准 ISO 各类高品质螺栓、螺母、螺钉及非标准特殊紧固件应有尽有，全球产能第一，螺丝产能达 25 万吨，年增速超过 25%。

　　2005 年的"卡特里娜"飓风导致了美国新奥尔良地区有史以来最为严重的灾害，95% 以上的电力、网络、无线通信等设施变成了一堆废墟。为了尽快恢复供电，美国进口商 MIDAS 同步向全球各螺丝厂商发出 1200 吨电力螺丝的订单。这种电力螺丝每克重达 1 千克，所有生产企业都是接到订单之后才安排生产，这样算来，仅仅生产这批螺丝就需要 45 天的时间，再加上运输时间，最快都需要 60 天的时间新奥尔良才能恢复电力供应，这样等于要到 11 月才能让新奥尔良地区的电力设施重新运转。

9 月中旬，晋亿实业收到订单。在晋亿现代化的螺丝仓库中，早已经储备了 600 吨这种电力螺丝。为赶工生产另外 600 吨电力螺丝，晋亿马上运进 700 吨俄罗斯进口钢材，加工成线材进入生产线，170 台高速螺丝成型机以每分钟 1000 根螺丝的速度生产。螺丝离开生产线后，坐上 8 层楼高的"专用电梯"被送进深不见底的自动化仓库。5 天后，1200 吨螺丝装上货柜，从晋亿的工厂直接上火车到上海，装上货柜轮船。10 月初，1200 吨电力螺丝已经全部运抵美国新奥尔良，与其他螺丝生产企业相比，整整提前了 30 天的时间。这就是全球最大的螺丝制造工厂——晋亿实业凭借 600 吨库存大格局运作的杰作。

晋亿是怎样创造这个奇迹的呢？其关键在于晋亿的超级库存模式。丰田汽车创造了零库存模式，这是因为丰田是汽车行业的龙头老大，有能力将库存转移给供应商。全球企业都学习零库存模式时，却不知道，这种模式只适用于龙头企业。螺丝企业处于供应链金字塔的底端，当金字塔顶端的企业零库存时，底端企业却需要高库存。

晋亿在长期的实践中体会到，零库存就意味着丢失订单，就意味着自取灭亡。因此，晋亿的库存逐渐加大，建立起了一个完全自动化的螺丝仓库，使数万种螺丝的存取可以实现计算机管理。由于晋亿实业的超级库存，各类零部件厂商才可以实现螺丝的零库存。这样，晋亿就赢得了源源不断的订单。

——资料来源：程灏、石永奎．企业物流管理 [M]．北京：中国铁道出版社，2008.8：93～96。

案例问题：相对于零库存模式，晋亿公司的超级库存模式有哪些合理性？

案例问题提示：零库存模式更适用于供应链金字塔顶端的企业，而处于供应链金字塔底端的企业则需要较高的库存。因此，晋亿公司作为供应链金字塔底端的企业，其超级库存模式能够更好地满足供应链物流需求，具有较强的合理性。

3.1　企业库存认知

为了保证生产经营活动的顺利实施，企业都要保持一定的库存。这些库存包括采购生产经营所需的原材料库存、生产加工中的在制品和半成品库存、生产加工完成的成品库存等。由于持有库存需要投入资金，而且库存有可能变成积压或废旧物资，因而库存管理对于企业物流整体功能的发挥起着十分重要的作用。

3.1.1　企业库存的形成

企业为了生产经营的需要，总是要有一部分物资处于生产或销售准备状态，即处在一种暂时的等待状态。这些物资从开始等待起，到离开等待状态，进入生产或销售阶段之前，都属于库存。因此，库存是指企业处于储存状态的物资。库存包括处于闲置状态的物资、处于非生产状态的物资、处于制造加工状态的物资和处于运输状态的物资等。

企业库存的目的是为满足现在和将来生产经营活动的耗用或销售需要，所以库存实际上是企业在生产经营过程中为现在和将来的耗用或销售而储备的资源。虽然企业库存形成的原因是多方面的，但主要原因是生产经营需要、采购不当及"牛鞭效应"。

（1）生产经营需要

在企业生产经营过程中，采购、生产、销售各环节都会形成一定的库存，所以库存的形成涉及企业供、产、销的整个生产经营活动过程。

原材料的采购是企业库存形成的一个主要源头。采购原材料的经济批量以及企业出于获取竞争优势等方面的考虑增加采购量，都会形成库存。经济批量采购形成一定的库存是必须的，具有其合理性，通常它不会给企业带来太大的库存压力，但当企业希望采购稀缺性原材料资源以抑制竞争对手时，库存的风险就会变大。

无论是原材料，还是在制品、半成品、成品和商品，只要还没有流通到消费者手中，对企业而言都是库存。产品生产周期越长、生产工序越多，在制品、半成品库存就越多，企业库存也就会越多。

生产企业因为成品库存没有及时消化，企业的分销机构和商家因库存压力而无法接受厂家产品，库存的负面效应被放大，甚至厂家因库存占用资金太多，资金链濒临断裂。库存问题不再是个单纯的管理问题，更是一个营销问题和战略问题。

（2）采购不当

库存形成的一个重要原因是采购不当。当企业的采购管理不够科学，采购数量把握不当时，就会形成过多的库存，甚至是不良库存。其中，对原材料供应数量及价格波动的预期是形成企业非常规库存的一个重要因素。例如，某种原材料供应紧张且采购价格上涨，就会促使部分以这种原材料为主要材料的企业采购量的大幅增加，从而导致企业库存的增加。

（3）"牛鞭效应"

"牛鞭效应"又称"长鞭效应"，是对需求信息扭曲在供应链中传递的一种形象的描述。"牛鞭效应"的具体表现为当供应链上的各节点企业只根据来自其相邻的下游企业的需求信息进行生产或者供应决策时，需求信息的不真实性会沿着供应链逆流而上，产生逐级放大的现象。当信息达到最源头的供应商时，其所获得的需求信息和实际消费市场中的客户需求信息发生了很大的偏差。由于这种需求放大效应的影响，供应方往往维持比需求方更高的库存水平，形成库存放大效应。"牛鞭效应"如图 3-1 所示。

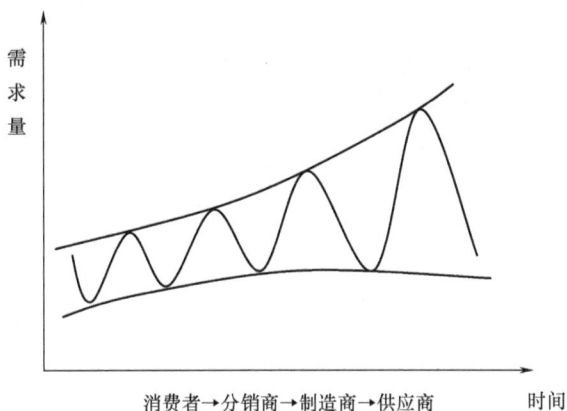

图 3 - 1   "牛鞭效应"示意图

◇问题 3 - 1：根据图 3 - 1 描述市场需要的"牛鞭效应"。

3.1.2　企业库存的功能与弊端

　　企业生产经营活动必然形成一定的库存，库存在企业生产经营过程中发挥着重要作用。但不合理的库存会给企业生产经营带来诸多负面影响，进而影响企业的经济效益。

　　（1）库存的功能

　　库存具有维持产品销售和生产经营的稳定、平衡企业物流和流动资金占用等功能。

　　①维持产品销售的稳定

　　销售预测型企业对最终销售产品必须保持一定数量的库存，其目的是应对市场的销售变化。实际情况是企业并不预先知道市场的真正需求，只是按照对市场需求的预测进行生产，所以会为应对市场需求变化而形成必要的库存，以避免产品销售的供不应求，从而维持产品销售的稳定。

　　②维持生产经营的稳定

　　企业按照销售订单和销售预测安排生产计划，并制订采购计划，下达采购订单。由于采购的物料需要一定的提前期，而提前期往往是在供应商生产稳定的前提下确定的，因而采购的物料有可能会拖后而延期交货，最终影响企业的正常生产，造成生产的不稳定。因此，为了维持生产经营的稳定，企业就会增加材料库存量，防止和消除采购延期交货对生产的影响。

　　③平衡企业物流

　　客户对企业产品的需求存在着计划与紧急需求等不同情况，有些企业的生产具有明显的淡旺季，所以库存可以减少加班加点生产及紧急采购的次数，平衡采购供应、生产及销售诸环节的物流，增强物料出入库和运输调配的计划性。还可以利用库存集零为整，充分利用运输的规模效应，合理选择运输方式，减少运输的复杂性，降低企业运输成本。

④平衡流动资金占用

库存的材料、在制品及成品是企业流动资金的主要占用部分，所以库存量的控制实际上是对流动资金占用的平衡。企业减少采购批量会增加采购次数而降低材料库存水平，从而减少材料的流动资金占用；企业加大材料采购批量会减少采购次数而提高材料库存水平，但会增加材料的流动资金占用。可见，企业可以通过库存来调节和平衡流动资金占用。

⑤提高服务水平

由于企业供应与客户需求的时间和地点不一致，企业为了维持或提高客户服务水平，必须缩短客户的等待时间，保证随时满足客户的需求，为此必须保有一定的库存才能满足客户的需求。

（2）库存的弊端

库存虽然在企业生产经营中发挥着不可或缺的功能，但库存对企业生产经营来说也有一些难以克服的弊端。库存会占用企业大量资金，通常占企业总资产的 20% ~ 40%；库存增加了企业的产品成本和管理成本；库存掩盖了计划不周、采购不当、生产不均衡、销售不畅等企业管理问题。因此，企业库存应保持比较合理的水平，库存量既不能过大，也不能过小。库存的弊端见表 3－1。

表 3－1　库存的弊端

	库存量过大的弊端	库存量过小的弊端
弊端 1	增加仓库面积和库存保管费用，从而提高了产品成本	造成服务水平的下降，影响销售利润和企业信誉
弊端 2	占用大量的流动资金，造成资金呆滞，既加重了货款利息等负担，又会影响资金的时间价值和机会收益	造成生产系统原材料或其他物料供应不足，影响生产过程的正常进行
弊端 3	造成产成品和原材料的有形损耗和无形损耗	使订货间隔期缩短，订货次数增加，使订货（生产）成本提高
弊端 4	造成企业资源的大量闲置，影响其合理配置和优化	影响生产过程的均衡性和装配时的成套性
弊端 5	掩盖了企业生产、经营全过程的许多矛盾和问题，不利于企业提高管理水平	

◇问题 3－2：根据库存的功能和弊端，说明企业如何更好地利用和控制库存。

3.1.3　企业库存的类型

企业库存可以按不同的标准划分成不同的类型，包括按库存的用途、库存的目的、库存物资的相关性、对物品需求是否重复等进行分类，其中按库存的用途和目的分类是常见的分类形式。企业库存的具体分类见表 3－2。

表3-2 企业库存分类表

按库存用途分类	原材料库存	构成产品实体的材料或不构成产品实体的辅助材料、燃料、外购件等
	在制品库存	正在生产加工中的未完工产品
	包装物和低值易耗品库存	为包装产品而储存的包装物和不作为固定资产的低价值、易损耗物品
	其他物料库存	用于维护和维修设备而储存的配件、零件、材料等
	产成品库存	已制造完成等待外销的制成产品
按库存目的分类	周转库存	为保证生产连续性而保有的库存
	在途库存	为满足未来需求而处于运输途中的物料
	季节库存	为防止生产经营受季节变动影响而保有的库存
	投机库存	为避免价格上涨损失或从价格上涨中获利而保有的库存
	安全库存	为防止由不确定因素引起的缺货而备用的缓冲库存
按库存物资相关性分类	独立库存	为满足在数量和时间上与其他物料无关的一种物料需求的库存
	相关库存	为满足在数量和时间上直接依赖于其他物料的某种物料需求的库存
按对物品需求是否重复分类	单周期库存	为满足一段特定时间内对物品需求的库存
	多周期库存	为满足在足够长时间内对某种物品的重复、连续需求的库存

◇问题3-3：根据表3-2描述企业库存的分类情况。

3.1.4 企业库存成本

库存成本是指存储在仓库里的物资所需的成本。库存成本实质上是企业库存所付出的代价，它是企业物流成本的重要组成部分，直接决定着物流成本的高低。库存成本一般包括订货成本、缺货成本和持有成本等。

（1）订货成本

订货成本是指为取得所需物资资源所发生的各种费用。订货成本分为货物成本和订购成本。货物成本即所购货物的买价，是指取得所需物资资源自身的价值成本。货物成本一般等于所购货物的数量与单位价格的乘积。订购成本是指企业为组织采购物资资源而发生的各种费用。如采购运输费、通讯费、差旅费等。订购成本按其与订货次数的关系分为固定订购成本和变动订购成本。固定订购成本是指不随订货次数变动的订购成本，如采购部门的基本开支等；变动订购成本是指与订货次数成正比例变动的订购成本，如采购运输费、差旅费、通讯费等。

订货成本的构成及特性见表3-3。

表3-3　订货成本的构成及特性

订货成本	货物成本		所购货物的买价即货物自身价值	与采购数量成正比 与订货次数无关
	订购 成本	固定成本	采购部门基本开支等	与订货次数无关
		变动成本	采购运输费、差旅费、通讯费等	与订货次数成正比例关系

◇问题3-4：根据表3-3描述订货成本的构成及特性。

（2）缺货成本

缺货成本是指由于物资供应不足或不及时而造成的损失。缺货成本与物资储存量成反向相关，物资储存量越多，缺货成本越低；反之，缺货成本越高。但如果企业没有发生缺货现象，则缺货成本为零。如果生产企业以紧急采购代用材料解决库存材料中断之急，那么缺货成本还表现为紧急额外订货成本。企业缺货的直接结果是停工待料，停工待料又会导致延迟发货损失，甚至丧失销售机会，造成企业信誉损失。

①延迟交货损失

延迟交货损失是指由于缺货而未按期交货所造成的损失。延迟交货损失主要表现为订单特殊处理和特别运输而增加的费用。订单特殊处理是指除正常处理延迟订单外而额外增加的跟踪延迟交货异动等活动；特别运输是指延迟订单的小规模运输、长距离运输和快速运输等运输活动。订单特殊处理需要额外增加必要的订单管理费用，特别运输也需要承担正常运输以外的超额费用。

②丧失销售机会损失

丧失销售机会损失是指由于缺货而延迟交货所造成的销售机会流失的损失。由于企业在市场竞争中拥有许多生产同类产品或替代产品的竞争对手，因而当企业因缺货而延迟交货时，会使一部分客户转而购买其他企业的商品，造成企业销售机会的丧失，导致企业利润损失。

③商业信誉损失

商业信誉损失是指由于缺货而造成的企业在客户中的信誉损失。商业信誉是指社会公众对某一经营者的经济能力、信用状况等所给予的社会评价。商业信誉是经营者在经济生活中信用、声望的定位，商品经济运行的根本基石是商业信誉。商业信誉损失最可能发生的缺货成本是由于缺货而丧失客户。如果客户永远转向其他企业而不购买本企业产品，则企业就会损失未来的收益来源。

（3）持有成本

持有成本即储存成本，是指通过库存来储存物资而发生的各种费用。持有成本按与储存量的关系分为固定持有成本和变动持有成本。固定持有成本是指不随储存量变动的持有成本，如仓库折旧费、保管人员固定工资等；变动持有成本是指与储存量成正比例变动的持有成本，如库存物资占用资金的利息、仓储保险费、库存物资破损和变质损失等。

库存持有成本一般包括库存投资资金成本、库存空间成本、库存服务成本和库存风险成本。库存投资资金成本是指库存占用资金投入其他途径所能获得的回报,库存空间成本是指物资占用仓库的立体空间及物资运进运出仓库所发生的费用,库存服务成本是指由税收和保护库存物资免受意外损失的保险构成的成本,库存风险成本是指不可控的库存物资价值下降的可能性。

拓展阅读 3-1

戴尔电脑放弃零库存

在中国的电脑卖场选购时,常看到戴尔产品与其他品牌的电脑摆在一起待价而沽,这颇令人费解:戴尔不是直销的吗,怎么跑到这里来卖货了?

戴尔"号称"将直销、按需定制、零库存等先进的销售方法带进中国,但在实际运作中,却"创造性"地采用了和国内其他 IT 生产商一样的渠道分销法,这在 IT 业界已是半公开的秘密。事实上,戴尔四成以上产品是通过分销到达消费者手中的——当然,以独特销售模式著称的戴尔公司官方从未承认这一点。

零库存的前提是按需定制的"工厂—订户"模式,订一台产一台,产一台卖一台,否则有固定型号的量产就一定有库存。观察戴尔在中国的广告,仍然是在主打几款产品,而不是在强调按需定制,只不过销售热线比其他厂商多了几个而已。想来点个性化的定制?当然也行,你可以要求戴尔为你加一条内存或加一块硬盘。不过,如果这也称得上定制的话,国内 IT 厂家自从销售电脑那天起就在这么"定制"了。当然,真正的按需定制还是有的,但主要是面对政府企业等大客户而言。

(1)不支持零库存的国情

戴尔在中国为什么不采用它横扫全球的销售方法了?这和中国的物流链有关。中国物流的效率难以支持戴尔在美国提出的将产品三天内从工厂送到用户手中——尤其是非中心城市的用户手中的承诺。而且,一般的中国用户恐怕也不想为了享受一次上门服务,多承受几百块钱的成本。

更重要的是,分销还与中国人的购买习惯有关。中国的消费者购买商品喜欢去卖场货比三家,因为卖场里可以多一些选择机会,购买前还能看到真品。对于电脑这类的大件商品,非要试用几下,才能买得踏实。像美国人那样还没看到真品模样就打个电话购买了产品,一般的中国消费者还难以接受。这归根结底还是因为中国的人均收入暂时还处于较低的水平。美国人买一台电脑稀疏平常,算不得什么大件;而我们就不一样了,购置电脑对中国大部分普通家庭来说,还常是能令一家老少一起出动的大事。

国情决定购买习惯,购买习惯决定销售方法——戴尔深谙此道,在中国干脆采用分销和直销结合的形式,能卖出产品就行。毕竟产品的质量、品牌、服务还是一流的,这足以使其成为有力的市场竞争者。分销,是戴尔适应市场的行为。

(2)海尔"试水"学成四不像

也许是零库存的诱惑太大,戴尔的榜样力量太强,海尔等国内企业也跑来"试水"

直销和零库存。

这颇为好笑，外来和尚都开始念中国经了，中国和尚还偏要去学外国经。结果是学了个四不像：海尔声称实现了"零库存"，却引来了一片质疑；海尔生产线的"按需定制"是按各地分公司的"需"而不是按消费者的"需"生产，结果总部确实实现了零库存，但在各分公司都有规模巨大的变相库存。于是直销成了一种分散仓库的"体力运动"。这种"伪零库存"令企业得到的也只是一个管理优秀的虚名而已，还可能为了建立与零库存对应的直销体系花费大笔资金。

——资料来源：全国物流信息网（http：//news. 56888. net/2014417/4479132151. html）。

训练题 3 - 1

一、单项选择题

1. 生产过程正在加工的物料不属于库存（　　　）。

A. 正确　　　　　　　　　　　　B. 错误

2. 下列关于库存的表述不正确的是（　　　）。

A. 库存不包括处于制造加工和运输状态的物资

B. 库存是作为今后按预定目的使用的物资

C. 库存是处于闲置状态或非生产状态的物资

D. 库存是指仓库中实际储存的物资

3. "牛鞭效应"使下游供应商维持比上游供应商更多的库存（　　　）。

A. 正确　　　　　　　　　　　　B. 错误

4. 掩盖了企业生产经营过程的很多矛盾和问题是由于（　　　）。

A. 库存过大　　　B. 库存过小　　　C. 库存合理　　　D. 库存不合理

5. 能够满足企业季节性需求的库存不仅满足了生产需求，而且发挥着（　　　）功能。

A. 维持销售稳定　　　　　　　　B. 维持生产经营稳定

C. 平衡企业物流　　　　　　　　D. 平衡流动资金占用

6. 库存可以平衡企业生产与物流，所以不会增加企业成本（　　　）。

A. 正确　　　　　　　　　　　　B. 错误

7. 如果企业库存过大，则库存占用资金的机会成本（　　　）。

A. 提高　　　B. 平衡　　　C. 降低　　　D. 都不是

8. 企业用于销售的成品库存水平过低，会使销售服务水平（　　　）。

A. 提高　　　B. 平衡　　　C. 降低　　　D. 都不是

9. 库存按用途分类中正在生产加工中的未完工产品库存是（　　　）。

A. 原材料库存　　B. 低值易耗库存　　C. 包装物库存　　D. 在制品库存

10. 库存按目的分类中为避免价格上涨损失或从价格上涨中获利而保有的库存是（　　　）。

    A. 周转库存　　　　　B. 投机库存　　　　　C. 季节库存　　　　　D. 安全库存

11. 为应付一些不确定性情况而有意识保持的库存是（　　　）。

    A. 生产库存　　　　　B. 流通库存　　　　　C. 安全库存　　　　　D. 订货点库存

12. 为取得所需物资资源所发生的各种费用是库存的（　　　）。

    A. 订货成本　　　　　B. 货物成本　　　　　C. 缺货成本　　　　　D. 持有成本

13. 在库存成本中，与订货次数成正比例关系的是（　　　）。

    A. 变动订购成本　　　　　　　　　　B. 固定订购成本

    C. 变动持有成本　　　　　　　　　　D. 固定持有成本

14. 由于物资供应不足或不及时而造成的损失是（　　　）。

    A. 订货成本　　　　　B. 订购成本　　　　　C. 缺货成本　　　　　D. 持有成本

15. 仓储保管费属于库存的（　　　）。

    A. 订货成本　　　　　B. 订购成本　　　　　C. 缺货成本　　　　　D. 持有成本

二、多项选择题

1. 下列属于库存形成主要原因的有（　　　）。

    A. 生产经营需要　　　B. 采购不当　　　　　C. "牛鞭效应"　　　D. 运输不畅

2. 下列关于"牛鞭效应"的表述不正确的是（　　　）。

    A. "牛鞭效应"是对需求信息扭曲在供应链中传递的一种形象的描述

    B. "牛鞭效应"是供应链下游需求信息扭曲放大的现象

    C. "牛鞭效应"是供应链上游需求信息扭曲放大的现象

    D. "牛鞭效应"是需求信息沿着供应链逆流而上扭曲放大的现象

3. 传统库存的功能被描述成（　　　）。

    A. "二律背反"　　B. "牛鞭效应"　　C. "蓄水池"　　　D. "调节阀"

4. 下列属于库存功能的有（　　　）。

    A. 维持销售稳定　　　　　　　　　　B. 维持生产经营稳定

    C. 平衡企业物流　　　　　　　　　　D. 平衡流动资金占用

5. 下列（　　　）集中体现了库存的弊端。

    A. 库存会占用企业大量资金　　　　　B. 库存掩盖了诸多企业管理问题

    C. 库存增加了企业产品成本　　　　　D. 库存增加了企业管理成本

6. 下列属于库存量过大所产生的问题有（　　　）。

    A. 加重了企业贷款负担　　　　　　　B. 影响销售利润和企业信誉

    C. 影响企业合理有效配置资源　　　　D. 影响生产过程的均衡性

7. 下列属于库存量过小所产生的问题有（　　　）。

    A. 造成企业服务水平下降　　　　　　B. 造成企业资源闲置

    C. 影响配套产品的成套性　　　　　　D. 促使订货周期缩短而增加订货成本

8. 下列属于按库存用途分类的库存类型有（　　　）。

A. 原材料库存　　　　B. 低值易耗品库存　C. 周转库存　　　　D. 成品库存

9. 下列属于按库存目的分类的库存类型有（　　　）。

A. 原材料库存　　　　B. 周转库存　　　　C. 投机库存　　　　D. 安全库存

10. 企业库存成本一般包括（　　　）。

A. 订货成本　　　　B. 货物成本　　　　C. 缺货成本　　　　D. 储存成本

11. 在库存订货成本中，与订货次数无关的成本有（　　　）。

A. 采购部门基本开支　　　　　　　　　　B. 货物成本

C. 变动订购成本　　　　　　　　　　　　D. 固定订购成本

12. 缺货成本的具体表现为（　　　）。

A. 采购损失　　　　　　　　　　　　　　B. 延迟交货损失

C. 丧失销售机会损失　　　　　　　　　　D. 商业信誉损失

3.2　企业库存管理认知

库存管理是指对企业生产经营过程中处于库存状态的物资资源进行管理和控制的活动。库存管理的目标就是使库存量处于经济合理水平，使库存既能满足生产经营的需要，又能保证库存成本控制在可以接受的水平。

3.2.1　企业库存管理的目的

库存管理的目的在于用最低的费用在适宜的时间和适宜的地点获得适当数量的原材料、消耗品、半成品和最终产品，即保持库存量与订货次数的均衡，通过维持适当的库存量，减少不良库存，使企业资金得到合理利用，从而实现企业盈利目标。可见，企业库存管理的目的主要是减少不良库存和确定适当库存。

（1）减少不良库存

在大多数企业中，库存占企业总资产的比例都非常高，许多企业都存在库存过剩、库存闲置，以及积压物料、报废物资和呆滞物料等不良库存问题。这是由于企业管理只重视库存保障供应的职能，而忽视了库存过高所产生的不良影响。

①库存过高的不良影响

库存过高的不良影响见表3-4。

表3-4　库存过高的不良影响

影响1	使企业资本固化	库存过高将使大量的资本被冻结在库存上，当库存停滞不动时，周转的资金越来越短缺，使企业利息支出相对增加
影响2	加剧库存损耗	库存过高的必然结果是使库存的储存期增长，库存发生损失和损耗的可能性增加
影响3	增加管理费用	企业维持高库存，防止库存损耗、处理不良库存方面的费用将大幅度增加

②不良库存产生的原因

不良库存产生的原因见表 3 – 5。

表 3 – 5　不良库存产生的原因

原因 1	计划不周	计划不周或制订计划的方法不当，就会出现计划与实际的偏差，使计划大于实际库存，从而导致剩余库存
原因 2	生产计划变更	企业生产计划的变更会带来一定数量的原材料或产成品的过剩，如果不及时进行调整，就会转变为不良库存
原因 3	销售预测失误	销售部门对客户可能发生的订单数量估计错误，也将使采购、生产等部门的采购计划和生产计划与实际需求产生偏差，进而出现库存剩余的情况

（2）确定适当库存

确定哪些生产经营环节需求库存的支持，对做好库存管理是非常重要的，一般可以从经营、生产、运输、销售和订货周期 5 个方面进行分析。

①从经营方面分析

经营的目标是满足客户服务的要求，因而必须保持一定的预备库存。但要实现利润最大化，就必须降低订货成本，也要降低生产准备成本，更要降低库存持有成本，因而必须维持适当的库存量。

②从生产方面分析

缩短生产周期可以较好地控制工序间的均衡库存，根据订单生产也能较好地维持适当库存，相关需求库存的比例也要适当。

③从运输方面分析

运输费用、运输方法、运输途径对库存的适当程度影响很大，运输效益与库存效益的关系要仔细权衡。

④从销售方面分析

销售渠道的研究非常重要。减少流通环节就能减少流通过程中的库存。还要注意适当库存与最佳客户服务水平之间的效益背反。另外，提高销售预测的精确度也能有效改进库存管理。

⑤从订货周期分析

运输时间、订单处理手段和周期，以及订货、收货、验货方法等都是有助于库存适当化的途径。

3.2.2　企业库存管理的内容

库存管理的内容比较复杂，主要包括确定库存管理范围、预测需求量、确定库存管理有关费用、确定服务水平、确定供应期间、确定订货点、确定安全库存、确定订货量和安排订货、库存跟踪和调整等。

（1）确定库存管理范围

不同的企业对库存范围的理解不同，各企业对库存的界定没有必要完全相同。企业在进行库存管理时，应该根据本企业的具体情况，对库存范围做出具体的规定，然后再根据需要进行管理。如有的企业将仓库、配送中心、零售店所有的商品界定为库存；而有的企业则仅将仓库、配送中心的商品界定为库存，不对零售店的商品进行管理，其管理由零售店自行负责。

（2）预测需求量

准确预测需求量，可以避免盲目增加或减少库存量。预测需求量重要的是选择预测方法。预测方法不是越复杂越好，重要物料的预测准确度要高，可以采取相对复杂的方法，但其他类物料的预测可以采取简单的预测方法。预测期间可以按年和按供应期间预测，需求量变动大的物料，预测期间要增加，这样才能提高预测的可靠性。需求量预测值与实际值完全一致的情况很少，所以要考虑预测的误差，以安全库存来保证。

（3）确定库存管理有关费用

掌握库存管理费用是比较困难的，因为会计上难以按库存品种种类划分费用，而且会计上的费用划分遵循财务制度进行，费用划分是固定的、连续的，与库存有关的各种费用无法按库存管理的要求反映在账面上。因此，计算与库存管理有关的费用是库存管理的一项重要内容。

库存费用一般包括与订货有关的费用和与保管有关的费用，具体费用项目见表3－6。

表3－6　与库存管理有关的费用

项　　　目	内　　　容
1. 订货费	由于订货次数不同，费用也不同，以每次订货所发生的费用来表示
（1）购货费	物料的进价，要掌握大量进货时折价的情况
（2）运杂费	与订货有关的运输费、入库费、通讯费、差旅费、工作时间的外勤费等
2. 保管费	储存库存物资而发生的费用，一般随库存量不同而发生变化
（1）利息费	库存占用资金而需要支付的利息或机会成本
（2）保险费	防止库存风险而发生的费用
（3）搬运费	库存量发生变化而产生的搬运费用
（4）仓库经费	地租、房租、建筑设施设备费、修理费、电费、水暖费、光热费等
（5）货物损耗费	货物变质、丢失、损耗的费用
（6）税金	应缴纳的经营税金
3. 库存调查费	库存量调查、库存标准调查及其他与库存调查有关的资料收集费、分析费等
4. 缺货费	因缺货而不能为客户服务的机会损失费、紧急订货而发生的特别费等

◇问题3－5：根据表3－6描述企业库存费用的构成及其内容。

（4）确定服务水平

服务水平表现为服务率。服务率是指对于在一定期间内的需求量，能做到不缺货的比例。服务率的大小，对企业经营有重要意义。服务率越高，要求拥有的库存量就越多。必须根据企业经营战略和物料的重要程度来确定服务率。一般重要物料的服务率可定为95%～100%，次重要或不重要的物料的服务率可以定得相对低些。同时，应注意的是服务水平的提高，要求库存费用必须增加，一般服务水平每提高1%，库存费用随之增加的数额超过1%。

（5）确定供应期间

供应期间是指从订货到交货需要的时间。供应期间主要根据供应商的情况决定其内容，一般包括订货业务时间、运输时间等。如果从生产商处直接进货，还可能包括生产时间，这时需要充分了解生产商的生产过程、生产计划、工厂仓库能力等，并进行全面的相互讨论后再确定供应时间。供应期间延长，意味着库存量增加，所以企业希望缩短供应期间。同时，如果供应期间有变动，则要增加安全库存量。因此，为了满足交易条件，就要确定有约束的安全供应期间。

（6）确定订货点

订货点是指在下单补充库存之时，仓库所具备的库存量。订货方式有两种：一种是定量订货方式；另一种是定期订货方式。定量订货方式是指库存降到订货点时的订货。定期订货方式是指在一定时期内补充库存的订货。定期订货是以每周、每月或每隔若干月为一个订货周期，预先确定订货周期，以防止缺货。

（7）确定安全库存

安全库存是指除了保证正常状态下的库存计划量之外，为防止由不确定因素引起的缺货而备用的缓冲库存。不确定因素主要来自两个方面：需求量预测不确定和供应期间不确定。安全库存可以根据对不确定因素的预测和统计，按照可能的概率（缺货率）进行估算来确定。如果安全库存定得太低，则可能不能满足需要，会扩大缺货率；如果安全库存定得很高，则会增加库存及费用，使库存控制变得没有意义。安全库存可以是长期保持相同的库存量，也可以根据不同阶段不确定因素的不同采取不同的库存量，如淡季较低，而旺季较高。

（8）确定订货量和安排订货

订货量越大，库存和与库存有关的保管费用越多，但会使得订货次数减少，与订货有关的各项费用也相应减少。所以订货费和保管费两者随着订货量的变化而变化，并反映出反方向的变动关系。订货费用与保管费用之和的总费用是最小费用值，对应的订货量就是经济订货量，或者所对应的时间即为经济订货周期。因此，当库存量到达订货点时，通过经济订货量和安全库存确定实际订货量，下达订货指令，安排订货业务。

（9）库存跟踪和调整

在库存管理过程中，仓库需要不断检查库存数量，了解需求变化，以及供应时间和供应数量的变化，合理调整订货点和订货数量，必要时采取紧急订货、调剂库存等措施，以满足用货需要。

3.2.3 企业库存管理的效果评价

库存管理的效果可以通过客户满意度、交货时间和库存周转率等指标来进行评价。

（1）客户满意度

客户满意度是指客户对于物资销售者服务水平的满意程度。客户满意度指标涉及内容较多，包括客户忠诚度、取消订货的频率、不能按时供货的次数、与销售渠道中经销商的关系等。

（2）交货时间

如果一个企业经常延期交货，不得不使用加班生产、加急运输的方法来弥补库存的不足，那么这个企业的库存管理系统的运行效率很低。这样的企业库存水平和订货点不能保证供应，紧急生产和运输的成本会很高，将远远超出正常成本。但如果降低库存水平引起的延期交货成本低于节约的库存成本，则延期交货还是可取的，这时的延期交货服从于实现企业总成本最低的目标。

（3）库存周转率

库存周转率是指反映库存周转速度的指标。库存周转率指标具体表现为周转次数和周转天数。

①库存周转次数

库存周转次数是指一定时期内库存周转的次数。其计算公式为：

$$库存周转次数 = \frac{计算期周转额}{计算期平均库存}$$

计算期一般为一年，也可以是一个季度或一个月。计算期周转额可以用销售额、销售成本，也可以使用销售量、出货量等；对应的计算期平均库存可以用库存额和库存量。计算期平均库存的计算公式为：

$$平均库存 = \frac{期初库存 + 期末库存}{2}$$

在其他条件一定的情况下，一定时期内库存周转次数越多，表明库存周转越快，库存管理效果越好；反之，则表明库存周转速度越慢，库存管理效果越差。

②库存周转天数

库存周转天数是指库存每完成一次周转所需要的天数。其计算公式为：

$$库存周转天数 = \frac{计算期天数}{库存周转次数} = \frac{计算期天数 \times 计算期平均库存}{计算期周转额}$$

其中，计算期天数一般是计算期的日历天数，一年按 360 天、一个季度按 90 天、一个月按 30 天计算。

在其他条件一定的情况下，库存周转一次的天数越少，表明库存周转速度越快，库存管理效果越好；反之，表明库存周转速度越慢，库存管理效果越差。

◆案例 3-1：根据企业财务核算资料，本年销售成本为 9000 万元，年初存货为 1900 万元，年末存货为 2100 万元，计算本年存货的周转率。

$$平均存货 = \frac{1900 + 2100}{2} = 2000（万元）$$

$$存货周转次数 = \frac{9000}{2000} = 4.5（次）$$

$$存货周转天数 = \frac{360}{4.5} = 80（天）$$

$$或 = \frac{360 \times 2000}{9000} = 80 （天）$$

◇问题3-6：在案例3-1中，如果根据库存资料已知企业某种主要原材料的年消耗总量为600吨，年初该种原材料库存为60吨，年末库存为40吨，本年该种原材料的周转率是多少？

较高的库存周转速度意味着可以减少资金占用，提高资金利用率。当然，库存周转速度并不是越高越好，因为过高的库存周转速度往往会降低库存水平，使发生缺货的机会增加，进而降低供应能力，影响客户服务。

拓展阅读3-2

优化仓储，牢守"第三利润源"

为努力提高物流效率，富阳公司积极转变仓储管理模式，从物流布局和资产管理两方面降本增效。

2014年7月7日，浙江富阳供电公司成功实现对公司内场口、江南两个二级物资仓储点的合并工作，这正是该公司提高物资管理效率、降低生产成本，打造"第三利润源"的举措之一。为努力提高物流效率，富阳公司积极转变仓储管理模式，从物流布局和资产管理两方面降本增效。

（1）精简仓储网络，提速货物周转率

富阳供电公司原有二级物资仓储点26个，过分密集的布局不仅增加了货物运输的次数，随之也带来仓储管理成本的不断增加。对此，该公司对各二级仓储点的资产数据、流动数据和各仓储点之间的距离、车辆往来效率等数据进行周密地分析，将26个二级仓储点缩减为3个，同步提高仓容利用率和运输效率。同时，为有效保护电力产品，节约资源，该公司对价值较高的电力生产物资，通过本部仓库直接配送的形式，尽量减少货物在二级仓储点的存放、装卸和搬运次数，从而防止二次搬运过程中对货物造成的损坏。

（2）盘活利库在先，物资高效调配

为真正实现仓储点库存信息的透明、公开，同时有效加强内控，富阳公司配合使用SAP系统与已领待耗物资管理平台两套信息系统，相互"对账"，形成完整的监督体系。同时该公司强化统计分析工作，对月度库存情况、物资出入库情况以及单项物资周转率进行分析，实时更新未履约合同数量，掌握潜在库存数据，定期发布相关信息，督促工程管理部门加快物资领用，将库存压力提前释放。为避免形成新的积压库存物资，该公司建立需求计划准确性管理机制，物资部门与工程部门主动对接，按照年度综合计划安排，从设计阶段出发，减少由于物资需求不准确、设计变更而造成的物资过量采购，加强物资计划提报过程中的利库监控，定期统计、核实库存物资情况，共享可利库物资信息，严把采购关口，从源头控制积压物资形成。

截至目前，该公司有效仓容利用率较 2013 年提高近 88.4%；库存资源周转加快，库存占用资金由 2013 年的 708 万元缩减至当前的 621 万元，库存下降 12.28%，实现了"零积压"。

——资料来源：中国物流与采购网（http://www.chinawuliu.com.cn/xsyj/201408/05/292424.shtml）

训练题 3-2

一、单项选择题

1. 不良库存的直接结果是（ ）。

A. 企业资本固化　　 B. 库存损耗　　　　 C. 增加管理费用　 D. 剩余库存

2. 在销售过程中，减少流通环节可以减少库存，提高客户服务水平（ ）。

A. 正确　　　　　　　　　　　　 B. 错误

3. 企业一般以（ ）保证物资需求预测误差。

A. 安全库存　　　 B. 周转库存　　　　 C. 增加库存　　　 D. 减少库存

4. 下列随库存量不同而明显变化的库存费用是（ ）。

A. 购入费　　　　 B. 保管费　　　　 C. 库存调查费　　 D. 缺货费

5. 紧急订货而发生的特别费属于（ ）。

A. 购入费　　　　 B. 保管费　　　　 C. 库存调查费　　 D. 缺货费

6. 库存服务率是指对于在一定期间内的需求量，能做到不缺货的比例。一般重要物料的服务率可定为（ ）。

A. 80% 以上　　 B. 90% 以上　　 C. 95% 以上　　 D. 100%

7. 订货点是（ ）

A. 下达采购订单时的库存量　　　　 B. 安全库存

C. 经济订货量　　　　　　　　　 D. 经济订货期

8. 每次订货的订货量越大，则库存保管费用（ ）。

A. 越大　　　　 B. 越小　　　　 C. 不变　　　　 D. 越大或越小

9. 服从于企业总成本最低目标的允许延期交货必须是延期交货成本低于（ ）。

A. 库存量　　　　　　　　　　 B. 库存成本

C. 节约的库存成本　　　　　　 D. 增加的库存成本

10. 在其他条件一定的情况下，库存在一定时期内周转次数越多，表明周转速度（ ）。

A. 越快　　　　 B. 越慢　　　　 C. 越快或越慢　　 D. 不变

11. 在其他条件一定的情况下，库存周转一次的天数越多，表明库存管理效果（ ）。

A. 越好   B. 越不好   C. 没影响   D. 越好或越不好

12. 库存周转越快，表明库存占用资金（　　　）。

A. 越多   B. 不变   C. 越少   D. 越多或越少

13. 库存周转速度越快越好（　　　）。

A. 正确   B. 错误

二、多项选择题

1. 下列关于库存管理的表述正确的是（　　　）。

A. 库存管理是对企业生产经营过程中处于库存状态的物资资源进行管理和控制的活动

B. 库存管理的目标就是使库存量处于经济合理水平

C. 库存管理实际上是使库存能满足生产经营需要的工作

D. 库存管理是在满足生产经营需要与控制库存成本之间进行平衡的过程

2. 企业库存管理的目的主要是（　　　）。

A. 减少库存   B. 减少不良库存   C. 确定库存量   D. 确定适当库存量

3. 库存过高的不良影响主要有（　　　）。

A. 使企业资本固化   B. 加剧库存损耗

C. 增加管理费用   D. 生产计划变更

4. 不良库存产生的原因主要有（　　　）。

A. 计划不周   B. 加剧库存损耗

C. 生产计划变更   D. 销售预测失误

5. 从企业经营角度来看，要实现利润最大化必须维持适当库存，并且努力降低（　　　）。

A. 订货成本   B. 生产准备成本   C. 库存持有成本   D. 销售成本

6. 下列属于库存管理内容的有（　　　）。

A. 确定库存管理范围   B. 确定服务水平

C. 平衡运输   D. 确定供应期间

7. 下列属于库存订货费的有（　　　）。

A. 购入费   B. 入库费   C. 利息费   D. 缺货费

8. 下列属于库存仓库经费的有（　　　）。

A. 入库费   B. 房租   C. 电费   D. 利息费

9. 下列关于供应期间的表述不正确的是（　　　）。

A. 供应期间是指从订货到交货需要的时间

B. 供应期间一般包括订货业务时间、运输时间等

C. 供应期间延长，意味着库存量减少

D. 如果供应期间有变动，则要增加安全库存量

10. 下列关于安全库存的表述正确的有（　　　）。

A. 安全库存是指为了防止由不确定因素引起的缺货而备用的缓冲库存

B. 安全库存必须是长期保持相同的库存量

C. 安全库存可以根据对不确定因素的预测和统计进行估算来确定

D. 如果安全库存定得太低，则可能不能满足需要，会扩大缺货率

11. 当库存量到达订货点时，通过（　　）确定实际订货量。

A. 采购计划　　　　　B. 经济订货量　　　　C. 采购需求　　　　D. 安全库存

12. 库存管理的效果的评价指标主要有（　　）。

A. 客户满意度　　　　B. 交货时间　　　　　C. 库存周转率　　　D. 库存量

三、案例题

1. 某企业年度内甲产品实现销售收入 1200 万元，已知甲产品年初库存额为 110 万元，年末库存额为 900 万元，计算甲产品库存周转率指标。

2. 某企业年度内乙产品生产量为 800 吨，已知乙产品年初在制品库存量为 90 吨，年末库存量为 70 吨，计算乙产品在制品库存周转率指标。

3.3　企业库存管理方法

企业常用的库存管理方法主要有 ABC 分类法、定量订货法、定期订货法和储存期控制法等。

3.3.1　ABC 分类法

ABC 分类法是指按照一定的标准将企业的库存划分为 A、B、C 三类并分别采取不同方式进行管理的一种方法。

（1）ABC 分类法的分类标准

ABC 分类法的分类标准主要包括金额标准与品种数量标准，其中金额标准是基本分类标准，品种数量标准是参考分类标准。A 类库存金额巨大，品种数量很少；B 类库存金额较小，品种数量较多；C 类库存金额很小，品种数量繁多。一般而言，三类库存的金额比重大致为：$A:B:C=0.7:0.2:0.1$，而品种数量比重大致为 $A:B:C=0.1:0.2:0.7$，如图 3-2 所示。

ABC 分类法的分类标准见表 3-7。

表 3-7　ABC 分类标准

分类	分 类 标 准		特　征
	金额（%）	品种数量（%）	
A 类	70	10	金额巨大，品种数量很少
B 类	20	20	金额较小，品种数量较多
C 类	10	70	金额很小，品种数量繁多

◇问题 3-7：根据图 3-2 和表 3-7 描述 ABC 分类法的基本原理。

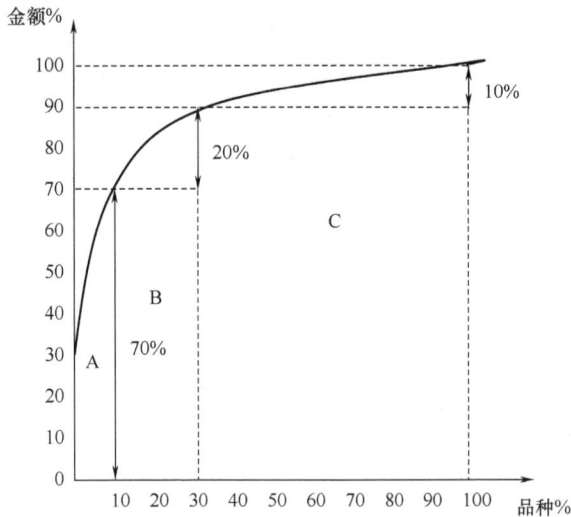

图 3 - 2　ABC 分类法示意图

(2) ABC 分类法的步骤

ABC 分类法分为以下五个步骤：

步骤 1：计算每一种物料在一定时期内的资金占用金额。

步骤 2：按物料资金占用金额大小排序并列成表格。

步骤 3：计算每一种物料资金占用额占全部资金占用额的百分比及其累计金额百分比。

步骤 4：进行分类。当累计金额百分比达到 70% 左右时，以上物料为 A 类库存，累计百分比介于 70% ~ 90% 之间的物料为 B 类库存，其余则为 C 类库存。

步骤 5：确定管理方法。A 类库存按品种重点管理，B 类库存按类别常规管理，C 类库存按总额简化管理。

◆案例 3 - 2：某企业共有 20 种材料，总金额为 200000 元。按金额多少的顺序排列的有关资料见表 3 - 8，采用 ABC 分类法对库存进行分类。

表 3 - 8　企业材料金额排序表

材料编号	金额（元）	金额比重（%）
001	80000	40
002	60000	30
003	15000	7.5
004	12000	6
005	8000	4
006	5000	2.5
007	3000	1.5

续表

材料编号	金额（元）	金额比重（%）
008	2500	1.25
009	2200	1.1
010	2100	1.05
011	2000	1
012	1800	0.9
013	1350	0.675
014	1300	0.65
015	1050	0.525
016	700	0.35
017	600	0.3
018	550	0.275
019	450	0.225
020	400	0.2
合计	200000	100

采用 ABC 分类法，该企业材料库存分类见表 3-9。

表 3-9　企业材料金额排序表

材料编号	金额（元）	金额比重（%）	累计金额比重（%）	各类金额比重（%）	分　类
001	80000	40	40	70	A
002	60000	30	70		
003	15000	7.5	77.5	20	B
004	12000	6	83.5		
005	8000	4	87.5		
006	5000	2.5	90		
007	3000	1.5	91.5	10	C
008	2500	1.25	92.75		
009	2200	1.1	93.85		
010	2100	1.05	94.9		
011	2000	1	95.9		
012	1800	0.9	96.8		
013	1350	0.675	97.475		
014	1300	0.65	98.125		
015	1050	0.525	98.65		

续表

材料编号	金额（元）	金额比重（%）	累计金额比重（%）	各类金额比重（%）	分　类
016	700	0.35	99		
017	600	0.3	99.3		
018	550	0.275	99.575	10	C
019	450	0.225	99.8		
020	400	0.2	100		
合计	200000	100	—	100	

在表 3 – 9 中，001 ~ 002 材料的累计金额比重为 70%，为 A 类库存，应按材料品种进行重点管理；003 ~ 006 材料的累计金额比重为 20%，为 B 类库存，应按材料类别进行常规管理；007 ~ 020 材料的累计金额比重为 10%，为 C 类库存，应按总金额进行简化管理。

◇问题 3 – 8：在案例 3 – 2 中，如果 002、003、004 材料金额分别为 30000 元、30000 元、27000 元，则按 ABC 分类法对该企业 20 种材料进行分类的结果有何变化？

3.3.2　定量订货法

定量订货法是指当库存量下降到订货点时，按规定的订货量进行订货补充的一种库存控制方法。订货点即预定的最低库存量，规定的订货量一般以经济订货批量为标准。定量订货法的基本原理如图 3 – 3 所示。

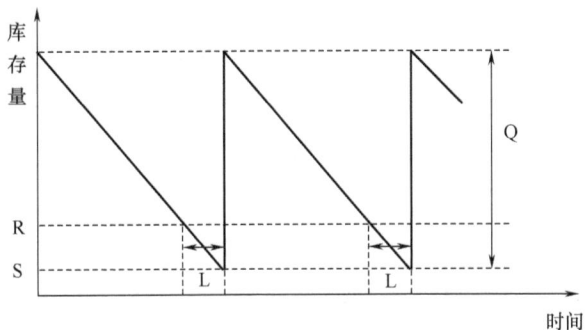

图 3 – 3　定量订货法的基本原理示意图

图 3 – 3 中，R 表示订货点；L 表示订货提前期，即订货至到货的间隔时间；S 表示安全库存量。

在图 3 – 3 中，当库存量下降到订货点 R 时，即按预先确定的订货量 Q 发出订货单，经过交货周期即订货提前期 L，库存量继续下降，到达安全库存量 S 时，收到订货 Q，库存水平上升至最高。

定量订货法是预先确定一个订货点，连续监控库存水平，当库存水平下降至订货点时，按事先规定的订货数量发出订货通知，执行订货任务。定量订货法的工作流程如图 3 - 4 所示。

在图 3 - 4 中，确定库存余量的计算公式为：

库存余量 = 现有库存量 + 已订未到量

◇问题 3 - 9：根据图 3 - 3 和图 3 - 4 描述定量订货法的基本原理。

定量订货法主要靠控制订货点 R 和订货批量 Q 两个参数来控制订货，达到既能最好地满足库存需求，又能使总费用最低的目的。

订货批量 Q 的确定依据条件不同，可以有多种确定的方法。订货批量 Q 的确定一般分为需求量和订货提前期确定、需求量和订货提前期不确定两种情况。

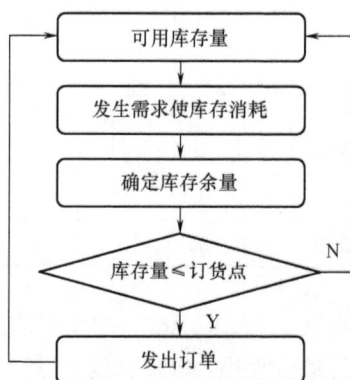

图 3 - 4   定量订货法工作流程示意图

(1) 需求量和订货提前期确定

在需求量和订货提前期确定的情况下，订货批量 Q 的确定有基本库存模型和价格折扣库存模型之分。

①基本库存模型

基本库存模型也称确定型库存模型，是企业对物资的需求量和订货提前期均确定且已知，企业不需要保有安全库存的库存控制模型。基本库存模型示意图见图 3 - 5。

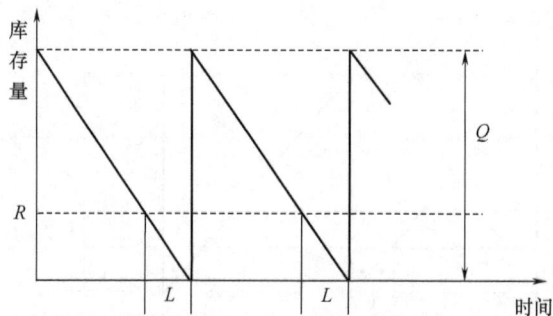

图 3 - 5   定量订货法基本库存模型示意图

在图 3 - 5 中，当库存量降到订货点 R 时发出订单，每次订货量为 Q，经过 L 时间，货物到达以补充库存。企业每次订货数量决定了平均库存水平，其平均库存水平为 $Q/2$。

基本库存模型确定订货批量又分为不允许延期交货和允许延期交货两种情况。

a. 不允许延期交货

在不允许延期交货的情况下，库存总成本由货物成本、订购成本和储存成本构成。各种库存成本的构成关系如图 3 - 6 所示。

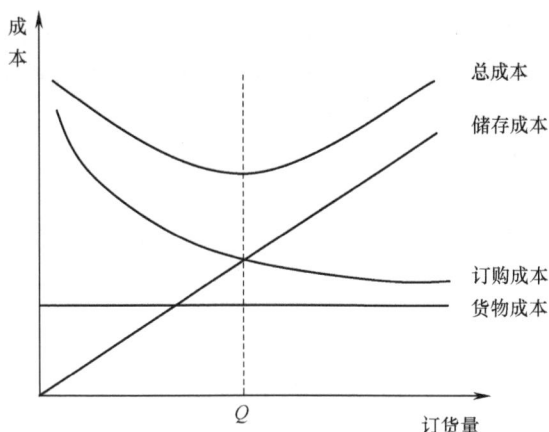

图 3-6　库存成本构成关系示意图

货物成本是采购货物的价款；订购成本是因采购货物所发生各项费用；储存成本是货物在库存过程中所发生的保管、损耗等费用。库存总成本为货物成本、订购成本和储存成本之和，即

库存总成本 = 货物成本 + 订购成本 + 储存成本

◇ 问题 3-10：根据图 3-6 描述订购成本、储存成本及库存总成本之间的关系。

在图 3-6 中，库存总成本最低点对应的订货量 Q 为经济订货批量。经济订货批量是指使库存总成本最低的订货批量。经济订货批量对应的库存总成本即最低库存总成本的计算公式可以表示为：

$$TC = D \times P + \frac{D}{Q} \times C + \frac{Q}{2} \times H$$

式中，TC 表示经济批量对应的库存总成本；

　　D 表示年需要量；

　　P 表示单位货物成本；

　　C 表示每次订购成本；

　　H 表示单位储存成本。

在企业每年需要量一定的情况下，每次订货数量越多，订货的间隔时间就越长，订货次数就越少，订购成本就越低。然而，每次订货数量越多，储存成本会越高。这样，确定订货批量需要在控制订购成本与储存成本之间进行权衡。一般地，订购成本与储存成本相等时的订购批量即为经济订购批量。因此，经济订购批量的计算公式为：

$$Q = \sqrt{\frac{2DC}{H}}$$

由于经济订货批量对应的订货成本与储存成本相等，因而最低库存总成本计算公式也可以为：

$$TC = D \times P + Q \times H$$

◆案例 3 – 3：某企业每年需要采购甲零件 10000 个，甲零件的单位价格为 20 元，每次订购成本为 180 元，每个零件的年保管费用为 10 元。计算甲零件的经济订购批量、最低年库存总成本和年订货次数。

甲零件的经济订购批量为：

$$Q = \sqrt{\frac{2 \times 10000 \times 180}{10}} = 600 \ (\text{个})$$

最低年库存总成本为：

$$TC = 10000 \times 20 + \frac{10000}{600} \times 180 + \frac{600}{2} \times 10 = 206000 \ (\text{元})$$

或者 $\qquad TC = 10000 \times 20 + 600 \times 10 = 206000 \ (\text{元})$

年订货次数为：

$$N = \frac{D}{Q} = \frac{10000}{600} = 17 \ (\text{次})$$

◇问题 3 – 11：在案例 3 – 3 中，如果甲零件的年需求量为 30000 个，每次订购成本 240 元，则甲零件的经济订购批量、最低年库存总成本和年订货次数分别为多少？

b. 允许延期交货

在延期交货的情况下，一个订货周期只有部分时间保有库存，甚至整个订货周期都不保有库存，如图 3 – 7 所示。

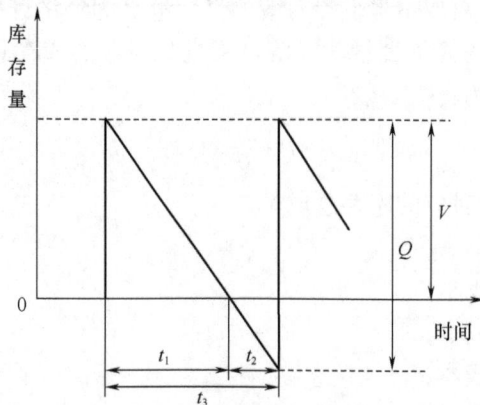

图 3 – 7　延期交货库存模型示意图

在图 3 – 7 中，订货周期 t_3 由 t_1 和 t_2 两个时段构成，其中 t_1 时段保有库存，t_2 时段不保有库存。在延期交货的情况下，实际库存量即最高库存量 V 总是低于每次订货量 Q，即 $V < Q$，它们的计算公式分别为：

$$Q = \sqrt{\frac{2DC}{H}} \times \sqrt{\frac{H+K}{K}}$$

$$V = \sqrt{\frac{2DC}{H}} \times \sqrt{\frac{K}{H+K}}$$

式中，K 表示单位商品的延期交货成本。

◆案例 3 – 4：某企业每年需购进 A 商品 10000 件，单位商品订货成本为 10 元，每次订购成本为 360 元，单位商品储存成本为 5 元。

要求：（1）计算不允许延期交货情况下的经济订货批量和最低年库存总成本；

（2）如果允许延期交货，并且每件商品的延期交货成本为 1 元，计算经济订货批量和最高库存量。

（1）不允许延期交货情况下

$$Q = \sqrt{\frac{2 \times 10000 \times 360}{5}} = 1200 \text{（件）}$$

$$TC = 10000 \times 10 + 1200 \times 5 = 106000 \text{（元）}$$

（2）允许延期交货情况下

$$Q = \sqrt{\frac{2 \times 10000 \times 360}{5}} \times \sqrt{\frac{5+1}{1}} = 2940 \text{（件）}$$

$$V = \sqrt{\frac{2 \times 10000 \times 360}{5}} \times \sqrt{\frac{1}{5+1}} = 490 \text{（件）}$$

◇问题 3 – 12：在案例 3 – 4 中，如果 A 商品每次订购成本为 18 元，单位商品储存成本为 4 元，则允许延期交货情况下的经济订货批量和最高库存量分别为多少？

②价格折扣库存模型

价格折扣库存模型是实行价格折扣情况下的经济订货批量模型。价格折扣又称数量折扣或商业折扣，是指企业为促销而给予客户的价格优惠。价格折扣一般是购买商品的数量越多，所获得的价格优惠越大，即俗称的"多买少算"。

在价格折扣库存模型下，库存的采购成本与订货数量直接关联，因此，企业确定经济订货批量需要考虑的库存成本不仅包括订购成本和储存成本，而且包括货物成本。价格折扣经济批量模型库存总成本的计算公式为：

$$TC = D \times P \times (1 - r) + \frac{D}{Q} \times C + \frac{Q}{2} \times H$$

式中，r 表示可以享受的价格折扣。

◆案例 3 – 5：某企业年度计划耗用 A 材料 32000 千克，该材料的单位采购成本为 30 元，单位年储存成本为 10 元，平均每次订购成本为 100 元。

要求：（1）计算 A 材料的经济订货批量、最低库存总成本、经济订货批量占用资金和年最佳进货批次。

（2）若合约中规定一次订购 A 材料 1000 千克以上，可以享受 2% 的价格优惠，计算 A 材料的经济订货批量。

A 材料在基本模型、价格折扣模型下的经济订货批量等有关指标的计算如下：

（1）按基本模型计算的有关指标为：

经济订货批量为：

$$Q = \sqrt{\frac{2 \times 32000 \times 100}{10}} = 800 \text{（千克）}$$

最低库存总成本为：

$$TC = 32000 \times 30 + 800 \times 10 = 968000 \text{（元）}$$

经济批量平均占用资金为：

$$W = \frac{800}{2} \times 30 = 12000 \text{（元）}$$

年度最佳进货批次为：

$$N = \frac{32000}{800} = 40 \text{（次）}$$

（2）价格折扣模型下的经济订货批量计算为：

按基本模型计算的经济订货批量为 800 千克，库存总成本为：

$$TC = 32000 \times 30 + \frac{32000}{800} \times 100 + \frac{800}{2} \times 10 = 968000 \text{（元）}$$

一次采购 1000 千克、享受 2% 数量折扣的库存总成本为：

$$TC = 32000 \times 30 \times （1 - 2\%）+ \frac{32000}{1000} \times 100 + \frac{1000}{2} \times 10 = 949000 \text{（元）}$$

计算结果表明，一次采购 1000 千克、享受 2% 价格折扣的库存总成本小于经济订货批量基本模型的库存总成本，因此，选择 1000 千克为经济订货批量。

◇问题 3－13：在案例 3－5 中，如果合约中还规定一次订购 A 材料 2000 千克以上，可以享受 3% 的价格优惠，则 A 材料的经济订货批量为多少？

（2）需求量和订货提前期不确定

在需求量和订提前期不确定的情况下，关键是确定订货点。订货点是指发出订单时保有的实际库存量。订货点的计算公式为：

$$R = R_d L + S = \frac{D}{360} \times L + S$$

式中，R 表示订货点；

R_d 表示平均日需求量；

L 表示订货提前期，即订货至到货间隔时间；

D 表示年需求量；

S 表示安全库存量。

当需求量和订货提前期都确定的情况下，可不设置安全库存，这时的订货点即为订货提前期内的需求量，即

$$R = R_d L = \frac{D}{360} \times L$$

一般地，安全库存量的确定分为三种情况：需求量变化而提前期固定、需求量固定而提前期变化、需求量和提前期随机变化。

①需求量变化而提前期固定

安全库存量的计算公式为：

$$S = Z \times \sigma_d \times \sqrt{L}$$

式中，Z 表示标准正态偏差，即预定客户服务水平变化的安全系数，常用的数据见表 3-10；

σ_d 表示订货提前期内需求量的标准差。

表3-10 服务水平与安全系数对应关系常用数据表

服务水平	0.9998	0.99	0.98	0.95	0.90	0.80	0.70
安全系数	3.50	2.33	2.05	1.65	1.29	0.84	0.53

◆案例 3-6：某企业库存 B 商品的平均日需求量为 2000 件，需求情况服从标准差为 20 件/天的正态分布。如果订货提前期是固定常数 4 天，且要求客户服务水平不低于 95%，试确定该商品的安全库存量和订货点。

由于要求客户服务水平不低于 95%，因而对应的标准正态偏差为 $Z = 1.65$

安全库存量为：

$$S = 1.65 \times 20 \times \sqrt{4} = 66 \text{（件）}$$

订货点为：

$$R = 2000 \times 4 + 66 = 8066 \text{（件）}$$

◇问题 3-14：在案例 3-6 中，如果 B 商品的平均日需求量为 1000 件，订货提前期为 5 天，则安全库存量和订货点分别为多少？

②需求量固定而提前期变化

安全库存量的计算公式为：

$$S = Z \times \sigma_L \times R_d$$

式中，σ_L 表示订货提前期的标准差。

◆案例 3-7：某企业 C 商品的平均日需求量为 2000 件，订货提前期随机变化且服从均值为 4 天、标准差为 2 天的正态分布。如果企业确定的客户服务水平要达到 95%，试确定该商品的安全库存量和订货点。

由于要求客户服务水平不低于 95%，因而对应的标准正态偏差为：$Z = 1.65$

安全库存量为：

$$S = 1.65 \times 2 \times 2000 = 6600 \text{（件）}$$

订货点为：

$$R = 2000 \times 4 + 6600 = 14600 \text{（件）}$$

◇问题 3-15：在案例 3-7 中，如果 C 商品的平均日需求量为 1000 件，订货提前期为 5 天，则安全库存量和订货点分别为多少？

③需求量和提前期随机变化

安全库存量的计算公式为：

$$S = Z \sqrt{\sigma_d^2 L + \sigma_L^2 R_d^2}$$

3.3.3 定期订货法

(1) 定期订货法的基本原理

定期订货法是指按预先确定的订货周期和目标库存量进行订货的一种库存控制方法。定期订货法预先确定一个订货周期和一个目标库存量即最高库存量，然后按规定的订货周期定期检查库存量，当到达订货周期时，按规定的目标库存量和当时的实际库存量之差作为订货量组织订货。定期订货法的基本原理如图3-8所示。

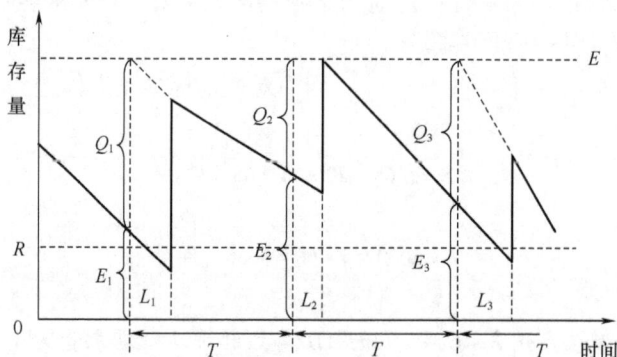

图3-8 定期订货法基本原理示意图

在图3-8中，T 表示订货周期，E 表示最高库存量，E_t（$t = 1, 2, \cdots, n$）表示现有库存量，Q_t（$t = 1, 2, \cdots, n$）表示订货批量。显然，$Q_t = E - E_t$。

(2) 定期订货法的工作流程

定期订货法要求按照固定的订货周期定期检查库存，只有达到订货时间才检查库存，没有达到订货时间不需要检查库存。定期订货法的工作流程如图3-9所示。

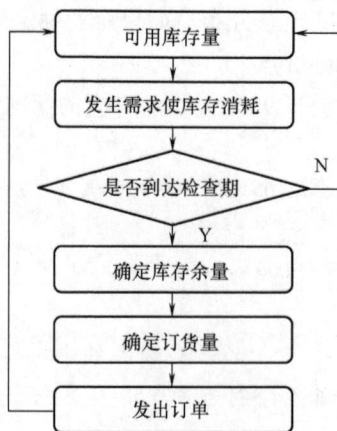

图3-9 定期订货法工作流程示意图

◇问题 3-16：根据图 3-8 和图 3-9 描述定期订货法的基本原理。

（3）定期订货法的计算公式

在需求量和订货提前期确定的情况下，经济订货周期的计算公式为：

$$T = \sqrt{\frac{2C}{DH}}$$

式中，T 表示经济订货周期；

C 表示每次订购成本；

D 表示年需要量；

H 表示单位储存成本。

最高库存量的计算公式为：

$$E = R_d \times （T+L） = \frac{D}{360} \times （T+L）$$

式中，E 表示最高库存量；

R_d 表示平均日需求量；

D 表示年需要量；

L 表示订货提前期；

S 表示安全库存量。

年库存总成本的计算公式为：

$$TC = DP + DHT$$

式中，TC 表示年库存总成本；

P 表示单位货物成本。

◆案例 3-8：某企业每年需要订货单价为 10 元的 C 商品 10000 件，每次订购成本为 360 元，单位商品的年储存成本为 5 元。已知订货提前期为 6 天，计算经济订货周期、最高库存量和年库存总成本。

经济订货周期为：

$$T = \sqrt{\frac{2 \times 360}{10000 \times 5}} = 0.12 （年） = 44 （天）$$

最高库存量为：

$$E = \frac{10000}{360} \times （44+6） = 1389 （件）$$

年库存总成本为：

$$TC = 10000 \times 10 + 10000 \times 5 \times 0.12 = 106000 （元）$$

◇问题 3-17：在案例 3-8 中，如果 C 商品每次订购成本为 18 元，单位商品的年储存成本为 4 元，则经济订货周期、最高库存量和年库存总成本分别为多少？

3.3.4 储存期控制法

储存期控制法是指通过确定库存储存期而实施库存控制的一种方法。储存期是指货物从确认入库到出库的时间，一般表现为储存天数。控制库存储存期是实现库存管理目标的前提，缩短库存储存期，可以加速库存周转，节约库存资金占用，降低库存成本，提高企业获利水平。

储存期控制法常引入本量利分析法建立利润与储存期的关系模型，即

$$利润 = 毛利 - \frac{固定储}{存成本} - \frac{销售税金}{及\ 附\ 加} - \frac{每日变动}{储存成本} \times \frac{储存}{天数}$$

其中，每日变动储存成本可以通过下式计算：

$$每日变动储存成本 = 商品购进批量 \times 单价 \times 日变动储存成本率$$

利润与储存期的关系如图 3 - 10 所示。

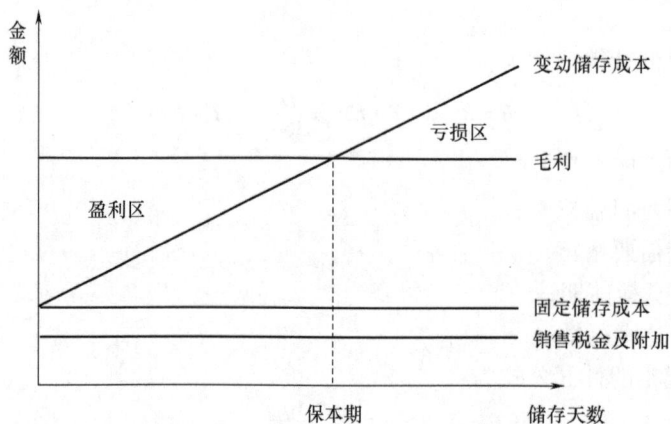

图 3 - 10   利润与储存期的关系示意图

◇问题 3 - 18：根据图 3 - 10 描述利润与储存期的关系。

储存期控制法主要是用利润与储存期的关系模型确定保本期和保利期。保本期是指商品从购入到销售实现盈亏平衡的储存天数；保利期是指商品从购入到销售实现目标利润的储存天数。按照利润与储存期的关系模型，保本期是利润为零的储存期，而保利期是利润为目标利润的储存期。

由利润与储存期的关系模型及图 3 - 10 可以看出，利润与储存期之间的关系表现为随着储存期的延长，变动储存成本不断增加，利润逐渐减少。当利润扣除固定储存成本、销售税金及附加后的余额被变动储存成本抵消为零时的储存天数，即为保本期；当利润扣除固定储存成本和销售税金及附加后的余额被变动储存成本抵消为目标利润时的储存天数，即为保利期。

如果商品在保利期内出售，企业就会盈利，且能够实现目标利润；如果商品在保本期内且超出保利期出售，企业虽会盈利，但不能实现目标利润；如果商品超出保本期出售，企业就会亏损。

保本期的计算公式为：

$$保本期 = \frac{毛利 - 固定储存成本 - 销售税金及附加}{每日变动储存成本}$$

保利期的计算公式为：

$$保利期 = \frac{毛利 - 固定储存成本 - 销售税金及附加 - 目标利润}{每日变动储存成本}$$

盈利或亏损额的计算公式为：

$$盈利或亏损额 = 每日变动储存成本 \times （保本期 - 实际储存期）$$

◆案例 3 - 9：某超市购进 D 商品 1800 件，单位进价 100 元，单位售价 120 元，经销该批商品的一次费用为 20000 元，若货款均来自银行贷款，年利率 10.8%，该批商品的月保管费用率 0.3%，销售税金及附加 2320 元。

要求：（1）计算该批商品的保本期；

（2）若企业要求获得 3% 的投资利润率，计算保利期；

（3）若该批商品实际储存了 150 天，计算盈利或亏损额，并判断是否能达到 3% 的目标投资利润率。

保本期、保利期和实际盈利或亏损额的计算如下：

（1）保本期的计算为：

$$每日变动储存成本 = 1800 \times 100 \times \left(\frac{10.8\%}{360} + \frac{0.3\%}{30} \right) = 72 （元）$$

$$保本期 = \frac{1800 \times （120 - 100） - 20000 - 2320}{72} = 190 （天）$$

（2）保利期的计算为：

$$目标利润 = 1800 \times 100 \times 3\% = 5400 （元）$$

$$保利期 = \frac{1800 \times （120 - 100） - 20000 - 2320 - 5400}{72} = 115 （天）$$

（3）实际储存 150 天的盈利额为：

$$盈利额 = 72 \times （190 - 150） = 2880 （元）$$

计算结果表明，A 商品储存 190 天保本，储存 115 天可以实现目标利润，实际储存 150 天，超出了保利期，可以实现利润 2880 元，未达到 3% 的目标投资利润率。

◇问题 3 - 19：在案例 3 - 9 中，如果企业要求获得 5% 的投资利润率，则保利期为多少天？如果该批商品实际储存 130 天，则盈利或亏损额为多少？是否能达到 5% 的目标投资利润率？

拓展阅读 3 - 3

CVA 库存管理法

ABC 分类法也有不足之处，通常表现为 C 类货物得不到应有的重视，而 C 类货物往往也会导致整个装配线的停工。因此，有些企业在库存管理中引入了关键因素分析法，即 CVA 库存管理法。

CVA 库存管理法的基本思路是把库存按照关键性分成 3~5 类，即：

（1）最高优先级。这是经营活动中的关键性物资，不允许缺货。

（2）较高优先级。这是经营活动中的基础性物资，但允许偶尔缺货。

（3）中等优先级。这类多属于比较重要的物资，允许在合理范围内缺货。

（4）较低优先级。经营活动中需要这类货物，但可替代性较高，允许缺货。

表 3-11 列示了按 CVA 库存管理法所划分的库存种类及其管理措施。

表 3-11　CVA 库存管理法库存种类及其管理措施

库存类型	特　点	管理措施
最高优先级	生产经营中的关键物资，或 A 类重点客户的物资	不允许缺货
较高优先级	生产经营中的基础性物资，或 B 类客户的物资	允许偶尔缺货
中等优先级	生产经营中比较重要的物资，或 C 类客户的物流	允许在合理范围内缺货
较低优先级	生产经营中需要，但可替代的物资	允许缺货

CVA 库存管理法比 ABC 分类法有着更强的目的性。在使用中需要注意，管理中往往倾向于制定高的优先级，结果高优先级的物资种类很多，最终哪种物资也得不到应有的重视。

CVA 库存管理法和 ABC 分类法结合使用，可以到达分清主次、抓住关键环节的目的。在对成千上万种物资进行优先级分类时，也不得不借用 ABC 分类法进行分类。

——资料来源：吴清一. 物流实务（第二版）［M］. 北京：中国物资出版社，2005.12：50。

训练题 3-3

一、单项选择题

1. ABC 分类法的基本分类标准是（　　　　）。

A. 数量　　　　　　B. 品种　　　　　　C. 金额　　　　　　D. 比重

2. 采用 ABC 分类法对库存进行控制时，应当重点控制的是（　　　　）。

A. 数量较多的物资　　　　　　　　　　B. 库存时间较长的物资

C. 品种较多的物资　　　　　　　　　　D. 占用资金较多的物资

3. 需要预先确定一个订货点的库存控制方法是（　　　　）。

A. ABC 分类法　　B. 定量订货法　　C. 定期订货法　　D. 储存期控制法

4. 在定量订货法中，当库存量≤订货点时，企业要（　　　　）。

A. 确定可用的库存量　　　　　　　　　B. 确定现有库存量

C. 确定订货点　　　　　　　　　　　　D. 发出订单

5. 在需要为固定、均匀和交货周期不变的条件下，订货点 R 的计算公式为（　　　　）。

A. $\dfrac{D}{360} \times C + S$ B. $\dfrac{D}{360} \times C - S$ C. $\dfrac{D}{360} \times L$ D. $\dfrac{D}{360} \times L - S$

6. 在企业每年需要量一定的情况下，每次订货数量越多，而订购成本（　　　）。

A. 越高　　　　　　　B. 不变　　　　　　　C. 越低　　　　　　　D. 不确定

7. 在定量订货法基本控制模型中，两个相等的控制成本是（　　　）。

A. 库存成本与订购成本　　　　　　　　B. 订购成本与采购价款

C. 采购价款与储存成本　　　　　　　　D. 储存成本与订购成本

8. 需求量与订货周期随机变化的情况下，安全库存 S 的计算公式为（　　　）。

A. $R_d L + S$ B. $Z \times \sigma_d \times \sqrt{L}$

C. $Z \times \sigma_L \times R_d$ D. $Z \sqrt{\sigma_d^2 L + \sigma_L^2 R_d^2}$

9. 定期订货法按预先确定的订货期和（　　　）订货。

A. 订货批量　　　　B. 经济订货批量　　　　C. 订货点　　　　D. 最高库存量

10. 经济订货周期 T 的计算公式（　　　）。

A. $\sqrt{\dfrac{2C}{RH}}$ B. $\sqrt{\dfrac{2DC}{H}}$

C. $\sqrt{\dfrac{2DC}{H}} \times \sqrt{\dfrac{H+K}{K}}$ D. $\sqrt{\dfrac{2DC}{H}} \times \sqrt{\dfrac{K}{H+K}}$

11. 商品从确认入库到出库的时间是指（　　　）。

A. 保本期　　　　　B. 保利期　　　　　C. 订货期　　　　　D. 储存期

12. 如果商品超出保本期出售，则（　　　）。

A. 盈利　　　　　　　　　　　　　　B. 实现微利

C. 亏损　　　　　　　　　　　　　　D. 盈利但不能实现目标利润

二、多项选择题

1. ABC 分类法的分类标准有（　　　）。

A. 数量　　　　　　B. 品种　　　　　　C. 金额　　　　　　D. 比重

2. 下列属于定量订货法工作流程的有（　　　）。

A. 确定可用的库存量　　　　　　　　B. 确定库存余量

C. 确定订货点　　　　　　　　　　　D. 发出订单

3. 定量订货法主要靠控制（　　　）两个参数来控制订货。

A. 需求量　　　　　B. 订货点　　　　　C. 安全库存　　　　D. 订货批量

4. 在定量订货法基本控制模型中，下列等式成立的有（　　　）。

A. $TC = D \times P + \dfrac{D}{Q} \times C + \dfrac{Q}{2} \times H$ B. $TC = D \times P + Q \times H$

C. $\dfrac{D}{Q} \times C = \dfrac{Q}{2} \times H$ D. $TC = D \times P + \dfrac{2R}{Q} \times C$

5. 在企业每年需要量一定的情况下，确定经济订货批量主要考虑（　　　）。

A. 库存量　　　　　B. 货物成本　　　　C. 订购成本　　　　D. 储存成本

6. 在价格折扣库存模型中，确定经济订货批量主要考虑（　　　）。

A. 库存量　　　　　B. 货物成本　　　　C. 订购成本　　　　D. 储存成本

7. 下列属于定期订货法工作流程的有（　　　）。

A. 确定可用的库存量　　　　　　　　B. 确定库存余量

C. 确定订货点　　　　　　　　　　　D. 发出订单

8. 定期订货法主要靠控制（　　　）两个参数来控制订货。

A. 最高库存量　　　B. 订货点　　　　　C. 订货周期　　　　D. 订货批量

9. 在定期订货法中，最高库存量可以用（　　　）计算确定。

A. $E = \dfrac{D}{360} \times C + S$ 　　　　　　　　B. $E = \dfrac{D}{360} \times (T + L)$

C. $E = R_d \times (T + L)$ 　　　　　　　　D. $E = R_d \times C + S$

10. 储存期控制法主要是用利润与储存期的关系模型确定（　　　）。

A. 储存期　　　　　B. 经济订货周期　　C. 保本期　　　　　D. 保利期

三、案例题

1. 某企业共有 20 种材料，总金额为 1200000 元。按金额多少的顺序排列的有关资料如表 3 - 12，采用 ABC 分类法对该企业 20 种材料进行分类。

表 3 - 12　企业材料金额排序表

材料编号	金额（元）	金额比重（%）
001	480000	
002	360000	
003	90000	
004	72000	
005	48000	
006	30000	
007	18000	
008	13000	
009	12400	
010	12200	
011	12000	
012	10800	
013	8100	
014	7800	
015	6300	
016	5000	

续表

材料编号	金额（元）	金额比重（%）
017	4400	
018	4100	
019	3200	
020	2700	
合计	1200000	

2. 某企业每年需要 A 零件 10000 件，已知该零件每件价格为 1 元，每次采购费用为 25 元，年保管费率为 12.5%，且零件可在市场上即可购得。试计算 A 零件的经济订货批量、最低年库存总成本和每年订货次数。

3. 某企业年度 A 物料的需求量为 110 单位，每次订购费用为 45 元，每月单位物料的保管费用为 15%，单位物料订货成本为 10 元，企业物料需求时段分配表见表 3 - 13。试确定 A 物料订购计划。

表 3 - 13　物料订购计划表

周次	1	2	3	4	5	6	7	8	9	10	11	12	合计
需求量		10	10		14		7	12	30	7	15	5	110
计划采购													

4. 某企业每年需购进某种商品 1000 套，该商品的单位订货成本为 10 元，单位储存成本为 2 元，每次订购成本为 160 元。要求：

（1）计算经济订货批量；

（2）如果允许延期交货，且单位商品的延期交货成本为 1 元，计算经济订货批量和最高库存量。

5. 某企业年度计划耗用 A 材料 16000 千克，该材料的单位采购成本为 30 元，单位年储存成本为 10 元，平均每次订购成本为 200 元。

（1）计算 A 材料的经济订货批量、经济订货批量存货总成本、经济订货批量占用资金和年采购批次；

（2）若合约中规定一次订购 A 材料 1000 ~ 2000 千克，可以享受 2% 的价格优惠，则 A 材料的经济订货批量为多少？

（3）若合约中规定一次订购 A 材料 1000 ~ 2000 千克，可以享受 2% 的价格优惠，2000 千克以上，可以享受 3% 的价格优惠，则 A 材料的经济订货批量为多少？

6. 某超市的某种食用油平均日需求量为 900 瓶，且食用油的需求情况服从标准差为 20 瓶/天的正态分布。如果订货提前期固定为常数 5 天，客户服务水平不低于 95%，试计算安全库存量和订货点。

7. 某超市的某种饮料的订货提前期为固定常数 9 天，该饮料的需求情况服从标准差为 30 瓶/天的正态分布，平均日需要量为 10000 瓶，超市制定的顾客服务水平在 95% 以上，计算该饮料的安全库存量和订货点。

8. 某金属公司销售钢材，过去 6 周中每周销售的钢材分别为 108、134、155、117、133、145 吨，且服从正态分布。已知订货提前期为 4 周，一次订货费用为 300 元，每吨钢材保管 1 周需要保管费 10 元，要求库存满足率达到 95%。如果实行定量订货法控制，试计算安全库存量和经济订货批量。

9. 某企业某种商品的日平均需求量为 1000 罐，订货提前期随机变化且服从均值为 6 天、标准差为 3 天的正态分布。如果企业确定的顾客服务水平要达到 95%，试确定该商品的安全库存量和订货点。

10. 某种饮料的需求量和提前期随机变化且相互独立，并服从正态分布，日需求量为 1000 瓶，标准差 20 瓶/天，平均订货提前期为 5 天，标准差为 1 天。如果企业确定的顾客服务水平达到 95%，试计算安全库存量。

11. 某企业每年需要购进单价为 10 元的某种商品 6000 件，每次订购成本为 20 元，单位商品的年储存成本为 5 元。如果订货提前期为 9 天，试计算经济订货周期、最高库存量和年库存总成本。

12. 某制造企业每年以单价 10 元购入 8000 单位的某种物资，每次订购成本为 30 元，每单位每年的储存成本为 3 元。如果订货提前期为 10 天，一年 250 个作业日，试计算经济订货周期、最高库存量和年库存总成本。

13. 某大型超市，购进甲商品 5000 件，单位进价（不含增值税）40 元，单位售价 50 元（不含增值税），经销该批商品的一次费用为 30000 元，若货款的筹资资本成本为 14.4%，该批存货的月保管费用率 3‰，销售税金及附加 2000 元。

（1）甲商品的保本期是多少？

（2）若该超市期望获得 3% 的投资利润率，则甲商品的保利期是多少？

（3）若甲商品实际储存了 100 天，则甲商品的盈利或亏损额为多少？是否达到 3% 的目标投资利润率？

（4）若甲商品实际储存了 150 天，则甲商品的盈利或亏损额为多少？是否达到 3% 的目标投资利润率？

单元小结

本单元主要包括企业库存形成、类型、功能与弊端及库存的成本构成，企业库存管理的目的、内容及库存管理效果的评价，企业库存管理的常用方法等学习内容。

库存是指企业处于储存状态的物资。库存形成的主要原因是生产经营需要、采购不当及"牛鞭效应"。库存具有维持产品销售和生产经营的稳定、平衡企业物流和流动资金占用等功能。库存会占用企业大量资金，通常占企业总资产的 20% ~ 40%；库存增加了企业的产品成本和管理成本；库存掩盖了计划不周、采购不当、生产不均衡、销售不畅等企业管理问题。企业库存可以按不同的标准划分成不同的类型，包括按库存的用途、库存的目的、库存物资的相关性、对物品需求是否重复等进行分类，其中按库存的用途和目的分类是常见的分类形式。库存成本一般包括订货成本、缺货成本和持有成本等。

库存管理是指对企业生产经营过程中处于库存状态的物资资源进行管理和控制的活动。企业库存管理的目的主要是减少不良库存和确定适当库存。库存管理的内容主要包括确定库存管理范围、预测需求量、确定库存管理有关费用、确定服务水平、确定供应期间、确定订货点、确定安全库存、确定订货量和安排订货、库存跟踪和调整等。库存管理的效果可以通过客户满意度、交货时间和库存周转率等指标来进行评价。

常用的库存管理方法主要有 ABC 分类法、定量订货法、定期订货法和储存期控制法等。ABC 分类法是指按照一定的标准将企业的库存划分为 A、B、C 三类并分别采取不同方式进行管理的一种方法。定量订货法是指当库存量下降到订货点时，按规定的订货量进行订货补充的一种库存控制方法。定期订货法是指按预先确定的订货周期和目标库存量进行订货的一种库存控制方法。储存期控制法是指通过确定库存储存期而实施库存控制的一种方法。

单元 4 企业生产物流管理

学习目标

完成企业生产物流管理知识与技能的学习，能够准确描述企业生产物流的概念、特征与类型，学会企业生产物流组织管理、计划管理与控制管理的基本原理和方法。

学习内容

企业生产物流的概念、特征及类型，企业生产物流组织管理，企业生产物流计划管理，企业生产物流控制管理。

导入案例

西米克公司的生产物流

西米克公司的工序大体上分为正极制片、负极制片、卷绕、封口、化成、包装等几大步骤，其中正极制片和负极制片是同步的，其他的都有先后顺序。现场观察并绘制价值流程图的过程显示，通常每个车间都有 30 万 ~ 50 万元的在制品库存。特别是化成车间，由于其生产周期长，所以在制品库存则更多达 200 万元，除去正在加工的在制品外，这些在制品大多是处于等待流入下一车间，或者等待本车间加工的状态。

如此巨大的在制品库存带来的结果是：

（1）占用大量流动资金；

（2）拖延了生产周期，整个生产周期达到 20 多天，严重制约了对客户订单的反应能力；

（3）占据了大量的场地面积，现场拥挤；

（4）根据工艺的要求，从制片投料到封口工序完成应该控制在 48 小时内，但在实际中远远超过了这个时限，影响了产品质量。

之所以存在如此巨大的在制品库存浪费，一方面是由于过去西米克公司没有减少在制品库存的意识。尤其是全厂追求产量的时候，为了防止下一工序因为缺货而停车，导致自己车间被指责，各车间拼命生产而不管下一工序是否需要，导致在制品库存越来越多。另一方面，西米克公司在内部生产和质量管理上实行"按批次管理"制度，每一生产批次的产品必须在本车间全部完工，并经过品管部门的 QC（质量控制）抽检合格后，方可放行到下一车间，而每个生产批次的产量都在 10 万件以上，在没有全部完工并经过 QC 抽检之前，不得转运到下一车间。

——资料来源：李承霖. 企业物流管理实务 [M]. 北京：北京理工大学出版社，2008.7：98～99。

案例问题：案例中西米克公司生产物流的突出问题是什么？产生的原因有哪些？你对解决该公司生产物流的问题有哪些建议？

案例问题提示：案例中西米克公司生产物流的突出问题是在制品库存积压，这是由于公司缺乏减少在制品库存意识和在制品库存管理措施不当造成的，应该从提高在制品库存管理意识和改进在制品库存管理措施着手解决这一问题。

4.1 企业生产物流管理认知

企业生产物流伴随着企业生产活动而存在，以原材料投入生产为起点，以原材料加工成产成品为终点。所以，生产物流是企业物流过程的一个重要环节和组成部分。

4.1.1 企业生产物流的概念

企业生产物流是指伴随企业内部生产过程的物流活动。企业生产物流包括原材料、燃料、外购件等投入生产后，经过下料、发料、运送到各加工点和存储点，以在制品的形态从一个生产单元（车间、工段等）流入另一个生产单元，按照规定的生产工艺进行加工、储存的全部生产过程。

从物流的范围分析，企业生产物流起于原材料、外购件的投入，止于成品入库；从物流的本质分析，企业生产物流是生产所需的物料在空间和时间上的运动过程，是生产系统的动态表现；从生产工艺过程分析，企业生产物流是企业在生产工艺中的物流活动，即物料不断地离开上一道工序，进入下一道工序，不断发生搬上搬下、向前运动、暂时停滞等活动。

企业生产物流与企业的生产密切联系在一起，其流程如图 4-1 所示。

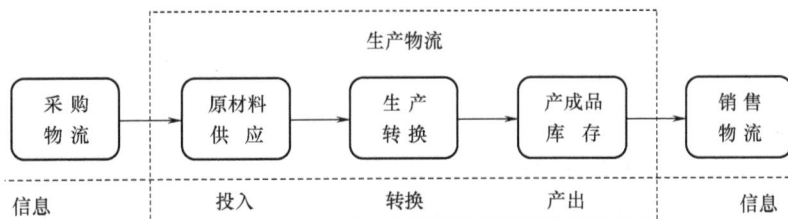

图 4-1　企业生产物流流程示意图

◇问题 4-1：根据图 4-1 描述企业生产物流的流程。

由图 4-1 可知，企业生产物流伴随着企业生产而发生和存在，它是企业生产的重要组成部分，也是企业生产得以顺利进行的保障。同时，企业生产物流是企业物流系统的重要组成部分，企业生产物流管理需要合理组织生产物流过程，对生产过程中的物料流和信息流进行科学的规划、管理和控制，重点是通过信息收集、传递、储存、加工和使用，控制企业生产物流活动的实施，保证生产的顺利进行，使生产过程始终处于最佳状态，从而实现生产成本最小化和效益最大化。

4.1.2 企业生产物流的特征

从物流角度来看，企业生产过程实质上是每一个生产加工过程串联起来而形成的物流活动。企业生产过程中的物流活动表现为连续性、比例性、均衡性、准时性和适应性等基本特征。

（1）连续性

连续性是指物料在生产过程中始终处于运动状态。连续性包括空间上的连续性和时间上的连续性。空间上的连续性是指生产过程各个环节在空间布置上合理紧凑，使物料的流程尽可能短，没有或很少发生迂回往返现象。时间上的连续性是指生产过程各个环节的物料运动始终处于流畅状态，没有或很少发生停顿或等待现象。企业的生产过程主要是对原材料和零部件进行加工、组装的过程，企业生产物流的连续性要求各工序需要的物料必须在适当的时间、适当的地点以适当的质量和适当的数量进行供应。

（2）比例性

比例性是指生产过程各环节的生产能力要保持适合产品制造的比例关系。比例性以企业生产制造产品对各环节生产能力的要求为前提，各环节生产能力的大小必须适应产品制造的需求。比例关系表现为生产过程的各个工艺阶段之间、各工序之间的生产能力比例协调，各生产环节的工人人数、设备数、生产面积、生产速率和开动班次等要素之间的相互协调和适应。生产物流的比例性主要强调产品生产所需物料在各环节之间的分配存在着比例关系，而且比例是相对和动态的。

（3）均衡性

均衡性是指产品从投料到完工入库能均衡地进行。均衡性表现为产品生产能够在相等的时间间隔内完成大体相等或稳定递增的数量，没有或很少发生前松后紧、时松时紧、突击加工等现象。在企业生产的投入、加工、产出的各个阶段，非均衡会打乱企业生产节奏，投入的节奏性决定了加工的节奏，加工的节奏决定了产出的节奏，因此，产出的节奏性是投入和加工节奏性的最终结果。

（4）准时性

准时性是指生产过程的各阶段和各工序都按后续阶段和工序的需要进行生产。准时性表现为在需要的时候，按需要的数量进行生产加工。准时性是连续性、比例性和均衡性的基础和前提，只有保证生产的准时性，才能推动连续性、比例性和均衡性生产。

（5）适应性

适应性即柔性，是指生产加工的灵活性和可调节性。适应性表现为生产过程的组织形式要灵活，能及时适应市场的需要变化，满足市场不断产生的新需求。适应性更多的时候要求企业朝着多品种、小批量生产方向发展，能够灵活转型，增强应急应变能力，从而提高企业的市场竞争力。

4.1.3 企业生产物流的类型

企业生产类型是指产品产量、品种和专业化程度在生产体系中的综合体现，企业生产物流的类型与产品产量、品种和专业化程度有着内在的联系。因此，经常把划分生产物流的类型与划分生产的类型看成是一个问题的两个方面。企业生产物流的类型可以按照不同的标准划分为相应的类型。

（1）按生产工艺的特性划分

按生产工艺的特性划分，企业生产物流分为连续型生产物流和离散型生产物流。

①连续型生产物流

连续型生产物流是指零部件在生产过程中连续而均匀地按一定工序运动。连续型生产物流的物流活动是连续而不中断，且均匀地进行。连续型生产物流过程使用标准化的设备和工艺流程，生产的产品一般是固定的，生产工序之间几乎没有在制品库存。

连续型生产物流又分为装配线生产物流和流程式生产物流。装配线生产物流是指零部件在装配线上按顺序和一定速率从一个工位到另一个工位的运动，如汽车的自动装配生产线、电视机的自动装配生产线等。流程式生产物流是指按照预先确定的步骤连续进行产品生产的物流，如化工、炼油、冶金企业等。

②离散型生产物流

离散型生产物流是指零部件以各自独立的工艺过程而通过各个生产环节的离散状态运动。离散型生产方式的产品由多种零部件装配而成，各零部件的加工过程彼此独立，加工完成的零部件通过装配而后成为产品。因此，离散型生产物流的整个产品的生产工艺是离散的，各个生产环节之间要求有一定的在制品库存。

离散型生产物流又分为小批量生产物流和批量生产物流。小批量生产物流是指多品种小批量产品的工艺专业化生产物流。批量生产物流是指重复生产同一品种产品的较大批量的标准工艺专业化生产物流，如麦当劳的食品加工等。

连续型生产与离散型生产的对比见表 4-1。

表 4-1 连续型生产与离散型生产的对比

对比项目	连续型生产	离散型生产
用户数量	较少	较多
产品品种	较少	较多
产品差别	较多标准化产品	较多用户要求的产品
自动化作业	较易实现	较难实现
设备布置	流水式生产	批量或流水式生产
设备布置柔性	较低	较高

对比项目	连续型生产	离散型生产
设备可靠性要求	高	较低
设备维修	局部检修多，停产大修少	多数为局部维修
生产能力	可明确规定	模糊
扩充能力周期	较长	较短
原材料品种	较少	较多
能源消耗	较高	较低
在制品库存	较低	较高
副产品	较多	较少

◇问题4-2：根据表4-1描述连续型生产物流与离散型生产物流的不同。

此外，按生产工艺的特性划分除连续型生产物流和离散型生产物流外，还有一种项目型生产物流。项目型生产物流是指物料进入生产场地后流动性不强或几乎停滞的物流形式。一种是物料进入生产场地后被凝固在场地中而与生产场地一起形成最终产品，如厂房、生产流水线等；另一种是物料进入生产场地后"滞留"较长时间形成最终产品后再流出，如飞机、轮船等。

（2）按组织生产的特点划分

按组织生产的特点划分，企业生产物流分为备货型生产物流和订货型生产物流。连续型生产一般为备货型生产，离散型生产既有备货型生产又有订货型生产。

①备货型生产物流

备货型生产物流是指根据市场需求组织生产的物流活动。备货型生产方式的组织依据是市场需求预测，通过库存调节来满足客户的需求。备货型生产根据市场需求有计划地进行产品开发和生产，生产出的产品不断补充成品库存，用成品库存来满足客户对产品的需求，如小型机电、轴承、紧固件等产品的生产。

②订货型生产物流

订货型生产物流是指按照客户要求组织生产的物流活动。订货型生产方式的组织依据是客户的要求，通过订单来满足客户的需求。订货型生产根据客户订单对产品结构及性能的要求进行产品的设计和生产，以合同的方式确定产品品种、规格、数量及交货期等，按照客户订单和合同要求组织产品生产。

备货型生产与订货型生产的对比见表4-2。

表4-2 备货型生产与订货型生产的对比

项 目	备货型生产	订货型生产
产品	标准产品	无标准产品，按用户要求生产大量的随机生产产品和新产品

续表

项　目	备货型生产	订货型生产
对产品的需求	可以预测	难以预测
订货期	事先确定	订货时确定
价格	不重要，由成品库随机供货	很重要，订货时确定
设备	多采用专用高效设备	多采用通用设备
人员	专业化人员	多种操作技能人员

◇问题 4-3：根据表 4-2 描述企业备货型生产物流与订货型生产物流的不同。

（3）按产品生产的方式划分

按产品生产的方式划分，企业生产物流分为小批量生产物流、大批量生产物流和批量生产物流。

①小批量生产物流

小批量生产物流是指生产产品品种多而每一品种生产数量少的生产物流。小批量生产方式具有生产产品品种繁多，生产品种不断变化，生产重复程度较低等特点。小批量生产物流中的物料需求与具体产品生产需求存在着一一对应的关系，由于品种繁多而产量少，要求物料需求计划必须准确，同时增加了物料的采购难度和成本。

②大批量生产物流

大批量生产物流是指生产产品品种单一而每一品种生产数量多的生产物流。大批量生产方式具有生产产品品种少，每一品种产品生产批量大，生产稳定而不断重复等特点。大批量生产物流具体表现为单一品种大批量生产物流和多品种大批量生产物流两种形式。

单一品种大批量生产是一种生产产品品种相对单一而生产数量却相当大的生产方式。单一品种大批量生产方式的产品品种单一，生产重复程度非常高，产品设计和零部件制造标准化、通用化、集中化，零附件具有很强的互换性，从而使装配简单化，稳定了产品质量，降低了生产成本，提高了生产效率。单一品种大批量生产物流的物料需求易于计划和控制，物料消耗定额容易并适宜准确制定，物料采购和供应相对稳定，外部物流比较容易控制。

多品种大批量生产是一种以大批量生产的成本和时间，提供满足客户需求的产品和服务的生产方式。多品种大批量定制生产的核心是在系统思想指导下，通过对企业的产品结构和制造过程重组，充分合理地借用企业内外资源，以大批量生产的效率快速向客户提供多种定制产品，既能满足客户个性化需求而又不牺牲企业效益。多品种大批量生产物流的物料需求计划和控制难度较大，在制品的移动方式和频度更为复杂，对装配流水线的柔性要求更高。

③批量生产物流

批量生产物流是指生产产品不单一而每一品种都生产一定批量的生产物流。批量生产方式生产的产品品种数量多但产量有限，介于小批量生产与大批量生产方式之间。

批量生产的产品设计系列化，零部件制造标准化、通用化，工艺过程采用成组技术，灵活的生产系统能适应不同产品或零部件的加工要求。由于生产品种的多样性，批量生产物流对制造过程物料供应商有较强的选择要求，对外部物流的协调与控制提出了更高的标准。因此，批量生产物流往往以 MRP（物料需求计划）实现物料的外部需求与内部需求的平衡，以 JIT（准时制）采购实现客户个性化特征对生产过程中物料、零部件和成品的拉动需求。

小批量生产、大批量生产、批量生产三种生产方式的对比见表 4 - 3。

表 4 - 3　小批量生产、大批量生产、批量生产三种生产方式的对比

比较项目	小批量生产	大批量生产	批量生产
生产类型	小批生产	大量生产	成批生产
产品种类	很多	单一或很少	较多
产品产量	单个或很少	很大	较大
采用设备与工装	通用	专用	专用与通用并存
设备排列	工艺专业化	对象专业化	对象工艺专业化
劳动分工	粗	细	有一定分工
工人技术水平	较高	低	一般
生产周期	长	短	较长
劳动生产率	低	高	较高
单产成本	高	低	较高
计划管理工作	复杂多变	较简单	较复杂
控制管理	复杂	简单	较简单
适应性	强	差	较差

◇问题 4 - 4：根据表 4 - 3 描述企业小批量生产物流、大批量生产物流、批量生产物流三种生产物流方式的不同。

（4）按生产物流的路径划分

按生产物流的路径划分，企业生产物流分为工厂间物流和工序间物流。生产物流的路径是指生产物流流经的生产区域及其功能。

工厂间物流是指企业各专业生产厂之间的运输物流或工厂与物料、配件供应厂之间的物流。工厂间物流包括各专业生产厂之间的原材料、零部件运输，各专业生产厂内原材料、零部件储存，加工过程中的通用部件的集中储存，集中向生产厂输送材料、燃料，产成品的集中储存和搬运等。

工序间物流是指生产过程中车间、仓库、工序、工位等之间的物流。工序间物流包括原材料、零部件的储存，加工过程中在制品的储存，产成品的储存，仓库向生产车间运送原材料、零部件的搬运活动，在制品在车间、工序之间的搬运等。可见，工序间物流主要是储存和搬运两种物流活动。由于生产周期中工序间物流所占的时间达

90% 以上，所以工序间物流在一定程度上就成为生产物流的代名词。

拓展阅读 4-1

企业生产过程的构成

生产过程是指从投料开始，经过一系列的加工，直至成品生产出来的全部过程。生产过程包括劳动过程和自然过程。劳动过程是指劳动工具作用于劳动对象，按预定的方法和步骤，改变劳动对象的几何形状和性质，使其成为产品的过程，如金属切削、锻压等。自然过程是指在自然力的作用下，改变其物理和化学状况的过程，如自然干燥、自然力时效等。

1. 生产过程的划分

按照生产任务的不同，生产过程可以划分为生产技术准备过程、基本生产过程、辅助生产过程、生产服务过程。

（1）生产技术准备过程

生产技术准备过程是指产品在投入生产前而进行的各种生产技术上的准备过程。如产品的研究、开发、设计，工艺设计、工装设计和制造，材料定额和时间定额的制订修订，劳动组织和设备的布置与调整等。

（2）基本生产过程

基本生产过程是指对构成产品实体的劳动对象直接进行工艺加工的过程。基本生产过程是直接产生经济增值的过程，也是整个生产过程中最主要的环节。

（3）辅助生产过程

辅助生产过程是指为保证基本生产过程的正常进行而从事的各种辅助性生产活动过程。如为基本生产提供电力、蒸汽、煤气、压缩空气等动力，提供生产工具及其维修工作等。

（4）生产服务过程

生产服务过程是指为保证生产活动的顺利进行而提供的各种服务性工作过程。如供应工作、运输工作、技术检验工作等。

2. 工艺阶段

工艺阶段是指按照使用的生产手段不同和加工性质差别而划分的局部生产过程。企业的基本生产过程可以细分为若干个工艺阶段，若干相互联系的工艺阶段组成基本生产过程。如机械加工制造企业的基本生产过程一般可以分为准备阶段、加工阶段和装配阶段三个最基本的工艺阶段。

3. 工序

工序是指在一个工作台（如一台设备）上，一位工人或一组工人连续实施的生产作业过程。工序是每个工艺阶段细分的生产作业活动，若干个工序组成一个工艺阶段。工序是生产过程最基本的组成单位，它是根据生产需要人为划分的结果。

按照工序的性质，可以把工序分为基本工序和辅助工序。基本工序是指直接使劳动对象发生物理或化学变化的工序，辅助工序是指为基本工序的生产作业活动创造条件的工序。

按照工序的作用，可以把工序分为工艺工序、检验工序和运输工序。

（1）工艺工序

工艺工序是指生产过程中使劳动对象发生物理或化学变化的工序。工艺工序的水平直接关系到工艺质量和效能。

（2）检验工序

检验工序是指对原材料、半成品和产成品的质量进行检验的工序。在传统制造企业中，检验工序是必不可少的工序环节。在现代企业中，检验工序的设立取决于质量管理模式的要求。

（3）运输工序

运输工序是指在各相关工序之间负责运送待加工、已加工的工件的工序。运输工序并不是所有生产类型企业都必须设立的，但在与生产相关的运输业务比较多的生产企业是必不可少的。

——资料来源：朱光福．企业物流管理［M］．重庆：重庆大学出版社，2012.9：97～98。

训练题 4 −1

一、单项选择题

1. 企业生产物流贯穿于生产全过程（　　　　）。

A. 正确　　　　　　　　　　　　　　B. 错误

2. 企业生产物流包括供应物流、生产物流和销售物流（　　　　）。

A. 正确　　　　　　　　　　　　　　B. 错误

3. 下列关于企业生产物流的表述不正确的是（　　　　）。

A. 企业生产物流起于原材料、外购件的投入，止于成品入库

B. 企业生产物流是生产所需的物料在空间上和时间上的运动过程

C. 企业生产物流是企业在生产工艺中的物流活动

D. 企业生产物流实际上并不构成生产工艺过程的一部分

4. 企业生产物流是生产系统的动态表现，这是从（　　　　）分析的结果。

A. 物流的范围　　　B. 物流的本质　　　C. 生产工艺过程　　D. 辅助生产过程

5. 物料在生产过程中始终处于运动状态是企业生产物流的（　　　　）特征。

A. 连续性　　　　　B. 比例性　　　　　C. 均衡性　　　　　D. 适应性

6. 产品生产能够在相等的时间间隔内完成大体相等或稳定递增的数量是指生产的（　　　　）。

A. 连续性　　　　　B. 比例性　　　　　C. 均衡性　　　　　D. 适应性

7. 企业生产物流划分为备货型生产物流与订货型生产物流的划分依据是（　　　）。

A. 生产工艺的特性　　　　　　　　　B. 组织生产的特点

C. 产品生产的方式　　　　　　　　　D. 生产物流的路径

8. 物料进入生产场地几乎处于停止状态或流动性不强是（　　）型生产物流。

  A. 连续　　　　　B. 离散　　　　　C. 项目　　　　　D. 传统

9. 根据市场需求组织生产的物流活动是（　　）型生产物流。

  A. 连续　　　　　B. 离散　　　　　C. 备货　　　　　D. 订货

10. 将生产物流分为工厂间物流与工序间物流是按企业组织生产特点的分类（　　　）。

  A. 正确　　　　　　　　　　　　　B. 错误

二、多项选择题

1. 与企业的生产更加密切地联系在一起是企业生产物流区别于（　　　）的最显著特点。

  A. 采购物流　　　　B. 销售物流　　　　C. 回收物流　　　　D. 废弃物流

2. 生产物流的流程表现为（　　　）。

  A. 投入　　　　　B. 加工　　　　　C. 转换　　　　　D. 产出

3. 下列属于生产物流基本特征的有（　　　）。

  A. 连续性　　　　B. 比例性　　　　C. 节奏性　　　　D. 原则性

4. 下列关于生产均衡性的表述正确的有（　　　）。

A. 均衡性是指产品从投料到完工入库能均衡地进行

B. 均衡性允许根据订单突击加工

C. 均衡性贯穿于生产的投入、加工和产出的各个阶段

D. 均衡性的最终结果是产出的节奏性

5. 按生产工艺的特性，企业生产物流划分为（　　　）生产物流。

  A. 连续型　　　　B. 离散型　　　　C. 项目型　　　　D. 传统型

6. 按企业组织生产的特点，企业生产物流划分为（　　　）生产物流。

  A. 连续型　　　　B. 备货型　　　　C. 订货型　　　　D. 离散型

7. 大批量生产物流具体表现为（　　　）物流两种形式

A. 小批量生产　　　　　　　　　　B. 批量生产

C. 单一品种大批量生产　　　　　　D. 多品种大批量生产

4.2　企业生产物流组织管理

  企业生产物流组织管理是以最大限度地提高企业综合生产效率为目标而对企业生产物流过程的科学规划与安排活动。企业生产物流组织管理一般包括空间组织、时间组织和人员组织三个方面。

4.2.1 企业生产物流的空间组织

生产物流的空间组织是指企业生产系统各要素的组成、相互联系及其在空间上的分布。生产物流的空间组织管理就是指确定企业生产系统各要素及其在空间上的相对位置等活动。

(1) 生产物流空间组织的内容

生产物流的空间组织工作的重点是对企业生产系统的规划和设计，包括确定生产系统的地址、构成、专业化形式、生产过程组织形式及生产系统各组织部分的空间位置等一系列工作。企业生产物流空间组织的内容主要包括工厂选址与工厂布局。

①工厂选址

工厂选址是指运用科学的方法选择决定工厂地理位置的过程。工厂选址是建立、组织和管理企业的第一步，对工厂建成后的物流布局具有重要意义。工厂选址应符合建厂地区、建厂城镇和建厂用地等基本要求（见表4-4）。

表4-4　工厂选址的基本要求

选择建厂地区的基本要求	(1) 接近市场
	(2) 接近原材料产地
	(3) 水、电、气等基础设施完备
	(4) 气候条件能满足生产技术要求
选择建厂城镇的基本要求	(1) 当地城镇建设规划允许
	(2) 劳动力市场的劳动力可得且成本不高
	(3) 当地生活条件较好
	(4) 当地工资水平较低
选择建厂用地的基本要求	(1) 地质条件适于建厂
	(2) 有可靠的水源保证
	(3) 有足够的用地面积和拓展余地
	(4) 靠近水陆交通要道
	(5) 有利于"三废"处理

②工厂布局

工厂布局包括工厂布置和车间布置。工厂布置是指对整个工厂系统所占用空间位置的整体设计。工厂布置的目的是在有限的空间范围内各得其所，相互协调地完成生产加工。车间布置是指确定车间内部各组织单位以及工作地、设备间的相互位置的过程。车间布置的目的是为了使车间内部各组织单元组成一个有机的整体，以发挥车间的具体功能，完成车间所承担的生产任务。

企业生产的空间组织是做好生产物流管理的前提。工厂选址会间接影响库存成本和运输成本，而工厂布局会直接影响物料流动的距离、方式以及成本等。工厂布置和车间布置直接决定了物料、工具以及工人在企业中的流动路线、流动距离和效率。因此，企业生产物流管理需要明确布置生产设施的影响因素，并根据企业对物流管理基本要求和原则，做好生产设施的选址、空间布置和优化工作。

（2）生产物流空间组织的模式

生产物流空间组织的典型模式主要有对象专业化布置、工艺专业化布置和成组工艺布置等。

①对象专业化布置

对象专业化布置又称产品布置法，是以所加工的产品为对象划分生产单元的模式。对象专业化布置模式将不同类型的机器设备和不同工种的工人集中起来，建立一个生产单元（车间、工段等），对相同的产品进行不同工艺的加工。对象专业化布置模式的加工对象是相同的，而机器设备、工艺方法是不同的，且工艺过程是封闭的。对象专业化布置模式一般适用于大量、大批的生产类型和标准化、自动化较高的企业，如汽车装配、通用机械等。对象专业化布置模式如图4-2所示。

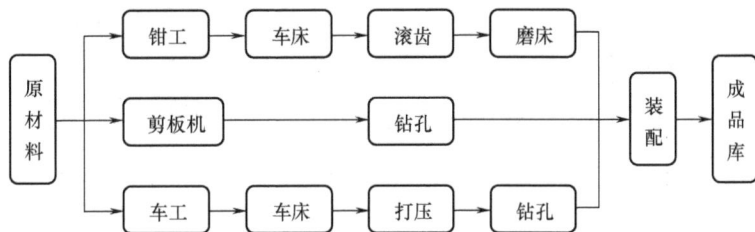

图4-2 对象专业化布置示意图

对象专业化布置模式的优缺点见表4-5。

表4-5 对象专业化布置模式的优缺点

优点	缺点
运输和搬运次数少，运输路线短	对产品品种变化的适应能力弱
协作关系较简单	工艺及设备管理较复杂
可使用专用高效工艺设备	生产系统可靠性较差
在制品少，生产周期短	

②工艺专业化布置

工艺专业化布置是按工艺特征建立生产单元的模式。工艺专业化模式将同类型的机器设备和同工种的工人集中起来，建立生产单元，对不同的产品进行相同工艺的加工。工艺专业化布置模式的机器设备、工艺方法是相同的，而加工对象是不同品种的产品。工艺专业化布置模式一般适用于多品种、小批量的生产类型和同类设备较多的企业。工艺专业化部门模式如图4-3所示。

工艺专业化布置模式的优缺点见表4-6。

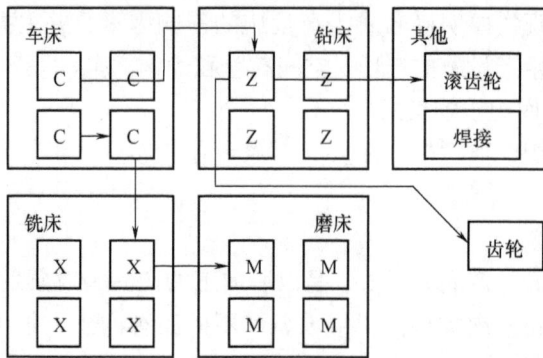

图4-3 工艺专业化布置示意图

表4-6 工艺专业化布置模式的优缺点

优点	缺点
对产品品种变化的适应能力强	运输和搬运次数多，运输路线长
工艺及设备管理较简单	协作关系较复杂
生产系统可靠性较高	只能使用通用工艺设备
	在制品多，生产周期长

③成组工艺布置

成组工艺布置是将结构和工艺相似的零件组成零件组，再按典型工艺流程将相关设备和工人组成生产单元的模式。成组工艺布置模式就是在一个生产单元内，配备某些不同类型的加工设备，形成一个或几个工艺流程，完成一组或几组零件的加工，且加工顺序在组内可以灵活安排。成组工艺布置模式一般适用于多品种、中小批量的生产类型。成组工艺布置模式如图4-4所示。

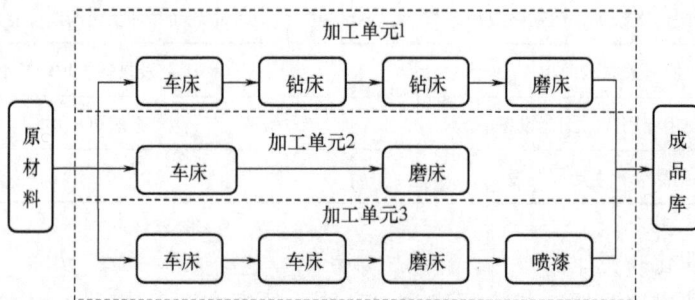

图4-4 工艺成组布置示意图

◇问题4-5：根据图4-2、图4-3、图4-4，比较对象专业化布置、工艺专业化布置、成组工艺布置三种企业生产物流空间组织模式的不同。

成组工艺布置模式融合了对象专业化布置和工艺专业化布置的优点，既有一定的连续性，又有较高的柔性，但如果生产单元之间的流程不平衡，则需要中间储存，会导致生产单元之间的物料搬运频繁。

4.2.2 企业生产物流的时间组织

生产物流的时间组织是指物料在生产过程中，各生产单元、各工序之间在时间上的衔接和结合形式。生产物流的时间组织管理是指在加快物料流动速度、减少物料成批等待、实现生产物流的连续性和节奏性等方面所做的各项工作。

企业生产物流时间组织的典型模式主要有顺序移动模式、平行移动模式和平行顺序移动模式。

（1）顺序移动模式

顺序移动模式是指当一批零件在上道工序全部加工完成后，整批转到下道工序进行加工的模式。其工艺加工周期的计算公式为：

$$T_{顺} = Q \sum_{i=1}^{m} t_i$$

式中，$T_{顺}$ 表示顺序移动模式的加工周期；

Q 表示一批零件的数量；

t_i 表示第 i 道工序的单件工时；

m 表示加工工序数。

◆案例 4 - 1：某零件加工有 4 道工序，批量为 4 件，各工序单件工时分别为 8 分钟、4 分钟、12 分钟、8 分钟。计算其在顺序移动模式下的整批零件加工周期。

顺序移动模式下整批零件加工周期为：

$$T_{顺} = 4 \times （8 + 4 + 12 + 8） = 128（分钟）$$

根据案例 4 - 1 绘制的顺序移动模式如图 4 - 5 所示，横轴表示零件的加工周期，纵轴表示零件的加工工序。

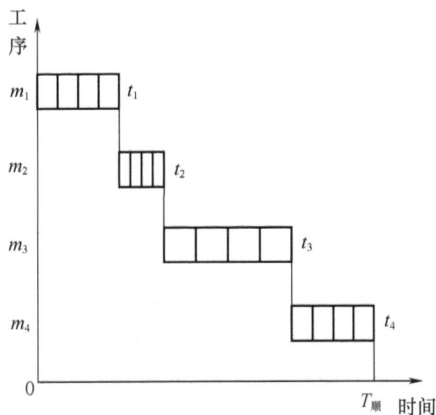

图 4 - 5 顺序移动模式示意图

在顺序移动模式下，零件按工艺顺序整批加工和移动，设备连续加工，因此运输工作量较小，效率较高。但由于零件单件加工时间不同，零件需要等待加工和运输，因而整批零件的加工周期很长。

顺序移动模式一般适用于批量小、单件工序时间短的生产。

（2）平行移动模式

平行移动模式是指每个零件在上道工序加工完成后，立即送到下道工序继续加工的模式。其工艺加工周期的计算公式为：

$$T_{平} = \sum_{i=1}^{m} t_i + (Q - 1)t_l$$

式中，$T_{平}$ 表示平行移动模式的加工周期；

  Q 表示一批零件的数量；

  t_i 表示第 i 道工序的单件工时；

  t_l 表示最长单件工时；

  m 表示加工工序数。

◆案例 4 - 2：根据案例 4 - 1 数据计算其在平行移动模式下的整批零件加工周期。

平行移动模式整批零件加工周期为：

$$T_{平} = （8 + 4 + 12 + 8）+ （4 - 1）\times 12 = 68（分钟）$$

根据案例 4 - 2 绘制的顺序移动模式如图 4 - 6 所示。

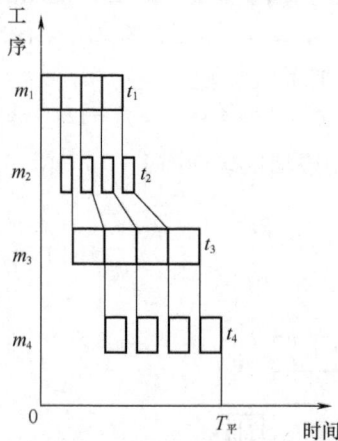

图 4 - 6　平行移动模式示意图

平行移动模式形成了各个零件在各道工序上平行移动进行加工的作业模式，不会出现零件成批等待加工和运输的现象，因此整批零件的加工周期最短。但当零件单件加工时间不相等时，设备和人力需要间歇停顿和等待，同时运输频繁加大了运输工作量。

平行移动模式一般适用于批量大、单件工序时间长的生产。

（3）平行顺序移动模式

平行顺序移动模式是指每批零件在每道工序上连续加工没有停顿，且零件在各道工序的加工尽可能做到平行的模式。其工艺加工周期的计算公式为：

$$T_{平顺} = Q \sum_{i=1}^{m} t_i - (Q-1) \sum_{j=1}^{m-1} min(t_j, t_{j+1})$$

式中，$T_{平顺}$ 表示平行顺序移动模式的加工周期；

　　　Q 表示一批零件的数量；

　　　t_i 表示第一道工序的单件工时；

　　　min（t_j，t_{j+1}）表示相邻两道工序中较短的单件工时；

　　　m 表示加工工序数。

◆案例 4-3：根据案例 4-1 的数据计算其在平行顺序移动模式下的整批零件加工周期。

平行顺序移动模式下整批零件加工周期为：

$$T_{平顺} = 4 \times （8+4+12+8）-（4-1）\times（4+4+8）=80（分钟）$$

根据案例 4-3 绘制的平行顺序移动模式如图 4-7 所示。

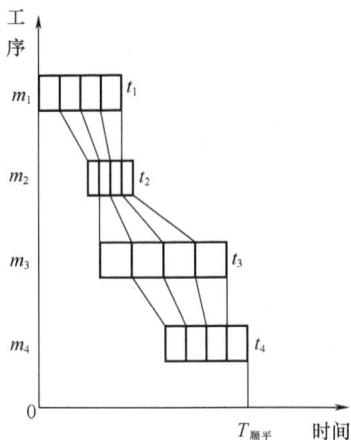

图 4-7　平行顺序移动模式示意图

◇问题 4-6：根据图 4-5、图 4-6、图 4-7，比较顺序移动、平行移动、平行顺序移动三种模式的不同。

在平行顺序移动模式下，一批零件在一道工序上尚未全部加工完毕，就将已经加工完毕的一部分零件转入下一道工序加工，以恰好能使下一道工序连续地全部加工完成该批零件。因此，平行顺序移动模式是顺序移动与平行移动两种模式的结合运用。

平行顺序移动模式的特点表现为：

①当 $t_j \leqslant t_{j+1}$ 时，零件工序按平行移动模式移动，即上一道工序加工完成每一个零

件后，立即转到下一道工序去加工。

②当 $t_j > t_{j+1}$ 时，零件工序按顺序移动模式移动，即零件在上一道工序加工完成能保证下一道工序连续加工的足够数量，再转到下一道工序去加工。

平行顺序移动模式加工周期介于顺序移动与平行移动模式之间，加工周期相对较短。同时，该模式基本消除了加工间歇停顿现象，可以保证设备的充分负荷，能有效利用工时，但安排加工进度比较复杂。

平行顺序移动模式一般适用于批量大、单件工序时间较长的生产。

◇问题 4-7：在案例 4-1 中，如果各工序单件工时分别为 10 分钟、5 分钟、15 分钟、10 分钟，则顺序移动模式、平行移动模式和平行顺序移动模式的整批零件的加工周期分别是多少？

4.2.3 企业生产物流的人员组织

生产物流的人员组织是指企业根据生产物流和人员特征来设计生产物流岗位和人员工作职责的活动。生产物流岗位设计是生产物流人员组织的重要体现，它是实现生产物流空间、时间组织的前提。生产物流的人员组织管理主要涉及人员组织的原则、内容和要求等。

（1）生产物流人员组织的原则

人力资源管理理论提倡岗位设计应把技术因素与人的行为、心理因素结合起来考虑，因此，生产物流人员组织的基本原则应因物流流向设岗，即根据生产物流的特征，按物流流向设置人员岗位，而不是因人设岗、因设备设岗或因机构设岗。具体原则包括：

①最短物流路径原则

即人员岗位设置的数目符合最短物流距离的要求，以尽可能少的岗位设置完成尽可能多的生产物流工作任务。

②各工艺间有效配合原则

即为了保证实现生产总目标、总任务，人员岗位设置要保证所有岗位在各工序之间的有效配合。

③每一岗位发挥作用原则

即岗位之间要协调统一，每一岗位在生产物流过程中都能发挥积极的作用。

④经济、科学、合理的系统原则

即岗位设置要经济有效，围绕生产物流优化目标，实现人员岗位的科学化、合理化和系统化。

（2）生产物流人员组织的内容

生产物流人员组织的内容需要考虑人的行为、心理特征来设置物流岗位，岗位设计要符合人的工作动机需求。生产物流人员组织的内容重点包括改善工作内容、提高工作负荷、优化工作环境等。

①改善工作内容

改善工作内容就是要扩大工作范围，丰富工作内容，合理安排工作任务。其目的在于增加岗位工作范围及职责，改变员工对工作的单调感和乏味感，获得身心成熟发展，从而有利于提高生产效率，促进岗位工作的有效完成。可以从横向和纵向两条途径改善员工的工作内容。

横向途径体现在：将分工很细的作业单位合并，由一人负责一道工序改为多人共同负责几道工序；尽量使员工进行不同工序、设备的操作，即多项操作代替单项操作；采取包干责任制，由一个人或一个小组负责一项完整的工作任务，使其感受到工作的意义。

纵向途径体现在两方面：一方面是生产人员不但承担生产任务，而且可以参与产品设计、试验、工艺管理等技术工作；另一方面是生产人员承担一部分管理人员的职责，如参与生产计划的制订，自行决定生产目标、作用程序、操作方法、检验工作质量、核算工作数量等。

②提高工作负荷

制定合理的生产定额，并据此确定人员岗位数目和人员需求。

③优化生产环境

改善生产环境中产生的各种不利于生产效率的因素，建立"人—机—环境"的最优系统。

（3）生产物流人员组织的要求

由于不同生产物流空间组织模式对人员有着不同的要求，所以生产物流人员组织的要求因生产物流空间组织模式不同而不同。

①对象专业化模式的人员组织

对象专业化模式要求员工在工作中具有较强的"工作协调"能力，能自主平衡各工序之间的"瓶颈"，保证物流的均衡性、比例性和准时性要求。

②工艺专业化模式的人员组织

工艺专业化模式要求员工不仅专业化水平很高，而且具备较多的技能和技艺，即"一专多能"、"一人多岗"。

③成组工艺模式的人员要求

成组工艺模式要求向员工授权，即从技术和管理两个途径，保证给每个人都赋予必要的工作职责和管理权力，并配备必要的工具和资料等，改变不利于物流合理化的工作习惯，加强新技术的学习和使用。

拓展阅读 4-2

海利公司的工人为什么完不成任务

海利工艺制品有限公司于 1997 年 7 月在深圳市西丽镇建厂，由西丽镇珠光村提供厂房，香港新奇世界有限公司提供注册资金 500 万元，现有人数 350 人，其中管理人员 25 人，质量检查人员 15 人，厂房面积 10750 平方米。该公司是以生产布绒玩具为主的劳动密集型企业，产品销往美国、加拿大、英国等世界各地。

随着公司的发展，管理制度和管理方式暴露出许多弊端和不足，如果不对其进行改革，将会严重影响公司的有效运转和进一步发展。经过调查研究，发现公司迫切需要解决的问题有：

(1) 组织结构不合理，职能不明确，组织管理功能存在着严重的问题；

(2) 工序工价制定欠公平；

(3) 生产安排不合理；

(4) 分配制定不完善；

(5) 员工培训力度不够；

(6) 没有建立起良好的员工关系。

在生产安排方面，由于测定工时时没有考虑到工人熟练程度的分布状况，致使生产安排脱离实际。就拿正在生产的"榄球人"来说，生产部门规定每天每个车缝工人至少完成200个，多生产的才有超产奖。实际上目前熟练的车缝工人有30人左右，每人每天可完成180个左右，比较熟练的有230人左右，每人每天可完成110个左右，新手有50人左右，每人每天可完成40个左右。所以除了极个别的可以完成200个以上外，其他人均达不到，超产奖自然也就成了空中楼阁，可望而不可即。

原来生产计划22天完成80万个，现在看来显然行不通。如果用加权平均的方法计算一下可得出每人每天大约完成105个，这样22天310位车缝工人可完成71万个，这个结果正好与实际相符。所以在安排生产任务时，一定要考虑到员工的生产能力，这样员工每天都可以完成任务，有一种成就感，便能提高工作的热情。相反，如果安排的生产任务远远高于员工的生产能力，员工每天都完不成任务，有一种压迫感，情绪也就随之低落，不利于提高产量。

另外，在安排生产的过程中，一定要注意减少瓶颈。根据西方管理学家的研究，低层次（或第一线）管理者的有效管理幅度可达到30人，所以员工每30人可以分为一组，车间总体布置没有必要按产品布置（对象专业化布置），即三道工序三人组成一条流水线，该公司称之为"小流水"生产方式，因为每个小组都会存在一个瓶颈，而瓶颈过多不仅难以管理，而且还严重限制流水线的产量。如果采用工艺布置（工艺专业化布置），把同道工序所有的人集中在一起，势必会增加管理难度，而且会增加搬运成本，这种布置显然是不可取的。经过研究决定，把30人一组组成一条流水线，总体布置采用成组工艺布置，连续性、柔性兼顾，即公司所谓的"大流水"生产方式。采用这种生产方式对组长的素质要求比较高，组长不仅对每个组员的熟练程度了如指掌，能对组员进行合理的分配，而且要保证生产过程的连续性、比例性和均衡性。经过改革后，必然会降低成本、提高效率。

——资料来源：浦震寰、蔡改成. 企业物流管理（第二版）［M］. 大连：大连理工大学出版社，2012.8：137。

训练题 4 - 2

一、单项选择题

1. 下列关于企业生产物流组织表述不正确的是（　　　）。
A. 以最大限度地提高企业综合生产效率为目标
B. 对企业生产物流过程的科学规划与安排活动
C. 按职能划分企业生产物流管理部门机构
D. 一般包括空间组织、时间组织和人员组织三个方面

2. 生产物流的空间组织是指（　　　）。
A. 工厂选址　　　　　　　　　　　B. 工厂布置
C. 生产系统各要素在空间上的布置
D. 生产系统各要素的组成、相互联系及其在空间上的分布

3. 企业生产物流空间组织的内容主要是确定（　　　）。
A. 生产设备的位置　　　　　　　　B. 生产车间空间布局
C. 生产系统各组成部分的位置　　　D. 生产系统各组成部分及其空间位置

4. 接近原材料产地是工厂选址应符合选择（　　）的基本要求。
A. 建厂地区　　　B. 建厂城镇　　　C. 建厂用地　　　D. 工厂布置

5. 对整个工厂系统所占用空间位置的整体设计是指（　　　）。
A. 工厂选址　　　B. 工厂布置　　　C. 车间布置　　　D. 成组布置

6. 按所加工的产品划分生产单元的模式是（　　　）。
A. 对象专业化模式　　　　　　　　B. 产品布置模式
C. 工艺专业化模式　　　　　　　　D. 成组工艺模式

7. 按工艺特征组建生产单元的空间组织模式是（　　　）。
A. 对象专业化模式　　　　　　　　B. 产品布置模式
C. 工艺专业化模式　　　　　　　　D. 成组工艺模式

8. 机器设备、工艺方法是相同的，而加工对象是不同品种的产品属于（　　　）。
A. 对象专业化模式　　　　　　　　B. 产品布置模式
C. 工艺专业化模式　　　　　　　　D. 成组工艺模式

9. 既有一定的连续性，又有较高的柔性，属于（　　　）。
A. 对象专业化模式　　　　　　　　B. 产品布置模式
C. 工艺专业化模式　　　　　　　　D. 成组工艺模式

10. （　　　）模式一般适用于多品种、小批量的生产类型和同类设备较多的企业。
A. 对象专业化模式　　　　　　　　B. 产品布置模式
C. 工艺专业化模式　　　　　　　　D. 成组工艺模式

11. 下列关于生产物流的时间组织的表述正确的是（　　　）。
A. 以最大限度地提高企业综合生产效率为目标
B. 对企业生产物流过程的科学规划与安排活动

C. 生产系统各要素的组成、相互联系及其在空间上的分布

D. 生产过程中各生产单元、各工序之间在时间上的衔接和结合形式

12. 每个工件按工序顺序加工的是企业生产物流时间组织的（   ）模式。

A. 对象专业化　　　B. 顺序移动　　　C. 平行移动　　　D. 平行顺序移动

13. 不会出现工件成批等待加工现象的企业生产物流时间组织是（   ）模式。

A. 对象专业化　　　B. 顺序移动　　　C. 平行移动　　　D. 平行顺序移动

14. 顺序移动模式加工周期的计算方法是用一批工件的数量乘以工件加工总工时（   ）。

A. 正确　　　　　　　　　　　　　B. 错误

15. （   ）模式一般适用于批量小、单件工序时间短的生产。

A. 对象专业化　　　B. 顺序移动　　　C. 平行移动　　　D. 平行顺序移动

16. 在平行顺序移动模式下，当 $t_j \leq t_{j+1}$ 时，零件工序按（   ）模式移动。

A. 对象专业化　　　B. 顺序移动　　　C. 平行移动　　　D. 平行顺序移动

17. （   ）是生产物流人员组织的重要体现。

A. 人的行为特征　　B. 人的心理特征　　C. 技术因素　　　D. 岗位设计

18. 生产物流人员组织的基本原则是（   ）。

A. 因人设岗　　　　B. 因设备设岗　　　C. 因机构设岗　　　D. 因物流流向设岗

19. 以尽可能少的岗位设置完成尽可能多的生产物流工作任务属于生产物流人员组织的（   ）。

A. 最短物流路径原则　　　　　　　B. 各工艺间有效配合原则

C. 每一岗位发挥作用原则　　　　　D. 经济、科学、合理的系统原则

20. 建立"人—机—环境"的最优系统属于生产物流人员组织的（   ）内容。

A. 扩大工作范围　　　　　　　　　B. 改善工作内容

C. 提高工作负荷　　　　　　　　　D. 优化生产环境

二、多项选择题

1. 生产物流组织管理一般包括（   ）。

A. 空间组织管理　　　　　　　　　B. 时间组织管理

C. 经营组织管理　　　　　　　　　D. 人员组织管理

2. 生产物流空间组织的内容主要包括（   ）。

A. 工厂选址　　　　B. 工厂布局　　　C. 工厂布置　　　D. 车间布置

3. 选择建厂地区的基本要求包括（   ）。

A. 接近市场　　　　　　　　　　　B. 接近原材料产地

C. 基础设施完备　　　　　　　　　D. 气候条件满足生产技术要求

4. 典型的企业生产物流空间组织模式有（   ）。

A. 对象专业化布置　　　　　　　　B. 工艺专业化布置

C. 离散型布置　　　　　　　　　　D. 成组工艺布置

5. 下列属于对象专业化布置模式优点的有（   ）。

A. 运输和搬运次数少　　　　　　　　B. 生产周期长

C. 生产周期短　　　　　　　　　　　D. 对产品品种变化的适应能力强

6. 下列属于工艺专业化布置模式优点的有（　　　）。

A. 运输和搬运次数少　　　　　　　　B. 设备工艺管理较简单

C. 在制品较少　　　　　　　　　　　D. 对产品品种变化的适应能力强

7. 典型的企业生产物流时间组织模式有（　　　）。

A. 对象专业化　　　B. 顺序移动　　　C. 平行移动　　　D. 平行顺序移动

8. 下列属于企业生产物流人员组织原则的有（　　　）。

A. 最短物流路径原则　　　　　　　　B. 实现各工艺间有效配合原则

C. 每一岗位发挥作用原则　　　　　　D. 经济、科学、合理的系统原则

9. 下列属于企业生产物流人员组织内容的有（　　　）。

A. 制定较高生产定额，使极少数人员能达到定额

B. 改变员工对工作的单调感和乏味感

C. 多项操作代替单项操作

D. 员工参与生产计划的制订

三、案例题

1. 某零件加工需 3 道工序，批量为 4 件，各工序单件工时按顺序分别为 10 分钟、15 分钟、5 分钟。

要求：（1）分别计算顺序、平行和平行顺序三种移动模式整批零件的加工周期；

（2）分别绘制零件在工序间的顺序、平行和平行顺序三种移动模式图。

2. 某零件加工有 5 道工序，批量为 4 件，各工序单件工时按顺序分别为 10 分钟、15 分钟、5 分钟、20 分钟、10 分钟。

要求：（1）分别计算顺序、平行和平行顺序三种移动模式整批零件的加工周期；

（2）分别绘制零件在工序间的顺序、平行和平行顺序三种移动模式图；

（3）将第三和第四道工序各压缩 1 分钟，计算顺序、平行和平行顺序三种移动模式整批零件的加工周期，并分析三种移动模式加工周期的变化。

4.3　企业生产物流计划管理

生产物流计划是指对企业计划期生产过程中的物流活动所做的安排。生产物流计划作为监督生产物流实施的标准，用来指导生产物流从开始、运行直至完成的全过程，为合理采购和控制库存提供可靠的依据，在降低生产物流成本和提高生产效率方面发挥着重要作用。

生产物流计划的主要目的就是为生产计划的顺利实施提供物流保障。生产物流计划是根据生产计划的具体内容编制的，因此，生产物流计划是生产计划体系的延续，其内容和过程与生产计划保持高度的一致性。生产计划是指根据生产需求和企业生产

能力，对企业生产系统的产出品种、产出速度、产出时间、劳动力和设备配置以及库存等所做的预先安排。生产计划不仅是合理组织生产的前提，而且是组织生产物流活动的基础和前提。

4.3.1 企业生产物流计划过程

生产物流计划过程包括计划的准备、编制、计划的执行和检查以及计划的修订等过程。

（1）编制生产物流计划的准备

编制生产物流计划前，必须了解生产物料的市场供求状况、生产物料的需求量和储存量，以及生产物料消耗等情况，然后运用系统分析和综合平衡的方法制订出科学合理的生产物流计划。

①做好市场调研与预测，掌握生产物料市场动态

在市场经济环境下，生产物料市场总是处于不断变化之中，这就要求企业对所需要的生产物料做好市场调研工作，分析货源，调查了解现有供应量、供应方的生产能力、今后市场需要的变化趋势、是否有相应的替代品等，并根据本企业的生产计划确定某项生产物料的需求计划。

②收集企业内部的相关数据资料

生产物流计划是企业生产经营活动在生产物流管理中的具体体现，它对于企业的整个生产过程会产生重要的影响，因此，编制生产物流计划前需要掌握详尽的企业内部资料。这些内部资料包括生产物料消耗定额、生产计划、在制品数量、产品设计更改单、物料供应与物料消耗规律分析、上期生产物流计划执行中的问题、在途及库存生产物料数量、委托加工生产物料数量、预计计划期初物料数量等。

③制定有关生产物料的消耗定额

生产物料消耗定额是现代企业生产物流管理的基础工作和重要手段，也是编制生产物流计划的依据和考核生产物料消耗的标准。生产物料消耗定额是确定生产物资需求量和采购量、编制物资供应计划、进行生产成本核算的重要依据；生产物料消耗定额是促进企业节约、推动企业提高生产技术水平和工人操作水平的重要手段；生产物料消耗定额是推动企业不断改进产品设计和生产工艺的动力源。

（2）生产物流计划的编制

生产物流计划按计划期的长短可分为年度生产物流计划、季度生产物流计划和月度生产物流计划。年度生产物流计划是企业全年生产物流工作的依据和基础；季度生产物流计划是在年度生产物流计划的基础上编制的，是由年度到月度，由长期到短期过渡的中间环节，一般由企业物流部门在每季度开始之前10天左右编制；月度生产物流计划是季度生产物流计划的具体化，它把年度、季度生产物流计划中规定的指标，按照月、旬具体地安排到车间和班组。

年度生产物流计划的编制主要包括审核数据计算指标、综合平衡、编制计划等环节。

①审核数据计算指标

在编制生产物流计划时，必须对有关的数据和资料进行认真的审核，重点审核生产部门的生产物料需求是否合理，需要时间是否恰当，生产物料消耗定额是否先进可靠，预计期末库存、周转库存量是否合理，各种物料需求是否配套，生产物料所需资金是否超出资金定额指标等。

②综合平衡

综合平衡是指协调生产物流计划与企业其他计划之间平衡关系的活动。生产物流计划与企业其他计划构成了一个企业的计划管理体系，各计划之间存在着相互依存和相互制约的关系。如生产物流计划与生产计划、运输计划、库存计划、资金使用计划等计划紧密相关。综合平衡就是要协调生产物流计划与企业其他计划之间的关系，使生产物流计划与企业其他计划保持综合平衡。

③编制计划

生产物流计划一般由生产物流核算表、待购生产资料物流表和文字说明三部分构成。生产物流部门在编制年度生产物流计划时，要考虑一些不确定因素的影响，虽不能预见到全年、全季度的所有变化，但可以增强计划抗突发事件的能力。在生产物流计划的实施过程中，会出现某些不确定的偶然事件，从而破坏年度和季度生产物流计划中原有的平衡。这时，就通过月份生产物流计划来进行调整，从长期到短期，从概括到具体，积极应变，实现组织供需平衡的过程。

（3）生产物流计划的执行

企业生产物流计划执行的重点在于生产物料保障，保证生产物料有效供应且能满足生产使用的需要。生产物料进厂前，积极组织力量通过订货、采购、委托加工、协作等形式保证生产物料供应。生产物料进厂后，一方面要及时发放，重要产品生产所需生产物料应优先保证，紧张短缺生产物料择优供应，超储积压生产物料抓紧利用；另一方面要加强生产物流管理，定额发料，防止浪费。生产物流计划的执行经常采用内部经济合同与定额承包的方式。

①内部经济合同

内部经济合同是指企业内部采取生产物料供应部门与生产用料单位通过签订内部合同来执行生产物流计划。内部经济合同明确了双方的经济责任，加强了生产物流计划的严肃性。计划范围内的供应不到位或不及时，由生产物流供应部门承担经济责任；用料部门用料计划不准或计划外用料，由用料部门承担经济责任。

②定额承包

定额承包是指生产物料供应部门对生产用主要原材料、燃料等按消耗定额承包给生产单元。在完成生产任务的前提下，如果节约留用，则按规定提取奖金；如果超出消耗定额，则按规定扣发奖金。定额承包的目的是促使生产部门关心生产物料的节约，降低消耗，提高经济效益。

（4）生产物流计划的检查

在生产物流计划执行过程中，企业要经常对计划的执行情况进行检查。在生产物流计划检查时，应该做到"有法可依，有章可循"，这里的"章"，是指在编制生产物流计划时事先制定好的一些重要考核指标，如计划准确率、订货合同完成率、生产物料节约率、库存生产物料周转率、库存生产物料损失率、仓库机械化作业率、包装容器回收率、资金占用量及周转率等。工作中对照检查这些指标，可以考核企业生产物流计划的执行力度。

企业生产物流计划检查的主要内容见表4-7：

表4-7 生产物流计划检查的内容

内容1	计划需用量与实际耗用量的对比
内容2	生产物料到货衔接情况、供货合同执行进度和情况
内容3	生产物料消耗定额执行情况
内容4	生产物料节约使用等情况

企业生产物流计划检查的方法有全面检查与专题检查，经常检查与定期检查，统计资料对比与现场分析，以及在计划期结束后进行的生产物料核销检查等。

（5）生产物流计划的修订

生产物流计划在执行过程中，要根据执行的情况和外部条件的变化而进行相应的调整。一般计划调整的原因包括生产计划的变动、设计变动、工艺变动、由于生产物流计划本身的不准确性而需要进行的修订等。

对生产物流计划进行修订时，通常采用的方法见表4-8：

表4-8 生产物流计划修订的常用方法

方法1	定期修订	多在订货前修订
方法2	经常修订	随时可能发生的变化进行的局部性的、较小的修订
方法3	专项修订	当实际进程与原计划任务相差较大时进行的修正

4.3.2 生产物料消耗定额

生产物料消耗定额是指为制造单位产品或完成单位工作量所规定的必然消耗的生产物料数量标准。生产物料消耗定额有单项定额和综合定额两种表现形式。单项定额一般是指制造某一种零件的材料消耗定额。综合定额一般是指整机产品（如电视机、机床等）的材料消耗定额，实际上是单项定额的汇总。这两种定额既互有联系，又各有不同的用途。单项定额主要用于为生产车间发送材料的依据，又可以用来核算和分析实际消耗与定额消耗的差异，综合定额主要用于编制材料物资的供应计划。

（1）生产物料消耗的构成

生产物料消耗的构成一般包括产品有效消耗、工艺性损耗和非工艺性损耗三部分。产品有效消耗是指构成产品或零件实体（净重）的消耗；工艺性损耗是指在生产工艺过程中使物料由于原有形状和性能改变而产生的一些不可避免的损耗；非工艺性损耗是指产品净重和工艺性损耗以外的废次品、运输保管不善及其他非工艺性损耗，也称无效损耗。生产物料消耗的构成如图4-8所示。

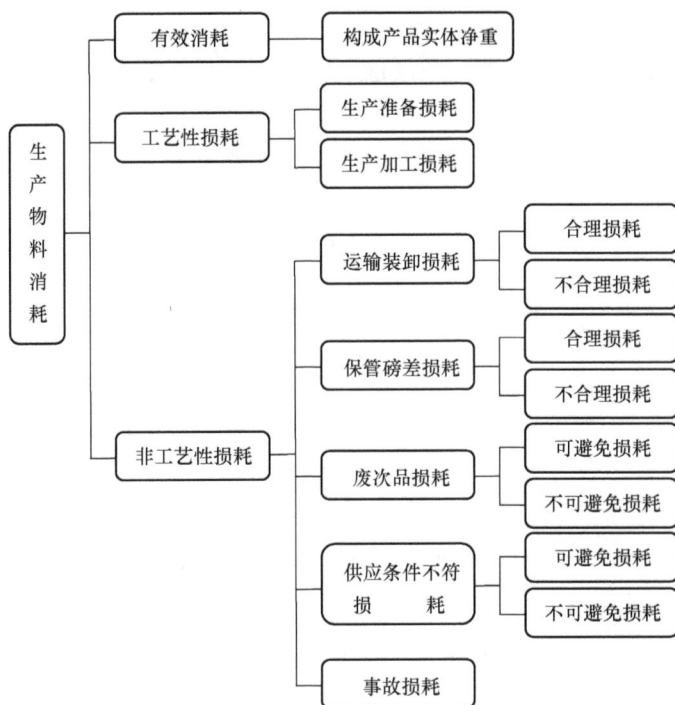

图4-8 物资消耗的构成示意图

◇问题4-8：根据图4-8描述企业物料消耗的构成。

（2）生产物料消耗定额的制定方法

生产物料消耗定额通常是按主要原材料、辅助材料、燃料、动力和工具等分类制定的。制定生产物料消耗定额的基本方法主要有经验估算法、统计分析法、技术分析法和实际测定法等。

①经验估算法

经验估算法是根据技术人员、工人的实际生产经验，参考有关的技术文件和考虑到企业在计划期内生产条件的变化等因素制定消耗定额的方法。这种方法简单易行，但科学性较差。

②统计分析法

统计分析法是根据以往生产中物料消耗的统计资料，经过分析研究并考虑到计划期内生产技术条件的变化等因素而制定消耗定额的方法。采用这种方法时，需要有详细可靠的统计资料。统计分析法单位产品材料消耗定额的计算公式为：

$$单位产品材料消耗定额 = \frac{产品材料消耗总量}{产品产量}$$

③技术分析法

技术分析法是根据设计图纸、工艺规格、材料利用等有关技术资料来分析制定消耗定额的方法。运用这种方法计算出来的物料消耗定额一般比较准确，但工作量较大，技术性较强，并不是每一个企业每一种材料都能做得到的。

④实际测定法

实际测定法又称现场写实法，是以现场实际物料消耗数量为基础，通过对物料消耗进行现场实际查定，来确定消耗定额的方法。这种方法适合于生产工艺简单，涉及的工种和人员较少，组织工作又比较容易的基建工程。如产品喷刷油漆，隧道模板台车喷刷脱模剂等。

生产物料消耗定额制定方法的比较见表4-9。

表4-9 物资消耗定额制定方法的比较

方法	依据	特点
经验估计法	实际生产经验	简单易行、科学性较差
统计分析法	可靠统计资料	对统计资料要求较高
技术分析法	技术资料	比较准确、工作量较大、技术性较强
实际测定法	现场消耗数量	简单的基建工程

(3) 典型生产物料消耗定额

典型生产物料消耗定额主要包括机械加工企业与冶金、铸造、化工企业的主要原材料消耗定额。

①机械加工企业主要原材料消耗定额

比较典型的机械加工企业主要原材料消耗定额的制定分为两种情况：一种情况是规则零件下料，另一种情况是一种材料下几种不同零件的料或同种不规则的料。

在规则零件下料情况下，零件材料消耗定额多以毛坯重量为主。以毛坯为棒材为例，当一根棒材只下一件料时，零件棒材消耗定额的计算公式为：

$$\text{零件棒材消耗定额} = \text{零件毛坯重量} + \text{锯切口重量} + \text{夹头重量} + \text{残料重量}$$

此时的零件毛坯重量并不是产品净重，产品净重应在毛坯重量中扣除加工中的所有工艺损耗，即：

$$\text{产品净重} = \text{毛坯重量} - \text{加工工艺损耗}$$

当一根棒材下几件料时，零件棒材消耗定额的计算公式为：

$$\text{零件棒材消耗定额} = \frac{\text{一根棒材重量}}{\text{一根棒材可锯切毛坯数}} = \text{毛坯重量} + \frac{\text{各种损耗}}{\text{一根棒材锯切毛坯数}}$$

其中，一根棒材可锯切毛坯数的计算公式为：

$$\text{一根棒材可锯切毛坯数} = \frac{\text{棒材长度} - (\text{料头长度} + \text{夹头长度})}{\text{单位毛坯长度} + \text{锯切宽度}}$$

◆案例4-4：一根棒材可以锯切成4个零件，每个零件毛重2千克，切口铁屑重0.2千克，残料头重0.4千克，锯切夹头重0.6千克，如图4-9所示。计算零件棒材消耗定额。

$$\text{零件棒材消耗定额} = 2 + \frac{0.2 \times 5 + 0.4 + 0.6}{4} = 2.5 \text{（千克）}$$

图 4-9 零件棒材锯切示意图

在一种材料上下几种不同零件的料或同种不规则的料时，由于材料不规则，因而可按零件净重（毛坯重）占材料重量的比例来计算零件材料消耗定额。这种情况下零件材料消耗定额的计算公式为：

$$\frac{\text{零件材料}}{\text{消耗定额}} = \frac{\text{零件净重（毛坯重）}}{\text{材料综合利用率}}$$

◆案例 4-5：一批零件 120 件，每个净重 15 千克，已知该批零件的材料消耗为 2400 千克，计算零件材料消耗定额。

$$\frac{\text{材料综合}}{\text{利用率}} = \frac{120 \times 15}{2400} \times 100\% = 75\%$$

$$\frac{\text{零件材料}}{\text{消耗定额}} = \frac{15}{75\%} = 20 \text{（千克）}$$

②冶金、铸造、化工类企业主要原材料消耗定额

冶金、铸造、化工类企业的原材料是严格按比例配备的，称为配料比。配料比是指生产一种产品所投入不同种类原材料的比例。如冶金、铸造类企业的配料比就是投入熔炉中各种金属材料的比例，其主要原材料消耗定额是按配料比来计算的，计算公式为：

$$\frac{\text{每吨铸件某种}}{\text{炉料消耗定额}} = \frac{1}{\text{合格铸件成品率}} \times \text{配料比}$$

◆案例 4-6：某企业灰铁铸件的合格品率为 80%，生产时需要投入生铁的配料比为 60%，计算 1 吨合格灰铁铸件所需生铁的消耗定额。

$$\frac{\text{每吨铸件某种}}{\text{炉料消耗定额}} = \frac{1}{80\%} \times 60\% = 0.75 \text{（吨）}$$

4.3.3　企业生产物流计划的制订方法

常用的生产物流计划的制订方法主要有生产周期法、提前期法、在制品定额法等。

（1）生产周期法

生产周期是指从原材料投入生产开始到成品出产为止所经过的全部日历时间。生产周期法是指根据每项订单来编制生产物流计划，从而确定产品或零部件在各生产环节投入和出产时间的一种方法。生产周期法实际上是根据订单的订货数量和交货时间来组织生产和物流的方法。

生产周期法适用于单一品种小批量生产物流计划的编制。单一品种小批量生产往往属于一次性生产,生产产品的品种、数量和时间都不稳定,产品的生产数量和生产周期取决于订单规定的订货数量和交货期。因此,单一品种小批量生产物流计划编制的重点是保证订货产品在各车间、各工序的出产和投入时间能够相互衔接起来,按订单交货期及时交货。

生产周期法编制生产物流计划一般需要经过编制生产周期进度表、订货生产说明书和月度作业计划等步骤。

①编制生产周期进度表

生产周期进度表可以根据订单分项、分品种,按照生产时间进度来编制。生产周期进度表的格式见表4-10。

表4-10 产品生产周期进度表

产品	数量	完成期限	5月			6月			7月			8月		
			上	中	下	上	中	下	上	中	下	上	中	下
甲	20	7月下	▲	▲		★	★	★	★		●			
乙	15	8月下			▲		★	★	★	★	★	★		●
丙	5	8月中				▲		★	★	★		●	●	
丁	2	8月上					▲		★		●	●		

▲毛坯准备;★机加工;●装配

②编制订货生产说明书

订货生产说明书根据合同规定的交货期,每一项订货编制一份。在订货说明书中应规定产品及产品各配套零部件在各车间、各工序的投入与产出时间。订货生产说明书的格式见表4-11。

表4-11 订货生产说明书

订单编号	交货期限	成套零部件编号	工艺路线	投入期	出产期
001	7月31日	A101	机加车间	7月3日	7月12日
			精磨车间	7月13日	7月20日
			装配车间	7月22日	
		B101	机加车间	7月2日	7月13日
			精磨车间	7月15日	7月23日
			装配车间	7月25日	

③编制月度作业计划

月度作业计划根据订货说明书来编制,将计划月度应该投入和产出的作业任务按车间归类，并将各批订货的作业任务汇总起来，形成计划月度各车间的投入和产出任务。

（2）提前期法

提前期是产品及其零部件在各工艺阶段投入的时间比出产时间提前的时间。对一个产品来说有一个交货期，而对这个产品的下一级部件来说，完工日期必须先于产品交货期，而对于部件的下一级零件来说，完工日期又先于部件的提前期，如此一级级往下传递。

提前期法又称累计编号法，是指通过为产品编上一个累计编号来确定产品或零部件在各生产环节投入和出产提前量的一种方法。累计编号就是从计划期初或产品开始生产加工起，依成品生产的先后顺序，为每一件产品编上一个累计编号。成品出产号一般是按反工艺顺序编码的，因而同一时间上的产品越接近完成阶段，其累计编号越小；越是处于生产开始阶段，其累计编号越大。同一时间上半产品在某一生产环节上的累计编号与成品出产的累计编号之间相差的号数叫作提前量。提前量的大小与产品的提前期成正比关系，提前量与提前期之间的关系为：

$$提前量 = 提前期 \times 平均日产量$$

提前期法编制生产物流计划的步骤如下：

①计算产品在各车间计划期末应达到的累计出产和投入的号数。其计算公式分别为：

$$期末出产累计号数 = 成品出产累计号数 + 出产提前期 \times 成品平均日产量$$

$$期末投入累计号数 = 成品出产累计号数 + 投入提前期 \times 成品平均日产量$$

其中：

$$投入提前期 = 出产提前期 + 生产周期$$

◆案例 4-7：某企业运用提前期法来确定各车间的生产任务。6 月份装配车间（最后工序车间）应生产到 500 号，产品的平均日产量为 6 台。该产品在机械加工车间的出产提前期为 20 天，生产周期为 60 天。计算机械加工车间 6 月份出产和投入的累计号计划数。

$$期末出产累计号数 = 500 + 20 \times 6 = 620（号）$$

$$投入提前期 = 20 + 60 = 80（天）$$

$$期末投入累计号数 = 500 + 80 \times 6 = 980（号）$$

◇问题 4-9：在案例 4-7 中，如果最后工序车间生产成品累计号数应为 380 号，则期末车间出产累计号数是多少？

②计算各车间在计划期内应完成的出产量和投入量。其计算公式分别为：

$$计划期出产量 = 计划期末出产累计号数 - 计划期初已出产累计号数$$

$$计划期投入量 = 计划期末投入累计号数 - 计划期初已投入累计号数$$

◆案例4-8：在案例4-7中，经过盘点，上月末机械加工车间已经完成产品出产累计号数为120号，已完成产品投入累计号数为380号，计算机械加工车间6月份的出产量和投入量。

$$计划期出产量 = 620 - 120 = 500（套）$$
$$计划期投入量 = 980 - 380 = 600（套）$$

③批量修正

批量修正是指在严格按照批量进行生产的情况下，对所确定的计划期出产量和投入量按照各种零部件的批量进行修正，以确定计划期内应出产的成组或成套零部件的数量。

◆案例4-9：在案例4-7和4-8中，如果机械加工车间的生产批量为60套，确定计划期内应出产的零部件套数和批数。

如果严格按照批量进行生产，期末出产累计620号中有20套不构成一批，需要到下一计划期凑足整批时才出产，因而需要在出产任务中扣除。这样，计划期机械加工车间应达到的出产累计号数，即下达到车间的任务计划是累计号数为600号。

已知计划期初出产累计号数为120号，则车间计划期出产零件组套数为：

$$计划期出产零部件套数 = 600 - 120 = 480（套）$$

计划期内应出产的零部件批数为：

$$计划期出产零部件批数 = \frac{480}{60} = 8（组）$$

提前期法实际上就是将提前期定额转化为提前量来确定生产量的方法。因此，提前期法是根据提前期定额转化为提前量，计算同一时期产品在各生产环节的提前量，来保证各车间或各工序在生产数量上的衔接。而提前期定额是根据产品生产周期标准和各生产环节的生产周期制定的。

提前期法适用于成批生产物流计划的编制。成批生产作业过程中各种产品加工不断轮换，各生产环节结存的在制品品种和数量经常不一样。因此，成批生产物流计划编制的重点是生产物流各生产环节在时间和数量上的衔接。

（3）在制品定额法

在制品定额是指各生产环节在制品稳定的数量标准。在制品定额法是指借助在制品定额编制生产物流计划的方法。在制品定额法是运用在制品定额，结合在制品实际结存量的变化，按产品反工艺顺序，从产品出产的最后一个车间开始，逐个往前推算各车间的投入、出产任务。在制品定额法用在制品定额作为调节生产任务量的标准，以保证车间之间的衔接。

在制品定额法一般适用于大批量或流水线生产等大量生产物流计划的编制。大量生产企业的产品品种少而产量较大，各车间、各工艺之间的分工协作关系比较稳定，各生产环节保持数量稳定的在制品。因此，大量生产物流计划编制的重点是从成品生产的最后一个环节开始，按逆工序顺序计算各生产环节的产出量和投入量。某生产环节出产量和投入量的计算公式为：

$$\begin{aligned}\text{本生产环} \atop \text{节出产量} &= \text{后一生产} \atop \text{环节投入量} + \text{本生产环节} \atop \text{半成品外销量} + \left(\text{在制品} \atop \text{定额} - \text{期初在制品} \atop \text{预计结存量}\right)\end{aligned}$$

$$\begin{aligned}\text{本生产环} \atop \text{节投入量} &= \text{本生产环} \atop \text{节出产量} + \text{本生产环节} \atop \text{预计废品量} + \left(\text{在制品} \atop \text{定额} - \text{期初在制品} \atop \text{预计结存量}\right)\end{aligned}$$

式中，计划期初在制品预计结存量一般采用编制计划时的账面结存量，加上预计将要发生的变化量来确定。到计划期开始时，再根据实际盘点数加以修正。

◆案例 4 - 10：某企业机加车间在制品定额为 1900 件，计划期初在制品预计结存 600 件，半成品定额为 900 件，计划期初半成品结存 1000 件，预计废品量为 100 件。已知后续装配车间投入量为 10400 件，试计算机加车间的出产量和投入量。

本车间出产量 = 10400 + 0 + （900 - 1000）= 10300（件）

本车间投入量 = 10300 + 100 + （1900 - 600）= 11700（件）

◇问题 4 - 10：在案例 4 - 10 中，如果在制品定额为 600 件，则机加车间的计划期出产量和投入量分别为多少？

制订生产物流计划除上述方法外，还有耗尽时间法、平衡线法等。耗尽时间法是指在生产作业技术中已安排的产品生产时间，加上库存中已有产品，足以满足客户对一组产品在时间和数量方面的要求。耗尽时间法一般适用于成批生产物流计划的制订。平滑线法是指借助平衡线规定各生产环节的任务，并进行计划任务与实际完成量的对比分析，及早发现影响作业计划完成的原因，尽量避免物流的中断。平衡线法一般适用于大量流水线生产物流计划的制订。

拓展阅读 4 - 3

零部件物流的长安模式

汽车零部件物流服务是各个环节必须衔接得十分流畅的高技术物流行业，是国际物流业公认的最复杂、最具专业性的物流领域。在我国，汽车零部件领域的整体物流运作水平较低、成本过高、资源浪费，已成为制约我国汽车物流业向世界物流水平转化的重要瓶颈。对此，长安汽车（集团）有限责任公司在实践中摸索出了一套值得国内汽车企业借鉴的经验和做法。

1. 建立准时制运作模式

由于受到地理位置和生产水平的影响，我国汽车零部件供应呈现出具有周期性、品种繁多、运输批量小及零部件企业在主机厂周围设立仓库，以便为主机厂提供准时配送服务的特点。长安集团认为，可以通过两种方式建立准时制运作模式下的物流运作体系。首先是配套供应商在主机厂周边建立配套工业园区。为了有效地解决零部件的供应问题，缩小运输半径，提高反应速度，零部件生产企业往往会围绕主机厂建立起自己的生产基地，从而加强与主机厂的联系，实现均衡生产和准时供应，并有助于实现降低自身持有的库存和运输成本的目的。其次是供应商仓储（VMI）和配送中心（RDC）相结合。由于主机厂普遍实施准时制运作模式，同时又客观存在着各个配套供应商的生产水平良莠不齐以及均衡生产问题，因此，为了在现实运作中保证对主机厂的供应，零部件生产、供应企业往往需要通过自建仓库、租用主机厂仓库或社会仓库资源等方式，构造自身的仓储系统，建立起在主机厂附近的安全库存以实现缓冲的作用，这就相当于把一部分零部件成品仓库前移至主机厂的生产线旁，形成了供应商仓储。由供应商负责在客户运作过程中管理存货，检查其可得性，组织供给以及其他一切库存控制工作，从而确保存货在需要的时刻实现准时供应。此外，为了有效地配合主机厂的生产需要，还要求零部件生产、供应商严格按照其生产节奏和生产需求量，实施"直送工位"的JIT（准时制供货）配送。这样就形成了以供应商仓储和配送中心相结合的有机的物流运作体系。

基于以上思路，重庆长安民生物流股份有限公司（以下简称长安民生物流公司，主要为长安集团提供物流服务）对长安集团配套厂家的供应商仓储进行了有效的整合，形成了规模较大、运作水平较高的中储，并配合以配送中心的统一调度和指挥，从而有效地解决了主机厂和配套供应商之间的供需问题，缓解了运输方面的压力，提高了整体的运作水平。

2. 改善业务流程，优化物流环节

长安民生物流公司根据汽车物流供应链管理的需要，提出了供应链物流一体化的战略，并结合自身实际，不断修正和优化长安集团物流的内外结构及业务流程，形成了一整套高效率、低成本的物流业务流程。

以对传统投料流程的改造为例，在传统投料流程中，主机厂按生产计划向各配套厂家下发供货计划，不论配套厂家选择何种运输方式、怎么送货，只要求配套厂家在规定的时间，将零部件送到其配套车间，之后再由其配套车间将零部件投送到生产工位。供应商为了及时送货，不得不在长安集团周围租借库房自行经营或几个配套厂家联合经营或直接委托给中储。这既增加了配套厂家的生产成本，又由于中储散、乱、杂，给各主机厂管理和统一调度物资带来了极大困难，经常会因为信息不畅造成供货不及时、生产线停产等重大生产事故。在这一情况下，长安民生物流公司对长安集团庞大的配套厂家及零部件进行了详细分析，修建了零部件物流配送中心，理顺了零部件供应、配送一整套操作流程，并不断根据实际情况持续改进。建立了缺货预警机制、网上库存查询系统，有效缓解了配套厂家供货不及时和库存积压严重的情况，同时通过集并运输及区域性定常线路运输（Milk Run），有效地整合了分散的中储厂商，使配套厂家运输成本大大降低，均衡生产得到有效保证，保证了生产厂家产能的进一步提升。同时，由于长安集团的周期性采购，部分配套厂家存在着零担发运和自身集货运输的情况，这样就常常出现运输车辆不能满载运输，运费难以降低，或者零部件供应周期过长等诸多问题。为有效地解决这些问题，长安民生物流公司针对一些零部件供应商相对集中的地区，采取了循环取货、集货和越库作业相结合的运作模式，根据客观情况选择建立集散中心，优化取货线路和配载方案，选择公路、铁路以及长江水道实行多式联运，并且利用信息系统对运输全程进行有效的监控，从而大大地提高了物流资源的优化配置，有效地提升了零部件物流的准时制运作水平。

3. 将物流体系价值整合到企业价值链中

在传统的价值链中，物流的价值并未得到完全体现。传统的价值链观认为，一定水平的价值链是一个特定产业内的各种活动的组合，其基本活动可以分为内部物流、生产经营、外部物流、市场销售、服务。物流的内容仅在内部物流（即工业物流）和外部物流（商业物流）环节有所体现。但是，如果把传统的价值链从生产与流通的角度进行整合和设计价值链结构，物流就会从幕后走向前台，成为主角。改善企业的价值链，这是企业在重新审视其整体价值链中最应该关注的一点，这样不仅可以优化运作模式，提高企业的整体运作水平，改善企业的财务业绩，而且还有利于企业对整体的战略定位和业务流程进行优化重组，提升企业的核心竞争能力。

——资料来源：中华考试网（http：//www. examw. com/wuliu/anli/163340/index - 2. html）

训练题 4 - 3

一、单项选择题

1. 下列关于企业生产物流计划的表述不正确的是（　　　）。

A. 生产物流计划是对企业计划期供应、生产、销售全过程的物流活动的安排

B. 生产物流计划是对企业计划期生产经营全过程的物流活动的安排

C. 生产物流计划是对企业计划期生产活动的全面安排

D. 生产物流计划是对企业计划期生产过程中的物流活动的全面安排

2. 企业生产物流计划的核心是（　　　）。

A. 生产计划　　　　　　　　　　　　B. 物流计划

C. 生产作业计划　　　　　　　　　　D. 生产物流作业计划

3. 在编制生产物流计划准备工作中，了解生产物料消耗定额属于（　　　）。

A. 市场调研预测　　　　　　　　　　B. 掌握生产物料市场动态

C. 收集企业内容相关数据资料　　　　D. 制定有关生产物料消耗定额

4. （　　　）生产物流计划是由长期到短期过渡的中间环节

A. 年度　　　　　　B. 季度　　　　　　C. 月度　　　　　　D. 旬

5. 生产物流计划实施中因偶发事件而破坏生产物流计划中原有平衡，一般通过（　　　）调节。

A. 年度生产物流计划　　　　　　　　B. 季度生产物流计划

C. 月度生产物流计划　　　　　　　　D. 旬物流生产计划

6. 生产物流计划执行的重点是（　　　）。

A. 生产物料保障   B. 签订内部经济合同

C. 落实定额承包   D. 计划的综合平衡

7. 生产物流计划检查主要依据（   ）来进行。

A. 计划准确率   B. 订货合同完成率   C. 资金占用量   D. 考核指标

8. 下列关于生产物料消耗定额的表述正确的是（   ）。

A. 生产物料消耗定额是为制造一定数量产品而消耗的物料

B. 生产物料消耗定额是为制造单位产品而消耗的物料

C. 生产物料消耗定额是为制造单位产品而消耗的物料所占用资金的金额

D. 生产物流消耗定额是为制造单位产品而消耗的物料数量标准

9. 物资消耗定额是为生产单元产品或完成单位工作量所规定的必须消耗的物资数量标准，因此，它表现为单项定额（   ）。

A. 正确   B. 错误

10. 使物料由于原有形状和性能改变而产生的一些不可避免的物料损耗属于（   ）。

A. 有效消耗   B. 生产加工损耗   C. 工艺性损耗   D. 非工艺性损耗

11. 下列属于工艺性损耗的是（   ）。

A. 合理的运输装卸损耗   B. 合理的磅差损耗

C. 准备生产过程中的损耗   D. 供应条件不符产生的损耗

12. 根据技术图纸制定材料消耗定额的方法是（   ）。

A. 经验估计法   B. 统计分析法   C. 技术分析法   D. 写实查定法

13. 生产周期法主要依据（   ）编制生产物流计划。

A. 生产周期   B. 生产提前期   C. 生产提前量   D. 订单交货期

14. 提前期法主要依据（   ）编制生产物流计划。

A. 提前量转化为提前期   B. 提前期

C. 累计编号   D. 提前期定额转化为提前量

15. （   ）适用于成批生产物流计划的编制。

A. 生产周期法   B. 提前期法   C. 在制品定额法   D. 平衡线法

16. 在提前期法中，同一时间上半产品在某一生产环节上的累计编号与成品出产的累计编号之间相差的号数就是（   ）。

A. 提前期   B. 提前量   C. 出产量   D. 投入量

二、多项选择题

1. 编制企业生产物流计划的准备工作包括（   ）。

A. 市场调研预测   B. 掌握生产物料市场动态

C. 收集企业内容相关数据资料   D. 制定有关生产物料消耗定额

2. 年度生产物流计划的编制主要包括（   ）等环节。

A. 收集有关生产物流计划数据   B. 审核数据计算指标

C. 综合平衡   D. 编制计划

3. 综合平衡是指生产物流计划与企业其他计划之间的平衡关系，下列属于需要综合平衡的企业其他计划有（　　　）。

A. 生产计划 　　　　B. 工资计划 　　　　C. 运输计划 　　　　D. 财务计划

4. 生产物流计划一般由（　　　）。

A. 生产物流核算表 　　　　　　　　B. 待购生产资料物流表

C. 文字说明 　　　　　　　　　　　D. 领料单

5. （　　　）是执行生产物流计划经常采用的方式。

A. 综合平衡 　　　B. 内部经济合同 　　　C. 定期检查 　　　D. 定额承包

6. 下列属于生产物流计划检查内容的有（　　　）。

A. 生产物料市场动态 　　　　　　　B. 计划需用量与实际耗用量的对比

C. 生产物料到货衔接情况 　　　　　D. 供货合同执行进度和情况

7. 生产物流计划修订的方法主要有（　　　）。

A. 定期修订 　　　B. 不定期修订 　　　C. 专项修订 　　　D. 文字修订

8. 下列属于制定物资消耗定额作用的有（　　　）。

A. 物资消耗定额是采购供应物流管理的依据

B. 物资消耗定额能够促进企业不断改进生产工艺

C. 物资消耗定额是进行生产成本核算的依据

D. 物资消耗定额是销售物流管理的依据

9. 生产物料消耗一般由（　　　）构成。

A. 有效消耗 　　　B. 生产加工损耗 　　　C. 工艺性损耗 　　　D. 非工艺性损耗

10. 下列属于非工艺性损耗的有（　　　）。

A. 合理的运输装卸损耗 　　　　　　B. 合理的磅差损耗

C. 准备生产过程中的损耗 　　　　　D. 供应条件不符产生的损耗

11. 生产物料消耗定额的制定方法主要有（　　　）。

A. 经验估算法 　　　B. 统计分析法 　　　C. 技术分析 　　　D. 实际测定法

12. 下列属于制定物料消耗定额基本方法的有（　　　）。

A. 平行移动法 　　　B. 统计分析法 　　　C. 顺序移动法 　　　D. 写实查定法

13. 下列属于生产物流计划制订方法的有（　　　）。

A. 生产周期法 　　　B. 提前期法 　　　C. 在制品定额法 　　　D. 耗尽时间法

14. （　　　）适用于大量生产物流计划的编制。

A. 生产周期法 　　　B. 提前期法 　　　C. 在制品定额法 　　　D. 耗尽时间法

15. 生产周期法编制生产物流计划一般需要经过编制（　　　）等步骤。

A. 生产周期进度表 　　　　　　　　B. 订货生产说明书

C. 年度作业计划 　　　　　　　　　D. 月度作业计划

三、案例题

1. 一根棒材可以切成 4 个零件，每个零件毛重 2 千克，切口铁屑重 0.2 千克，残料头重 0.4 千克，剩下的夹料头重 1.4 千克。计算零件材料消耗定额。

2. 一批零件90个，每个净重15千克，已知该批零件的材料消耗为2250千克，计算零件材料消耗定额。

3. 某企业铸铁件的合格品率为80%，生产时需投入生铁配料比为50%，计算生产1吨合格的铸铁件所需生铁的消耗定额。

4. 某企业运用提前期法来确定各车间的生产任务。6月份装配车间（最后工序车间）应生产到100号，产品的平均日产量为2台。该产品在机械加工车间的出产提前期为13天，生产周期为30天。计算机械加工车间6月份出产和投入的累计号计划数。

5. 在案例题4中，经过盘点，上月末机械加工车间已经完成产品出产累计号数为70号，投入累计号数为120号，计算机械加工车间6月份的出产量和投入量。

6. 某企业机加车间在制品定额为500件，计划期初在制品预计结存60件，半成品定额为90件，计划期初半成品结存100件，预计废品量为10件。已知后续装配车间投入量为1000件，试计算机加车间的出产量和投入量。

4.4　企业生产物流控制管理

生产物流控制是指根据生产物流计划对企业生产物流活动施加影响或调解的活动。生产物流控制主要是对生产作业计划执行过程中的产品或零部件的数量和生产进度进行控制。生产物流控制是物流控制的核心，是实现生产作业计划的保证。在实际的生产物流系统中，由于受系统内部和外部各种因素的影响，计划与实际之间会产生偏差，为了保证计划的完成，必须对物流活动进行有效控制。因此，生产物流控制是物流管理的重要内容，也是生产物流管理的重要职能。

4.4.1　企业生产物流控制的内容与程序

（1）生产物流控制的内容

生产物流控制的内容主要包括生产物流进度控制、在制品控制、偏差的测定和处理等。

①生产物流进度控制

生产物流进度控制是指对物料从投入到成品入库为止的全过程进行的控制。生产物流进度控制是生产作业控制的关键。生产物流进度控制的对象是物流在生产过程中的流入、流出以及物流量，包括物料投入进度控制、物料出产进度控制、各工序物料控制等内容。

②在制品控制

在制品控制是指在生产过程中对在制品进行静态、动态及占用量控制。在制品控制主要包括控制车间内各工序之间在制品的流转和跨车间协作工序在制品的流转，通过加强工序间检验对在制品流转的控制。可以采用看板管理法控制在制品的占用量。采用看板方式生产与一般方式生产的一个显著区别是，它不是采用上道工序向下道工序送货，而是实行下道工序在需要的时候向上道工序领取需要的零部件，上道工序只生产被下道工序取走的那部分零部件，严格控制零部件的生产和储备。看板作为取货指令、运输指令、生产指令，用以控制生产和微调计划。

③偏差的测定与处理

偏差的测定与处理是指在生产物流计划实施过程中，按照预定时间及顺序检测计划执行的结果，即计划量与实际量的差距，根据发生差距的原因及程度，采用不同的方法进行处理。一方面要及时而准确地预测偏差的发生，事先规划消除偏差的措施，如动用库存、组织外协等。另一方面要及时将偏差向生产计划部门进行反馈，以便及时调整产生偏差后的生产计划，或者为了使本期计划不作或少作修改，作为下一计划期计划调整的依据。

（2）生产物流控制的程序

生产物流控制的程序是指实施生产物流控制的工作步骤。生产物流控制的程序与控制的内容是相适应的，一般包括制定作业计划标准、制订生产物流计划，以及收集、传递和处理物流信息，并按期调整偏差等。

①制订作业计划标准

作业计划标准又称期量标准，是指为制造对象在生产期限和生产数量方面所规定的标准数据。作业计划标准是编制生产作业计划的重要依据，也是保证生产的配套性、连续性、充分利用设备能力的重要条件。制定合理的作业计划标准，对于准确确定产品的投入和产出时间，做好生产过程各环节的衔接，缩短产品生产周期，节约企业在制品占用，都有重要的作用。

②制订生产物流计划

根据生产计划制订生产物流计划，并在生产物流计划执行过程中有目的、有组织和系统地按计划实施物流控制。

③收集、传递和处理物流信息

物流过程必须要有物流信息为之服务，即物流信息要支持物流的各项业务活动。因此，生产控制的一个重要环节就是收集、传递和处理物流信息。通过收集物流信息，及时掌握生产物流活动的基本情况；通过物流信息传递和处理，把运输、储存、加工、装配、装卸、搬运等业务活动有机地结合起来，协调一致，以提高物流作业的效率。

④按期调整偏差

按期调整偏差就是在生产物流计划执行过程中，检查监督计划的执行情况，对偏差进行定期和不定期的调整。定期调整是每隔一定时期对生产物流计划定期进行及时有效的评估和调整；不定期调整是对生产物流计划进行经常性监控，随时调整偏差。

4.4.2 企业生产物流控制系统

生产物流控制系统是指按照生产物流计划对生产物流过程实施全面控制的管理系统。生产物流控制系统通过所希望的控制方式，使生产物流过程趋于计划要求的稳定状态或预定的理想状态。

（1）生产物流控制系统的构成要素

生产物流控制系统的构成要素主要包括控制对象、控制目标和控制主体。

①控制对象

控制对象是指由人、设备等组成的一个生产物流系统单元。在生产物流系统中，生产物流过程的各物流单元是生产物流控制系统的主要控制对象。在对控制对象实施控制过程中，通过施加某种控制或指令，从而完成控制目的或某种变化。控制对象的构成要素包括人、设备、物料、技术、环境等。

②控制目标

控制目标是指生产物流控制系统预先确定的力争达到的目标。生产物流控制系统控制的职能就是随时或定期对控制对象进行检查，发现偏差及时调整，以利于控制目标的实现。

③控制主体

控制主体是指实施生产物流系统控制的机构。在生产物流控制系统中，控制主体按照控制目标的要求收集控制信息，比较当前系统状态与目标值的偏差，如果偏差超过允许的范围，则制定相应的控制措施，下达控制指令，纠正偏差，保持控制目标的实现。

（2）生产物流控制的类型

企业生产物流控制的基本类型有反馈控制、前馈控制和现场控制等。

①反馈控制

反馈控制是指控制主体根据系统运行中反馈的状态信息对控制对象实施的控制。反馈控制的基本过程为：

a. 控制主体根据生产物流系统控制目标的要求对控制对象发出控制指令，控制对象根据控制指令执行系统运行规定的动作；

b. 收集系统运行所反馈的状态信息；

c. 将反馈信息与控制目标进行比较，确定调整量；

d. 由控制对象按调整量对系统偏差进行调整。

反馈控制如图 4 - 10 所示。

反馈控制的特点有：

a. 根据系统运行后所反馈的系统状态信息决定下一步的控制行动，带有一定的被动性；

b. 从收集和反馈信息到实施控制存在一定的时间滞后，因而在某种情况下可能影响控制目标的实现；

c. 通过控制保持系统总趋势的平衡，具有较好的稳定性。

②前馈控制

前馈控制是指控制主体根据对系统未来的预测对控制对象事先采取控制措施。前馈控制的基本过程为：

a. 控制主体对控制系统的未来进行预测；

b. 根据对系统未来预测的结果事先实施控制。

前馈控制如图 4 - 11 所示。

前馈控制的特点有：

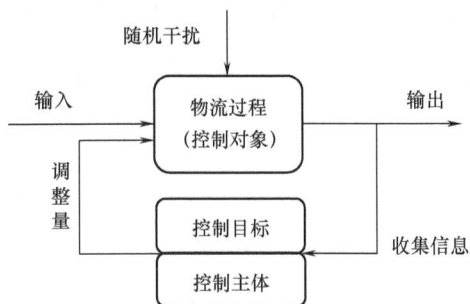

图 4 – 10　反馈控制示意图

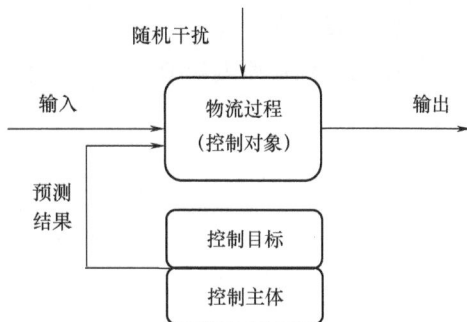

图 4 – 11　前馈控制示意图

a. 根据对系统未来的预测决定下一步的控制行动，事先采取控制措施，带有一定的主动性；

b. 与反馈控制方式相比，缺少信息收集环节；

c. 系统具有预测功能，但预测不可能完全正确，所以实际生产物流过程中很少采用单独的前馈控制方式，通常采用由前馈与反馈结合的复合控制系统。

◇问题 4 – 11：根据图 4 – 10 和图 4 – 11 比较反馈控制方式与前馈控制方式的不同。

③现场控制

现场控制是指对正在执行的生产物流计划的直接控制。现场控制方式就是在实际的生产物流系统中，一边测量生产物流过程的即时状态，一边比较当前状态与目标值，发现偏差及时纠正。因此，现场控制要求控制系统具有实时监控与纠偏的功能。现场控制方式如图 4 – 12 所示。

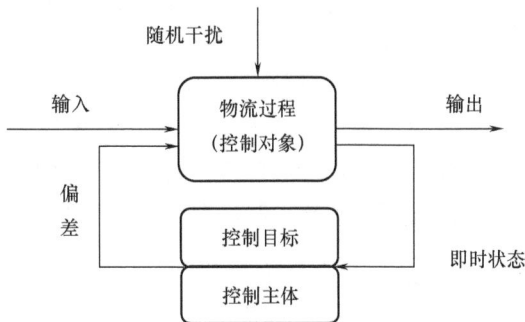

图 4 – 12　现场控制示意图

4.4.3　企业生产物流控制原理

生产物流控制可能会面临两种情况：一种是生产物流计划没有或很少变动而不需要调整，则控制简单化，只要按部就班、循序渐进、按规定计划推进即可；另一种是生产物流计划经常变动而需要随时调整，则控制复杂化，调整难度加大。生产物流控制原理有两种调控方式：推进式物流控制与拉引式物流控制。

（1）推进式物流控制

推进式物流控制是指根据最终产品需求并考虑各生产工序提前期来确定各生产环节物流量的控制方式。推进式物流控制是根据最终产品的需求结构，确定各生产工序的物料需求量，在考虑各生产工序生产提前期之后，向各工序发出物流指令量。推进式物流控制的基本原理如图4-13所示。

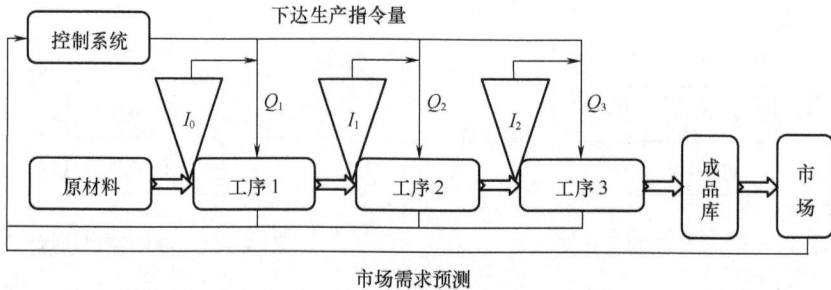

图4-13　推进式生产物流控制示意图

图4-13中，I 表示库存量，Q 表示材料或在制品投入量。

推进式物流控制的特点是每个生产环节的物流活动都服从于集中控制指令，因而推进式物流控制属于集中控制。但各生产环节没有考虑影响本环节的局部库存因素，所以推进式物流控制不能使各生产环节的库存保持在期望的水平。

（2）拉引式物流控制

拉引式物流控制是指根据最终产品需求并按最后工序的需求量依次向前一道工序提出需求来确定各生产环节物流量的控制方式。拉引式物流控制是根据最终产品的需求结构，确定最后工序的物料需求量，再根据最后工序的物料需求量，向前一道工序提出物料供应要求，前一道工序按本道工序的物料需求量向上一道工序提出要求，以此类推，各生产工序都接受后续工序的物料需求。从控制系统发出指令的方式来看，拉引式物流控制由于各生产环节独立发出指令，因而实际上是前一生产环节的重复。拉引式物流控制是在考虑各生产环节的生产提前期之后，向最后工序发出生产物流计划指令的。拉引式物流控制的基本原理如图4-14所示。

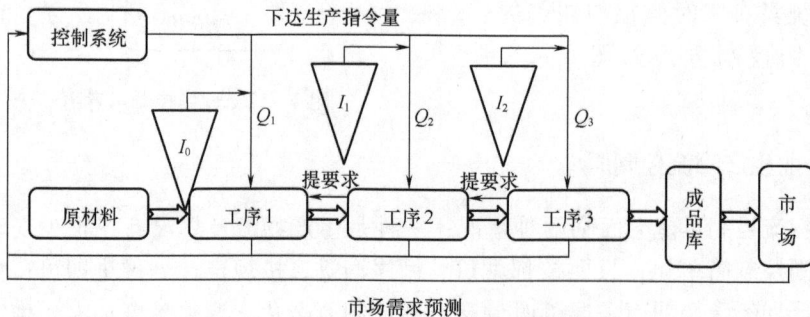

图4-14　拉引式生产物流控制示意图

拉引式物流控制的特点是每一生产环节的物流控制目标都满足本生产环节的局部需求，因而拉引式物流控制属于分散控制。拉引式物流控制使局部生产达到了最优要求，但各生产环节的物流控制目标难以考虑控制系统的总目标，所以不能使总费用和库存保持在期望水平。

◇问题 4 – 12：根据图 4 – 13 和图 4 – 14 比较推进式物流控制与拉引式物流控制的不同。

4.4.4 企业生产物流控制的方法

在生产物流控制过程中，使用科学的控制方法能够准确了解生产物流情况，及时发现生产物流计划与实际的偏差，有预见地掌握生产物流发展的趋势，实现生产物流控制目标。常用的企业生产物流控制方法有平准法和加权法。

（1）平准法

平准法是指根据需求量实际值与预测值的差异，按设定的前置期对计划生产量进行修正调整的方法。前置期在此是指所发生修正量即需求量实际值与预测值的差异的调整时间，一般修正量可以同置于某一时期内进行调整，也可以平均分摊在以后若干期进行调整。例如，一年中如果前置期设定为 1 个月，则 1 月末的修正量在 3 月份进行修正调整，2 月末的修正量在 4 月份进行修正调整，以此类推，每月末的修正量均在 1 个月之后进行修正调整；1 月末的修正量也可以平均分摊到 3 至 7 月的 5 个月中进行修正调整，2 月末的修正量也可以平均分摊到 4 至 8 月的 5 个月中进行修正调整，以此类推，每月末的修正量均在 1 个月之后若干月中进行平均分摊。

◆案例 4 – 11：甲产品本年各月需求量和生产计划见表 4 – 12，假定前置期为 1 个月，用平准法修正调整生产量，确定生产量修正值和修正计划值。

表 4 – 12　甲产品本年各月需求量和生产及库存计划

月份	需求量		生产量 计划值	库存量 计划值
	实际值	预测值		
1	1250	1250	1250	0
2	1240	1250	1250	0
3	1110	1250	1250	0
4	1370	1250	1250	0
5	1200	1250	1510	260
6	1140	1250	1400	410
7	1040	1250	840	0
8	950	1250	1250	0
9	1180	1250	1250	0
10	1240	1250	1288	38
11	1200	1250	1212	0
12	1170	1250	1250	0

根据表 4 - 12 的数据，按照设定的前置期，确定的生产量修正值和修正计划值见表 4 - 13。

表 4 - 13　甲产品本年各月计划生产量修正表

月份	需求量			生产量			库存量		
	实际值	预测值	差异	计划值	修正值	修正计划	实际值	计划值	差异
1	1250	1250	0	1250		1250	0	0	0
2	1240	1250	- 10	1250		1250	10	0	10
3	1110	1250	- 140	1250	0	1250	150	0	150
4	1370	1250	120	1250	- 10	1240	20	0	20
5	1200	1250	- 50	1510	- 140	1370	190	260	- 70
6	1140	1250	- 110	1400	120	1520	570	410	160
7	1040	1250	- 210	840	- 50	790	320	0	320
8	950	1250	- 300	1250	- 110	1140	510	0	510
9	1180	1250	- 70	1250	- 210	1040	370	0	370
10	1240	1250	- 10	1288	- 300	988	118	38	80
11	1200	1250	- 50	1212	- 70	1142	60	0	60
12	1170	1250	- 80	1250	- 10	1240	130	0	130

在表 4 - 13 中，1 月末需求量的实际值与预测值、生产量的计划值均为 1250 台，各项差异为 0，所以 3 月份的修正值为 0；2 月末需求量的实际值与预测值的差异为 -10 台，4 月份计划生产量的修正值 -10 台，修正后的计划生产量为 1240（1250 - 10）台；3 月份需求量的实际值与预测值的差异为 - 140 台，5 月份计划生产量的修正值为 - 140 台，修正后的计划生产量为 1370（1510 - 140）台；以此类推，可以分别确定其他各月修正后的计划生产量。经过修正调整后，一年内各月的计划生产量在 790 ~ 1520 台之间变化。

在案例 4 - 11 中，修正量也可以平均分摊在以后若干月份。如 2 月末需求量差异为 -10 台，可以平均分摊到 4 月至 8 月的 5 个月内，每月分摊量（修正值）为 - 2（ - 10 ÷ 5）台；3 月末需求量差异为 - 140 台，可以平均分摊到 5 月至 9 月的 5 个月内，每月分摊量（修正值）为 - 28（ - 140 ÷ 5）台；以此类推，可以分别确定其他各月修正后的计划生产量。经过修正调整后，一年内各月的计划生产量在 824 ~ 1480 台之间变化，比隔月直接修正调整的变动幅度小。

◇ 问题 4 - 13：在案例 4 - 11 中，修正量采取平均分摊以后若干月份的方法，如果分摊的期限为 5 个月，则 4 ~ 12 月各月修正量的分摊数及全年各月修正后的计划生产量都是多少？

平准法还可以根据修正后的计划生产量作为实际生产量来确定实际库存量，其计算公式为：

$$实际库存量 = 期初库存量 + 实际生产量 - 实际需求量$$

在案例 4 – 11 中，1 月末的实际库存量为 0（月初库存为 0，0 + 1250 – 1250），2 月末的实际库存为 10（0 + 1250 – 1240）台，3 月末的实际库存为 150（10 + 1250 – 1110）台，以此类推，可以确定其他各月库存量的实际值。

（2）加权法

加权法是指利用加权系数（α）确定一个修正量来对计划生产量进行修正调整的方法。加权法在修正调整计划生产量时，是在当前计划生产量的基础上加上一个利用加权系数（α）加权后的修正量，来作为修正后的计划生产量。即

$$修正后计划生产量 = 修正前计划生产量 + 加权修正量$$

此处的修正量由修正当期期末计划库存量与实际库存量差异、前置期内实际生产量与计划生产量差异构成，用加权系数（α）加权后形成了加权修正量。加权修正量的计算公式为：

$$加权修正量 = \alpha \times \left[\left(\begin{matrix} 当期期末 \\ 计划库存量 \end{matrix} - \begin{matrix} 当期期末 \\ 实际库存量 \end{matrix} \right) - \begin{matrix} 前置期内各期实际与 \\ 计划生产量差异之和 \end{matrix} \right]$$

加权系数 α 的取值范围一般为 $0 \leq \alpha \leq 1$。一般地，如果 α 增大，则加权修正量较大，修正后生产量变化较大；如果 α 减小，则加权修正量较小，修正后生产量变化较小。

◆案例 4 – 12：乙产品本年 1~6 月需求量和生产量见表 4 – 14，假定前置期为 2 个月，加权系数 α = 0.4。按假定的前置期和加权系数，用加权法修正调整生产量。

表 4 – 14　乙产品需求量和生产量　　　　　　　　　　单位：台

月份	预测需求量	计划生产量	实际需求量	实际生产量
1	100	140	110	140
2	180	180	150	180
3	220	180	190	180
4	150	180		
5	100	180		
6	200	216		

由于前置期为 2 个月，因而需要根据 1 月份的库存量和 2 月份、3 月份的生产量来修正 4 月份的生产量。

1 月份计划与实际库存量分别为：

$$1 月份计划库存量 = 140 – 100 = 40（台）$$

$$1 月份实际库存量 = 140 - 110 = 30（台）$$

4 月份修正生产量为：

$$4 月份生产量 = 180 + 0.4 \times \{(40-30) - [(180-180)+(180-180)]\} = 184（台）$$

同理可得，5 月份修正生产量为：

$$5 月份生产量 = 180 + 0.4 \times \{(40-60) - [(180-180)+(184-180)]\} \approx 170（台）$$

6 月份修正生产量为：

$$6 月份生产量 = 216 + 0.4 \times \{(0-50) - [(184-180)+(170-180)]\} \approx 198（台）$$

乙产品库存量、修正后生产量及修正量计算结果见表 4 – 15。

表 4 – 15　乙产品需求量、生产量和库存量

月份	计划			实际			
	预测需求量	计划生产量	计划库存量	需求量	生产量	修正量	库存量
1	100	140	40	110	140	—	30
2	180	180	40	150	180	—	60
3	220	180	0	190	180	—	50
4	150	180	30		184	4	
5	100	180	110		170	-10	
6	200	216	126		198	-18	

◇问题 4 – 14：在案例 4 – 12 中，如果设定的前置期为 1 个月，加权系数 $\alpha = 0.5$，则按设定的前置期和加权系数计算的各月修正生产量和修正量分别是多少？

拓展阅读 4 – 4

罗姆电子有限公司的烦恼

罗姆电子有限公司是一家民营企业，其电容生产部主要生产 MCH 系统陶瓷积层电容，共有 100 多种规格，从包装形式上可分为织带和塑料带两大类。自投产以来，整个生产制造管理呈现无序状态，公司领导对此非常不满，经常对电容生产有关部门提出指责。对此，电容生产部门负责人尹先生十分苦恼。这一天，他又一次召集有关部门负责人开会，研究如何解决所面临的生产问题。

会上，大家列举了最近出现的各种问题，普遍反映加班实在太辛苦，有些操作人员已十分疲惫。会议进行一半，企业领导打来电话，对电容制造部未完成上个月生产任务大为不满，严令这个月必须完成，否则将进一步追究各部门责任。

这个消息立即引起了与会人员的不满，设备部门主管李先生首先按捺不住："这活儿真是很难办，问题不在我们部门，我们采取了设备日报表制度，设备完好率是比较

高的，主要是因为制造部门生产不出来。"

制造部门主管王先生听了设备部门负责人的话很不高兴："难道是我们部门的问题？我们想生产，但是物料部门常常缺料，那我们也没有办法呀！"

物料部门主管张先生平静地看着王先生："老王，不要激动！缺料的问题我是知道的。但你到我们仓库去看看，我们仓库的库存都差不多堆满了，而且有时你们要的东西很急，我们也没有办法呀！对了，我们仓库次品和某些半成品、零部件库存很多，你们也不帮我们想想！"

王先生想站起来申辩，采购部申先生则息事宁人地说："老王，你先坐下，别那么激动。"接着又转过头对尹先生说："老李说的也有道理。现在，咱们的工人加班成了家常便饭，可产量还是完不成。工人们已经尽了最大努力，产量完不成的责任看来不在我们，是不是跟总经理反映一下？"其他人也纷纷附和。会议的议题由分析车间内部问题转向议论各部门的不配合上。

在大家都为此争论不休的时候，负责人尹先生说："大家都不要吵了，根据刚才大家的发言，我将我们现在存在的问题总结如下：

（1）停工待料不断；

（2）无休止地加班；

（3）穷于应付淡旺季销量的变化；

（4）前后生产工序不衔接；

（5）生产线严重不平衡；

（6）部分物料、半成品和成品库存积压过多；

（7）物件经常返工、返修；

（8）部分生产计划徒有其表，没有真正实施；

（9）部分产品生产过多或不足；

（10）部分生产计划变更过于频繁；

（11）紧急订单和临时插单没有具体解决办法；

（12）交货期经常延迟；

（13）客户抱怨不断。

现在我们就上述 13 个问题逐一解决，不能部门间推卸责任……"

——资料来源：朱光福. 企业物流管理［M］. 重庆：重庆大学出版社，2012.9：95 - 96。

训练题 4 - 4

一、单项选择题

1. 生产物流控制是指根据（　　　　）对企业生产物流活动施加影响或调解的活动。

A. 生产计划　　　　B. 销售计划　　　　C. 物流计划　　　　D. 生产物流计划

2. 在企业生产物流系统中，最主要的控制对象应该是（　　　）。

A. 生产过程　　　　　B. 物流过程　　　　　C. 工艺过程　　　　　D. 加工过程

3. 企业生产物流控制的程序与控制内容相适应，一般要先（　　　）。

A. 实施进度控制　　　　　　　　　　B. 收集物流信息

C. 制订生产物流计划　　　　　　　　D. 制订作业计划标准

4. 生产物流控制中的偏差实际上是指（　　　）。

A. 生产物流计划与实际的偏差　　　　B. 产品生产工序的偏差

C. 生产物流采购的偏差　　　　　　　D. 生产物流采购计划与实际的偏差

5. 为制造对象在生产期限和生产数量方面所规定的标准数据（　　　）。

A. 物流消耗定额　　B. 期量标准　　　C. 物流控制标准　　D. 在制品定额

6. 把生产过程中的运输、储存、加工、装配、装卸、搬运等业务活动有机地结合起来的是（　　　）。

A. 期量标准　　　　B. 物流作业计划　　C. 生产物流计划　　D. 物流信息

7. 由人、设备等组成的一个生产物流系统单元是生产物流控制系统的（　　　）。

A. 控制目标　　　　B. 控制手段　　　　C. 控制对象　　　　D. 控制主体

8. 实施生产物流系统控制的机构是生产物流控制系统的（　　　）。

A. 控制目标　　　　B. 控制手段　　　　C. 控制主体　　　　D. 控制客体

9. 根据对系统未来的预测实施控制的是（　　　）。

A. 反馈控制　　　　B. 前馈控制　　　　C. 遥控控制　　　　D. 现场控制

10. 反馈物流控制是被动型控制，前馈物流控制是主动型控制（　　　）。

A. 正确　　　　　　　　　　　　　　B. 错误

11. 按最后一道工序物料需求逆工序确定各道工序物料需求的是（　　　）。

A. 推进式物流控制　　　　　　　　　B. 拉引式物流控制

C. 推进或拉引式物流控制　　　　　　D. 都不是

12. 推进式物流控制是集中控制，拉引式物流控制是分散控制（　　　）。

A. 正确　　　　　　　　　　　　　　B. 错误

13. 平准法的修正量可以置于某一时期内，也可以平均分摊在以后各期中（　　　）。

A. 正确　　　　　　　　　　　　　　B. 错误

14. 在平准法中，如果设定前置期为两个月，则 2 月份的修正量在（　　　）开始修正调整。

A. 2 月　　　　　　B. 3 月　　　　　　C. 4 月　　　　　　D. 5 月

15. 一般地，在加权法中如果 α 增大，则加权修正量（　　　）。

A. 变大　　　　　　B. 不变　　　　　　C. 变小　　　　　　D. 都不是

二、多项选择题

1. 生产物流控制的内容主要包括（　　　）。

A. 生产物流计划编制　　　　　　　　B. 生产物流进度控制

C. 在制品控制　　　　　　　　　　　D. 偏差的测定和处理

2. 生产物流进度控制一般包括（　　　）。

A. 物料投入进度控制　　　　　　　　B. 物料出产进度控制

C. 各工序物料控制　　　　　　　　　D. 偏差控制

3. 生产物流控制的程序一般包括（　　　）。

A. 制定期量标准　　　　　　　　　　B. 制订物流计划

C. 处理物流信息　　　　　　　　　　D. 按期调整偏差

4. 生产物流控制系统的构成要素包括（　　　）。

A. 控制目标　　　　B. 控制手段　　　　C. 控制对象　　　　D. 控制主体

5. 企业生产物流控制的基本类型有（　　　）。

A. 反馈控制　　　　B. 前馈控制　　　　C. 遥控控制　　　　D. 现场控制

6. 反馈物流控制的基本过程包括（　　　）。

A. 控制主体发出控制指令

B. 控制对象执行控制指令

C. 收集、处理系统运行所反馈的状态信息

D. 确定调整量并对系统偏差进行调整

7. 下列属于前馈物流控制特点的有（　　　）。

A. 带有一定的主动性

B. 缺少信息收集环节

C. 通过控制保持系统总趋势的平衡

D. 从收集和反馈信息到实施控制存在一定的时间滞后

8. 下列属于推进式物流控制特点是有（　　　）。

A. 属于集中控制　　　　　　　　　　B. 属于分散控制

C. 没有考虑局部库存因素　　　　　　D. 难以考虑控制系统总目标

9. 下列属于拉引式物流控制特点的有（　　　）。

A. 控制目标服从于集中控制指令　　　B. 控制目标满足生产环节局部需求

C. 没有考虑局部库存因素　　　　　　D. 使局部生产达到最优

10. 在平准法中，下列表述正确的有（　　　）。

A. 修正量放在某一时期内调整

B. 修正量放在前置期后的某一时期内调整

C. 修正量平均分摊在以后若干期调整

D. 修正量平均分摊在前置期后的若干期调整

三、案例题

1. 某产品本年各月需求量和生产计划见表 4－16，假定前置期为 1 个月，即 1 月末的需求差异在 3 月份加以修正调整。

要求（1）按假定的前置期，用平准法修正调整生产量，并在表 4－16 中填写修正结果；

（2）根据表 4－16 的数据计算各月修正后的实际库存量。

表4-16 某产品本年各月需求量和生产计划

月份	需求量			生产量		
	实际值	预测值	差异	计划值	修正值	修正计划
1	600	600		600		
2	590	600		600		
3	560	600		600		
4	720	600		650		
5	550	600		600		
6	710	600		630		
7	500	600		540		
8	630	600		600		
9	530	600		560		
10	590	600		580		
11	550	600		570		
12	520	600		550		

2. 某产品本年1~6月需求量和生产计划见表4-17，假定前置期为2个月，加权系数 $\alpha = 0.5$。按假定的前置期和加权系数，用加权法修正调整生产量（列出修正后实际生产量计算式，并在表4-17中填写修正结果）。

表4-17 乙产品本年各月需求量和生产计划

月份	计划			实际			
	预测 需求量	计划 生产量	计划 库存量	需求量	生产量	修正量	库存量
1	100	120		110	130	—	
2	180	190		150	200	—	
3	200	180		190	190	—	
4	160	180					
5	130	150					
6	200	210					

单元小结

本单元主要包括企业生产物流认知、企业生产物流组织管理、企业生产物流计划管理和企业生产物流控制管理等学习内容。

企业生产物流是指伴随企业内部生产过程的物流活动。企业生产物流与企业的生产密切联系在一起,企业物流是企业物流系统的重要组成部分。企业生产过程中的物流活动表现为连续性、比例性、均衡性、准时性和适应性等基本特征。

按生产工艺的特性划分,企业生产物流分为连续型生产物流和离散型生产物流;按组织生产的特点划分,企业生产物流分为备货型生产物流和订货型生产物流;按产品生产的方式划分,企业生产物流分为小批量生产物流、大批量生产物流和批量生产物流;按生产物流的路径划分,企业生产物流分为工厂间物流和工序间物流。

企业生产物流组织管理是以最大限度地提高企业综合生产效率为目标而对企业生产物流过程的科学规划与安排活动。企业生产物流组织管理一般包括空间组织、时间组织和人员组织三个方面。生产物流的空间组织管理就是指确定企业生产系统各要素及其在空间上的相对位置等活动。生产物流空间组织的内容主要包括工厂选址与工厂布局。生产物流空间组织的典型模式主要有对象专业化布置、工艺专业化布置和成组工艺布置等。生产物流的时间组织是指物料在生产过程中,各生产单元、各工序之间在时间上的衔接和结合形式。生产物流时间组织的典型模式主要有顺序移动模式、平行移动模式和平行顺序移动模式。生产物流的人员组织是指企业根据生产物流和人员特征来设计生产物流岗位和人员工作职责的活动。生产物流人员组织的原则包括最短物流路径原则、各工艺间有效配合原则、每一岗位发挥作用原则,以及经济、科学、合理的系统原则。生产物流人员组织的内容重点包括改善工作内容、提高工作负荷、优化工作环境等。

生产物流计划是指对企业计划期生产过程中的物流活动所做的安排。生产物流计划过程包括计划的准备、编制、计划的执行和检查以及计划的修订等过程。编制生产物流计划的准备工作包括做好市场调研与预测、掌握生产物料市场动态,收集企业内部的相关数据资料,制定有关生产物料的消耗定额。年度生产物流计划的编制主要包括审核数据计算指标、综合平衡、编制计划等环节。生产物流计划的执行经常采用内部经济合同与定额承包的方式。生产物料消耗定额是指为制造单位产品或完成单位工作量所规定的必然消耗的生产物料数量标准。生产物料消耗的构成一般包括产品有效消耗、工艺性损耗和非工艺性损耗三部分。制定生产物料消耗定额的基本方法主要有经验估算法、统计分析法、技术分析法和实际测定法等。常用的生产物流计划的制订方法主要有生产周期法、提前期法、在制品定额法等。

生产物流控制是指根据生产物流计划对企业生产物流活动施加影响或调解的活动。生产物流控制的内容主要包括生产物流进度控制、在制品控制、偏差的测定和处理等。生产物流控制的程序一般包括制定作业计划标准、制订生产物流计划,以及收集、传递和处理物流信息，并按期调整偏差。生产物流控制系统是指按照生产物流计划对生产物流过程实施全面控制的管理系统。生产物流控制系统的构成要素主要包括控制对象、控制目标和控制主体。企业生产物流控制的基本类型有反馈控制、前馈控制和现场控制等。生产物流控制原理有两种调控方式：推进式物流控制与拉引式物流控制。常用的企业生产物流控制方法主要有平准法和加权法。

单元5　企业销售物流管理

学习目标

完成企业销售物流管理知识与技能的学习，能够准确描述企业销售物流的基本环节和基本模式，销售物流管理的特点、目标和内容，销售物流服务的目标、要素和能力，以及销售渠道、运输和配送组织管理的有关知识，学会企业销售物流服务和物流运作的基本原理和方法。

学习内容

企业销售物流管理认知，企业销售物流服务，企业销售物流组织管理。

导入案例

某医药流通企业销售物流系统实施效果

基于物流理念的销售体系重组，正在被越来越多的医药流通企业所采用。一个现代化的医药销售物流体系，在企业改造过程中将发挥怎样的作用？本案例以一家大型医药流通企业的销售物流体系重组工作为例，解读了销售物流系统改革对企业带来的影响。

为了搭建一套全新的销售物流体系，这家企业和某管理咨询公司联合成立项目组，实施组织结构和业务流程重组，并应用了业务管理流程优化（BPI）软件以及甲骨文公司（ORACLE）的销售物流系统软件。

这家企业是在全国范围内进行处方药销售的医药流通企业，年销售额超过 2 亿元，在全国设置了 28 个办事处，有近 300 人的销售队伍。根据该企业的实际情况，包括对销售体系 3~5 年的发展预测，项目组构筑了统一的电子商务平台，管理其面向全国的销售网络，并利用电子商务领域处于国际领先水平的 ORACLE 公司销售物流系统，来重点解决集中控制和分散经营的问题。

项目组对企业现有物流系统进行了分析，认为出现问题的根本原因在于，未能很好解决集权与分权之间的矛盾，各职能部门信息不共享。如较突出的仓储问题（经销商库存），表现在仓储部门难以得到实时的各地仓库、经销商以及销售终端的库存信息，因而不能对分仓库进行有效的控制。

针对企业控制能力不强、业务流程和计划不科学的主要弊端，项目组制定了重组的近期目标——建立销售物流系统。这个目标分为三个层次：

第一层次是建立基本销售物流信息系统，重新制定业务流程，采用计算机系统实现这个流程，使之拥有比较完善的数据查询系统和数据管理系统。

第二层次是在第一层次的基础上，建立比较合适的销售物流管理系统。

第三层次是在前两个层次的基础上，提高系统的智能化程度和业务自动化程度，建立销售物流决策支持系统。

综上所述，这家企业改进物流系统的基本点是改进业务流程、合理分配权限、简化处理环节。

同时，项目组从物流管理理论的角度出发，重新规划物流过程以减少库存。整个物流活动的改进包括以下措施：

（1）重新划分销售部门的职责，将重点放在销售业务处理、销售计划制订和销售数据分析上；

（2）加强仓储部门的力量，建立统一的仓储中心，利用 ORACLE 公司销售物流系统的 Internet B/S 体系结构实现对各地分仓库的实时控制，使仓储中心具有完整的库存管理能力；

（3）优化"订单处理流程"，利用 ORACLE 公司销售物流系统的销售工作流程管理规范销售过程，实现销售信息、药品实物、财务账目、现金流之间的一致；

（4）利用 ORACLE 公司销售物流系统中强大的预算管理功能实现对各分公司、各业务员销售及费用预算的事前计划、事中控制、事后核算分析。

通过实施流程革新以及销售物流信息系统第一阶段的应用，这家医药流通企业的业务状况有了很大的改善，企业各职能部门运转良好，采购状况与库存状况有了严格的控制，报表体系快速有效，企业正在焕发出新的活力，销售业绩在短暂的下滑后，已经开始大幅度提升。

——资料来源：浦震寰、蔡改成．企业物流管理（第二版）[M]．大连：大连理工大学出版社，2012.8：165～166。

案例问题：案例中的医药流通企业制定的销售物流重组目标是什么？为了实现销售物流重组目标企业都采取了哪些具体措施？

案例问题提示：该医药企业制定的销售物流重组目标就是建立销售物流系统，包括销售物流信息系统、管理系统、决策支持系统等。企业采取的具体措施包括重新划分销售部门职责、加强仓储部门力量、优化"订单处理流程"和加强销售预算管理等。

5.1 企业销售物流管理认知

企业销售物流伴随着企业销售活动而存在，以产品离开生产加工环节进入流通领域为起点，以送达用户并进行售后服务为终点。所以，销售物流是企业物流的一项重要活动，也是企业物流过程的重要环节。

5.1.1 认识企业销售物流

企业销售物流是指企业出售产品的过程中所发生的物流活动。销售物流是企业在销售活动过程中，将产品的所有权转让给用户的物流活动，使企业实现了产品从生产地到用户的空间转移。销售物流是物流包装、仓储、运输、装卸搬运、信息处理等物流活动的系统化运作过程，所以销售物流具有一体化的特征。同时，销售物流是以实现销售为目的，以满足客户需求为出发点，进而实现销售和完成售后服务，所以销售物流具有较强的服务性特征。

（1）销售物流的基本环节

企业销售物流的基本环节包括产品包装、产品储存、订单处理、发送运输、装卸搬运等。

①产品包装

产品包装是企业生产物流系统的终点，也是销售物流系统的起点。产品包装通常分为销售包装和运输包装。销售包装是与产品直接接触的包装；运输包装主要是在产品的运输过程中起到保护作用的包装。销售包装是企业销售工作的辅助手段，许多生产企业都通过销售包装来进行新产品推销工作或企业形象的宣传工作。运输包装可以避免运输、搬运活动中发生产品的碰撞、雨淋等毁损现象。可见，产品包装在销售物流过程中发挥着促销以及保护、仓储、运输、装卸搬运的作用。

②产品储存

产品储存最重要的内容是保持合理的库存水平，及时满足客户需求。企业在生产经营活动中存在着诸多不确定因素和需求波动，生产经营中的不确定因素和需求波动会直接影响企业经营的稳定性和持续性，造成销售服务水平的不稳定。因此，企业为保证客户需要能够得到及时、足量的满足，就必须保有一定的产品库存，以便将为客户提供的服务维持在比较高的水平。

企业产品的可得性是衡量企业销售物流系统服务水平的一个重要参数。客户对企业产品的可得性非常敏感，缺货不仅使客户需求得不到满足，而且还会提高企业进行销售服务的物流成本。当企业推出一项新产品或举办特殊促销活动期间，或是客户急需的商品不能及时供货时，这种情况更加如此。因此，企业为了防止因缺货而错失销售机会，保持所生产产品的可得性，最直接的方法就是保有一定的产品库存，甚至提高库存水平。

③订单处理

订单处理是指企业在销售产品过程中围绕客户订单而进行的一系列业务活动。订单处理包括从客户发出订单请求到客户收到所订货物为止的一段时间内，企业所进行的订单准备、订单传递、订单录入、订单状况报告等一系列活动。

由于企业为客户提供的订货方式越方便、越经济，越能影响客户，因而企业总是希望通过为客户提供方便、经济的订货方式来影响客户。客户非常关心交货日期，希望企业能够将订单处理与货物运输的进程及时通知自己，特别是当与预期服务水平已经或将要发生偏差时更是如此。因此，订单处理成为连接企业与客户的重要环节，有效处理订单、确保交货日期的可靠性至关重要。采用电子订货方式和电子订单，企业能够将订单处理与货物装运的进程及时通知客户，使得客户与企业之间的联系更加密切，大大提高了销售物流管理水平。

④发送运输

不论销售渠道如何，企业的产品都要通过运输才能发送到客户指定的地点。在生产者向客户送货的情况下，发货批量的大小将直接影响由运输费用与仓储费用构成的物流成本。因此，企业要树立全局观念，运用科学的方法，在满足客户需求的前提下，选择能使发送成本最小的发货批量和货物发送方式。选择发送方式需要考虑的因素见表 5-1：

表 5-1 选择发送方式考虑的因素

因素 1	运输速度快，及时满足客户需要
因素 2	运输手段先进，减少运输中的商品损坏率
因素 3	运输路径合理组织，尽可能缩短商品运输里程
因素 4	运输线路选择合理，减少重复装卸和中间环节
因素 5	运输工具使用适当，根据商品的特性选择最佳运输工具
因素 6	运输时间合理，保证按时将商品送到指定地点或客户手中
因素 7	运输安全系数高，避免丢失、损坏等情况的发生

⑤装卸搬运

客户希望在物料搬运方面的投资最小化。例如，客户要求供应商以其使用尺寸的托盘交货，也可能要求将特殊货物集中在一起装车，这样就可以直接再装运，而不需要重新分类。装卸搬运物流要考虑装卸搬运机器和器具、装卸搬运方式的省力、机械化、自动化以及智能化等。

◇问题 5-1：请分析企业销售物流过程中各基本环节之间的内在联系。

（2）销售物流的基本模式

企业销售物流的基本模式主要有生产企业自营销售物流、第三方销售物流、电子商务销售物流。

①生产企业自营销售物流

生产企业自营销售物流是指生产企业自己组织和经营本企业的销售物流。生产企业自营销售物流实际上是把销售物流作为企业生产的一个延伸或看成生产的继续，销售物流不仅是生产企业经营的一个环节，而且是生产企业与用户直接联系和直接面向用户提供服务的一个环节。

生产企业自营销售物流的优点见表 5-2：

表 5 - 2　生产企业自营销售物流的优点

优点 1	可以将生产经营与用户直接联系起来，信息反馈速度快、准确程度高
优点 2	可以对销售物流的成本进行大幅度的调节，充分发挥"成本中心"的作用
优点 3	能够从生产企业经营系统的角度，合理安排和分配销售物流的资源和力量

生产企业自营销售物流的缺点见表 5 - 3：

表 5 - 3　生产企业自营销售物流的缺点

缺点 1	增加了企业投资	需要投入资金建设物流设施，购买物流设备，还需要投入经常性的维护费用和相关的人员成本
缺点 2	专业化程度低	可能是被迫从事不擅长的业务活动，所以物流专业化程度不高。同时，对于规模不大的企业，其产品数量有限，自营销售物流对物流资源的利用率不高，不能形成规模效应，导致物流成本过高
缺点 3	无法进行准确的效益评估	许多自营销售物流的生产企业内部职能部门彼此独立完成各自的物流活动，没有将物流分离出来进行独立核算，所以企业往往难以及时核算销售物流成本，无法进行准确的效益评估

②第三方销售物流

第三方销售物流是指企业将本企业的销售物流委托给第三方专业化物流企业。第三方销售物流是由专门的物流服务企业组织企业的销售物流，实际上是生产企业将销售物流外包，将销售物流社会化。

第三方销售物流的核心优点在于专业化和一体化。一方面，第三方物流企业往往是专门从事物流业务的物流企业，面向很多生产企业提供物流服务，其物流服务水平更加专业，保证了销售物流服务质量。另一方面，第三方销售物流可以将企业的销售物流与采购物流一体化，也可以将许多企业的物流需求一体化，采取统一的解决方案，可以有效提高销售物流的服务效率。

③电子商务销售物流

电子商务的快速发展，为企业销售物流提供了更为便捷的平台，已经成为经济发展的必然趋势。电子商务销售物流可以细分为网络分销模式、网络直销模式和网络营销集成模式。

a. 网络分销模式。网络分销是指利用互联网进行分销物流运作的模式。企业基于网络开展的分销行为，通过网络来完成铺货、渠道建设、分销商管理。

网络分销充分利用互联网的渠道特性，在网上建立产品分销体系，通过网络把商品分销到各地。网络分销模式通过网络平台，可以创建产品数据库管理分配产品、管理下线代理商。同时，网络分销平台减少了企业人力物力的投入，降低了产品的成本。再加之现代物流运输和配送的便利性，使产品的运输更加方便，缩短了运输时间。

b. 网络直销模式。网络直销是指利用互联网进行直销物流运作的模式。在网络直销中，生产厂家借助联机网络、计算机通信和数字交互式媒体，不通过其他中间商，将网络技术的特点和直销的优势巧妙地结合起来进行商品销售，直接实现营销目标。

网络直销模式直接的产品通过生产商到消费者手中，没有其他环节的产生。网络直销模式要求企业具备完整的信息流、资金流、物流体系，且能帮助经销者获得利润。

c. 网络营销集成模式。网络营销集成是指利用互联网进行全方位、集成化营销物流运作的模式。网络营销集成模式要求企业依靠网络与供应商、制造商、消费者建立密切联系，并通过网络收集、传递信息，从而根据消费者的需求，充分利用网络伙伴的能力，完成产品设计、制造及销售服务的过程。

网络营销集成是对互联网的综合运用，是互联网络对传统商业关系的整合，它使商品流通企业真正确立了市场营销的核心地位。企业的使命是根据消费者的需求，组合现有外部资源，高效地输出满足客户需求的各种商品，并提供保障服务。在这种模式下，各种类型的企业通过网络紧密联系，互相融合，充分发挥各自优势，形成共同进行市场竞争的伙伴关系。

5.1.2　认识企业销售物流管理

企业销售物流管理是指对企业销售物流活动的计划、组织、协调和控制活动。销售物流管理是企业物流管理的重要环节，也是企业管理的重要内容。销售物流管理的对象是企业对外销售商品过程中的物流活动，并以销售物流合理化为目标，不断提高企业销售物流的服务水平。

（1）销售物流管理的特点

现代销售物流管理具有整体优化、市场经营行为、顾客服务导向和信息化等特点。

①整体优化

整体优化是对企业销售物流活动的整合优化活动。销售物流管理不等于企业的运输管理、储存管理、搬运管理等单项职能管理，也不是单项职能管理的简单相加。从市场营销战略的意义上讲，销售物流管理是把分散的产品实体活动变成系统的物流活动，协调生产、财务、销售及机构的决策，使适销对路的产品以适当的批量、在需要的时间送达用户指定的地点。为此，企业内部必须贯彻标准化作业和目标管理的原则，在更新改造物流设施的同时，对各物流要素重新整合，使之适应市场营销战略的要求。

②市场经营行为

市场经营行为把销售物流管理视为市场经营活动，不再是单纯的物流作业。传统的销售物流管理实际上是作业控制，现代销售物流管理的内涵更广泛，层次也更高，它涵盖了计划、执行、控制、评价、反馈等循环。现代销售物流管理的效益评价系统比较复杂，既有数量评价指标，又有难以量化的主观评价指标。所以，以市场经营为导向，应考虑企业战略执行情况、销售物流机制的合理性、销售物流系统的综合经营效益，以及提高销售物流效率对企业整体的贡献程度等诸多因素。

③顾客服务导向

顾客服务导向是把顾客服务作为销售物流的主要经营内容。销售物流实质上是一种服务，是对销售对象即顾客的服务。销售物流过程中向顾客提供的服务好坏是影响顾客购买和连续购买企业产品的关键因素。为顾客服务的水平越高，预期的销售量水平也会越高。顾客服务水平的提高，同时意味着产生的费用上升。因此，企业需要在较低的费用与顾客满意的服务之间进行抉择。

④信息化

信息化是把现代信息技术的应用作为销售物流管理的平台和手段。系统化、信息化是现代物流管理的显著特征。销售物流信息化包括销售物流活动之间的信息控制，即订货、储存、搬运、进出库、发货、运输、配送、结算等物流环节之间的信息控制、自动化机械设备的联网控制、计算机辅助设计和模拟、物流数据的生成系统、网络营销与电子商务条件下的销售物流管理等。

（2）销售物流管理的目标

企业销售物流管理的目标是追求销售物流的合理化，为客户提供优质的物流服务。销售物流要求企业将商品及时送到客户手中，否则就必然失去客户，进而丧失市场份额。因此，企业通过改善销售物流管理而提高物流服务质量，留住老客户，吸引新客户，并合理控制物流成本，进而提高企业竞争力和市场营销效益。

销售物流管理目标要求做到以下几点：

①在适当的交货期，准确地向客户发送商品；

②及时处理客户订单，尽量减少商品缺货；

③合理设置仓库和配送中心，保持合理的商品库存；

④努力使运输、装卸、保管和包装等操作省力化；

⑤维持合理的物流费用；

⑥使订单到发货的信息流动畅通无阻；

⑦将销售额信息迅速提供给采购部门、生产部门和销售部门。

（3）销售物流管理的内容

企业销售物流管理的内容主要包括销售物流规划管理和销售物流业务管理。其中，销售物流业务管理包括销售订单管理、销售库存管理、销售运输管理、销售配送管理、销售终端管理和销售退货管理等。具有普遍意义的企业销售物流模型如图 5－1 所示。

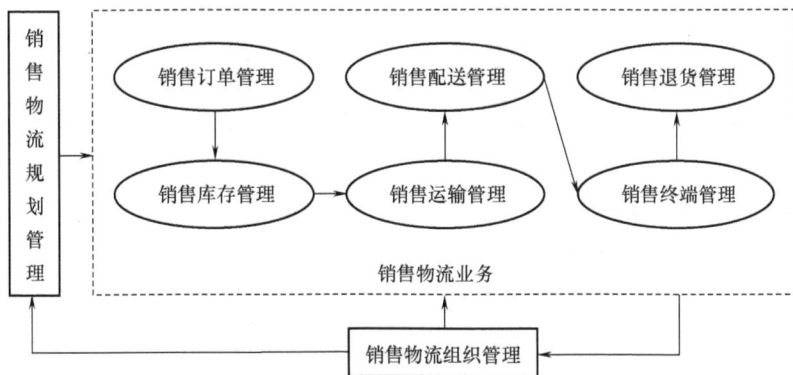

图 5－1　销售物流管理模型示意图

◇问题 5－2：根据图 5－1 描述企业销售物流管理的基本流程。

①销售物流规划管理

销售物流规划管理涉及销售物流战略、计划、组织和控制等管理环节，是这些管理环节的有机结合。销售物流规划是销售物流战略层次的方向性管理活动，涉及总体销售物流目标和工作的原则和方针。

a. 销售物流战略。销售物流战略是指销售物流的远景规划。销售物流战略应该以市场需求为导向，一般以 3~5 年为战略规划期，属于一种长期的目标计划。

销售物流战略的内容包括未来销售物流量及其构成，未来运输、储存的发展规模，销售物流机械化、自动化的发展水平，未来销售物流的经济效果评价等。

b. 销售物流计划。销售物流计划是建立在科学预测基础上对销售物流活动所做的安排。销售物流计划是销售物流管理的基础，对于完成销售物流活动、提高销售物流服务水平发挥着重要作用。

销售物流计划将销售物流战略转换为可以执行的实际方案，分阶段、分层次逐步实现销售物流战略规划。销售物流计划包括计划期的销售物流业务量计划、储存计划、运输计划、配送计划、设施设备使用计划、人员配备计划等。

c. 销售物流组织。销售物流组织是按照销售物流战略具体组织实施销售物流计划的过程。销售物流组织是对销售物流计划的执行和落实活动，是销售物流计划得以顺利实施的必经环节。销售物流组织主要涉及按照销售物流计划要求明确计划实施的组织机构、配备人员、设置岗位等，其组织的重点是销售物流活动中各要素的配合，对于销售物流活动中出现的意想不到的情况进行及时处理。

d. 销售物流控制。销售物流控制是根据销售物流计划对销售物流活动实施协调和控制的过程。销售物流控制主要是按照销售物流计划的要求对计划执行过程进行检查分析，如果发生偏差要及时依据计划进行调整。

②销售物流业务管理

销售物流业务管理涉及订单管理、库存管理、运输管理、配送管理、终端管理和退货管理。由于销售物流归根结底是由客户订单驱动的，而物流的终端就是客户，因而在实施销售物流管理之前，企业需要进行售前的各种市场活动。这些市场活动包括确定潜在客户或目标客户、与客户联系、产品展示、客户询价、报价、报价跟踪等。因此，从企业方面来看，销售物流管理的第一环节应该是销售订单管理，并根据销售订单实施其他物流业务管理。

销售订单管理要求企业在客户接受报价后就开始处理销售订单，即根据销售订单记录的客户需求、订货价格等信息受理订单，并检查客户信用度和可用的物料等。如果企业有库存，则生成产品提货通知单，物料配送部门根据提货通知单生成物料配送单，进行销售运输，组织货物配送等；如果企业没有库存，则生成产品需求单及采购单，再把信息传递给生产物流管理系统或采购物流管理系统。

对由于损坏或其他原因的退货，应实施退货处理。退货在销售活动中会经常发生，由于销售退货需要登记和管理，也会有费用发生。因此，退货作业与企业经营效益紧密相关，应给予高度重视。

拓展阅读 5 - 1

物流与营销的关系

物流代表了一个企业巨大的战略潜力，它是企业获得持续竞争优势的一个关键因素。企业只有首先了解物流活动与营销活动的关系，明确客户需求，才能切实提供相应的物流服务，以支持客户的营销活动。也就是说，物流服务最终是以满足营销活动为目标。

（1）营销产品策略与物流是交织在一起的

从产品策略的角度来看，企业物流活动中的采购、推销、顾客服务与之关系密切。产品的生命周期一般要经过导入期、成长期、成熟期和衰退期。进入成熟期后，从表面来看，产品的规模不断扩大，是销售的旺季，但实际上，产品生产者和销售者的利润都在逐步下降。从营销的角度来看，这时庞大的销售额同时意味着市场对该产品的需求已经达到饱和，如果只生产该产品，生产者将逐步退出市场。此时，企业必须立即向市场推出新产品，或加宽、加深原有的产品系列，以抵消该产品销量下降引起的利润减少，成功的企业莫不如此。物流系统的销售人员对成熟期的到来最为敏感，能及时将这一信息反馈给营销策划部门。在策划开发研制新产品时，由于销售人员经常与顾客接触，最了解顾客的需求是什么，对开发何种新产品、系列产品应达到怎样的广度及深度最有市场潜力、新产品应具备哪些功能等问题，销售人员能为开发人员提供最有价值的信息。

（2）营销价格策略与促销活动对物流的影响

价格策略对物流及其所提供的服务也具有影响作用。价格策略的正确与否将影响物流活动的广度、深度及其顺畅性。价格策略中对顾客的数量折扣将影响顾客的订货规模。适宜的折扣优惠将吸引顾客加大订货量，仓库的作业将趋于处理大宗货物，搬运和运输作业都将变得简单而高效，在实行配送制时尤为突出。因此，只有从营销和物流两个角度综合考虑，才能制订出一个满足营销和物流综合需求的定价策略。促销活动也影响着物流活动。对广告、公共宣传等促销活动的大量投资是对推销人员提供销售量的一种支持。但是，如果物流系统不能及时把产品送到顾客手中，销售量就不能扩大。所以，需要在物流部门与营销部门之间建立便于信息快速传递的信息系统，不断沟通并协调促销活动的规模与库存、运输、顾客服务等物流环节。

（3）物流是营销的大动脉

物流作为营销的大动脉，在实施中所有物流活动都与客户企业的营销目标、营销方案、市场活动、广告宣传、分销零售、售后服务等息息相关。所以，企业的物流战略计划定位应处于整个物流系统的最上端，它规定了企业的物流服务定位。而营销系统处于中间层，这个层次具体体现了客户企业物流与运作的表现能力，与顾客有着直接互动和接触。这一阶段中，物流与营销的关系表现得最为显著和全面，营销强调在适当的地点和适当的时间，以适当的价格将适当的商品或服务提供给目标市场，满足顾客的需要。而营销能否取得满意的效果，能否吸引和满足顾客，在很大程度上受企业物流管理能力和决策能力的制约。物流能力直接影响着企业的销售业绩。企业的增值服务则是与营销密切联系的个性化服务，它具有差异性和不确定性，因而对企业的物流服务要求更高。

物流过程中向顾客提供的服务水平是影响顾客购买和连续购买企业产品的关键因素。为顾客服务的水平越高，预期的销售量水平也就越高。服务水平提高的同时意味着产生费用的上升，客户企业应在较低的费用和顾客满意的服务之间进行抉择。物流是响应市场需求、改善营销绩效的极富潜力的工具。企业要求物流部门通过改善物流管理、提高服务质量、降低价格来吸引新的客户，提高企业竞争力和营销效果。反之，如果不能及时将产品送达顾客手中，就必然失去顾客，丧失市场份额。物流管理是企业营销管理的重要组成部分。

——资料来源：朱光福．企业物流管理［M］．重庆：重庆大学出版社，2012.9：162～163。

训练题 5-1

一、单项选择题

1. 企业销售物流是企业（　　）发生的物流活动。
A. 采购过程　　　　B. 供应过程　　　　C. 生产过程　　　D. 销售过程

2. 销售物流不仅包括产品的空间转移，而且包括产品的所有权转移（　　）。
A. 正确　　　　　　　　　　　　B. 错误

3. 在销售物流基本环节中，（　　）是生产物流的终点和销售起点的起点。
A. 产品包装　　　B. 产品储存　　　C. 订单处理　　　D. 发送运输

4. 保持合理的库存水平，及时满足客户需求是销售物流的（　　）环节。
A. 产品包装　　　B. 产品储存　　　C. 订单处理　　　D. 发送运输

5. 将销售物流作为企业生产经营的一种延伸或生产经营的继续是销售物流的（　　）模式。
A. 电子商务销售物流　　　　　　B. 生产企业自营销售物流
C. 第三方销售物流　　　　　　　D. 网络营销集成销售物流

6. 可以对销售物流的成本进行大幅度的调节，充分发挥"成本中心"的作用是（　　）。
A. 电子商务销售物流　　　　　　B. 生产企业自营销售物流
C. 第三方销售物流　　　　　　　D. 网络营销集成销售物流

7. 物流业务运作专门化是（　　）的显著特征。
A. 电子商务销售物流　　　　　　B. 生产企业自营销售物流
C. 第三方销售物流　　　　　　　D. 网络营销集成销售物流

8. 销售物流管理的对象是（　　）。

A. 销售物流合理化　　　　　　　　B. 销售物流服务

C. 销售物流费用　　　　　　　　　D. 销售物流活动

9. 销售物流管理是一种（　　　）。

A. 物流职能　　　　B. 物流作业　　　C. 市场经营行为　　D. 计划行为

10. 销售物流管理目标是（　　　）。

A. 降低物流成本　　　　　　　　　B. 销售物流合理化

C. 为客户提供优质物流服务

D. 销售物流合理化，为客户提供优质物流服务

11. 建立在科学预测基础上对销售物流活动所做的安排是（　　　）。

A. 销售物流规划　　　　　　　　　B. 销售物流计划

C. 销售物流组织　　　　　　　　　D. 销售物流控制

12. 销售终端管理中的终端是指（　　　）。

A. 订单　　　　　　B. 送货地点　　　C. 产品　　　　D. 顾客

二、多项选择题

1. 下列关于销售物流表述正确的有（　　　）。

A. 销售物流将产品的所有权转让给用户的物流活动

B. 销售物流使企业实现了产品从生产地到用户的空间转移

C. 销售物流是物流包装、仓储、运输、装卸搬运、信息处理等单项物流活动的运作

D. 销售物流是以实现销售为目的，以满足客户需求为出发点

2. 下列属于销售物流基本特征的有（　　　）。

A. 合理化　　　　　B. 一体化　　　　C. 制造性　　　　D. 服务性

3. 下列属于销售物流基本环节的有（　　　）。

A. 产品组装　　　　B. 产品包装　　　C. 产品储存　　　D. 订单处理

4. 企业销售物流的基本模式主要有（　　　）。

A. 生产企业自营销售物流　　　　　B. 第三方销售物流

C. 电子商务销售物流　　　　　　　D. 快递销售物流

5. 下列属于第三方销售物流模式优点的有（　　　）。

A. 充分发挥"成本中心"的作用

B. 合理安排和分配销售物流的资源和力量

C. 专业化　　　　　　　　　　　　D. 一体化

6. 下列属于销售物流管理特点的有（　　　）。

A. 整体优化　　　B. 市场经营行为　　C. 顾客服务导向　　D. 信息化

7. 下列属于销售物流业务管理内容的有（　　　）。

A. 销售规划管理　　　　　　　　　B. 销售计划管理

C. 销售订单管理　　　　　　　　　D. 销售终端管理

8. 下列属于销售物流战略管理内容的有（　　　）。

A. 未来销售物流量及其构成

B. 未来运输、储存的发展规模

C. 销售物流机械化、自动化的发展水平

D. 未来销售物流的经济效果评价

5.2 企业销售物流服务

销售物流服务是指企业向客户提供及时而准确的产品服务的活动。销售物流服务是与产品质量同等重要的企业经营活动，销售物流服务水平是提高企业竞争力的重要前提。

5.2.1 企业销售物流服务的目标

销售物流服务的目标是企业通过销售物流服务所期望达成的结果。销售物流服务的目标主要包括降低物流成本、增加销售收入、提高客户满意度和保持市场份额等。

（1）降低物流成本

销售物流活动中的物流成本即销售物流成本表现为企业向客户提供销售物流服务所付出的代价。销售物流成本与服务水平之间是此消彼长的关系，企业提高销售物流服务水平则意味着销售物流成本的增加，而企业在降低销售物流成本的同时，往往会影响所提供的销售物流服务。同时，提高销售物流服务水平和降低销售物流成本都会带来企业销售收入的增加。服务水平与销售额及物流成本的关系如图5-2所示。

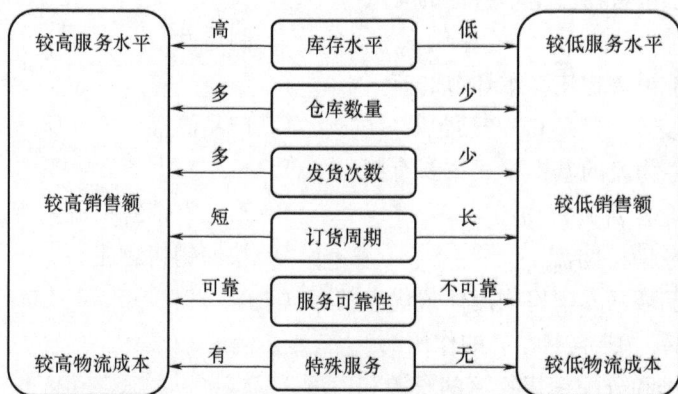

图5-2 服务水平与销售额及物流成本的关系

◇问题5-3：请根据图5-2描述物流服务水平与企业销售额及物流成本的关系。

从图5-2可以看出，企业提供较高的销售物流服务和增加销售收入的同时，需要付出较高的销售物流成本；反之，企业提供较低的销售物流服务和减少销售收入的同时，可能会带来销售物流成本的降低。因此，企业在提高销售物流服务水平时，必须高度重视销售物流成本的变化，权衡销售物流服务效应与销售物流成本利弊得失。

（2）增加销售收入

客户对企业所提供的服务水平的变化与产品质量、价格的变化同样敏感，当一个企业与其竞争对手在产品的质量、价格相似或相同时，销售物流服务水平的提高就可以使企业区别于其他企业，赢得更多的客户，从而增加企业的销售收入。

随着市场竞争的日趋激烈和科技水平的进步，企业传统的技术和产品特征优势日渐缩小，企业需要通过服务使产品差异化，通过为客户提供增值服务而有效地与竞争企业相区别。因此，销售物流服务是使企业产品生产差异化的重要手段，也是企业增加销售收入和提高市场竞争力的必然选择。

（3）提高客户满意度

在销售物流活动过程中不断提高客户满意度是销售物流服务的核心目标。企业为客户提供的产品服务可以分为三个层次：核心产品、形式产品和附加产品。核心产品是产品提供给客户的基本效用和利益；形式产品是产品向客户提供的实体和劳务的外观要素，包括产品质量、款式、特性、商标和包装等；附加产品是客户购买产品时得到的有形产品以外的利益，如使用说明书、维修服务、咨询服务、送货上门等。核心产品是客户需求的核心内容，形式产品是核心产品的外在表现，附加产品是产品所带来的作为有形产品必要补充的效用。

销售物流服务属于附加产品。客户购买产品时不仅关心有形产品，而且关心附加产品。所以，销售物流服务对于客户的满意程度会产生重要的影响。良好的销售物流服务会提高产品的附加价值，进而提高客户的满意程度，这是销售物流服务目标的一种集中体现。

（4）保持市场份额

保持市场份额是企业从市场竞争角度为销售物流服务设定的目标。保持市场份额一项重要内容是留住老客户。研究表明，开发一个新客户与留住一个老客户之间的成本比例为 5∶1。

保持良好的客户关系，留住老客户与企业利润率之间有着非常高的相关性。满意的老客户会同企业建立长期合作伙伴关系，分摊在老客户上的销售、广告等方面的成本比新客户低，为老客户提供服务的成本比为新客户提供服务的成本更低。同时，多数老客户会愿意支付溢价而为企业带来利润，满意的老客户还会作为中介而为企业带来新客户。因此，留住老客户、维护良好的客户关系是稳定和保持市场份额的重要策略，也应该成为企业销售物流服务长期坚持的目标。

5.2.2 企业销售物流服务的构成要素

销售物流服务的构成要素是构成企业销售物流服务的必不可少的因素，各个构成要素共同组成完整的销售物流服务系统。销售物流服务的构成要素包括订货周期、可靠性、信息渠道、方便性等。

（1）订货周期

订货周期又称为提前期，是指从客户确定商品需求到需求被满足之间的时间间隔。

客户都希望需求在尽可能短的时间内得到满足，所以客户订货周期的缩短标志着企业销售物流管理水平的提高。一个订货周期包含的时间因素有订单传递时间、订单处理时间、订货准备时间、订货装运时间和额外时间等。

①订单传递时间

订单传递时间是指从客户发出订单到企业收到订单的时间间隔。订单的传递时间长短与订单传递方式有关。传统的邮寄方式需要几天的时间，随着现代信息技术的发展和应用，订单的传递方式大都实现了信息化，使得订单传递时间大为缩短，提高了订货效率。

②订单处理时间

订单处理时间是指接受客户订单到准备装运的时间间隔。订单处理时间涉及客户资信调查、销售记录处理、订单移交到仓库以及装运文件的准备等所需要的时间。企业可以通过有效地利用电子数据处理设备和系统，同时处理多项订货业务的订单，以提高订单处理的效率。

③订货准备时间

订货准备时间是指根据订单准备客户所订货物的时间间隔。订单准备时间涉及从仓库中拣货、包装、搬运到发货点等所需的时间。订货准备时间的影响因素主要包括物流系统的自动化程度、客户订货的复杂程度、物流设备性能和速率、托盘化或托盘尺寸匹配程度等。企业可以通过提高物流系统的自动化和标准化程度来提高物流作业效率，缩短订货准备时间。

④订货装运时间

订货装运时间是指从将所订货物装上运输工具到客户在目的地收到货物的时间间隔。订货装运时间主要涉及在起点装货时间、途中运输时间和终点卸货时间等。订货装运时间的影响因素主要涉及装运规模、运输方式和运输距离等。企业可以通过加强运输规划和提高装运设备自动化程度等方式缩短订货装运时间。

⑤额外时间

额外时间是指缺货时从其他仓库配货或加工生产订货所需要的时间。由于仓库缺货需要通过其他途径备货，因而额外时间一般在仓库缺货时发生。额外时间一方面涉及仓库缺货从其他仓库配货的时间，另一方面是其他仓库没有备货而需要企业加工生产的时间。

（2）可靠性

可靠性是指按照客户订单和预订提前期的要求，保质保量安全地将订货送达客户指定的地点。可靠性要素是销售物流服务的重要保证，企业应做好销售物流服务过程中的信息反馈工作，及时了解客户的反应和要求。可靠性要素包括提前期的可靠性、安全交货的可靠性和正确供货的可靠性。

①提前期的可靠性

提前期的可靠性是指企业销售物流服务满足客户预订提前期的要求。提前期的可靠性对客户的库存水平和缺货损失有直接影响，可靠的提前期能减少客户面临供应的不确定性，能使客户的库存、缺货、订单处理和生产总成本最小化。如果提前期是固定的，客户可将其库存调整到最低水平，不需要保险库存来避免由于提前期波动造成的缺货。

②安全交货的可靠性

安全交货的可靠性是指企业向客户提供的订货没有破损或丢失等情况。安全交货是销售物流系统的最终目的，如果货物破损或丢失，客户不仅不能如期使用这些产品，而且还会增加库存和销售成本。如果客户收到破损的货物，就意味着客户不能将破损的货物用于生产或销售，这就增加了缺货损失。为了避免这种情况，客户必须提高库存水平，但同时也提高了库存成本。不安全交货还会使客户向承运人提出索赔或向企业退回破损货物。

③正确供货的可靠性

正确供货的可靠性是指企业向客户提供的订货与客户所订货物相符。当客户收到与所订货物不符的订货时，将给客户造成停工待料或不能及时销售等后果。所以，企业应采取措施保证供货的可靠性，减少或避免供货差错。由于订货信息的传递和订货挑选将直接影响企业的正确供货，因而采取电子信息技术提高订货信息传递和订货挑选的正确性。在订货信息传递阶段，使用电子数据交换系统，可以降低出错率；产品识别和条形码的标准化，可以减少订货挑选过程中的差错；电子数据交换系统与条形码的结合，能够提高库存周转率，从而降低物流成本，提高销售物流系统的服务水平。

（3）信息渠道

信息渠道是指在销售物流服务过程中企业与客户进行信息沟通的通道。信息渠道是企业与客户进行信息沟通的重要保障，企业与客户保持信息沟通是监督客户服务可靠性的主要手段，企业必须将信息沟通作为销售物流服务的重要内容。

在设计信息渠道时，企业应实现对所有用户的开放性和共享性。企业与客户的沟通是双向的，企业必须把关键的服务信息传递给客户。例如，企业应将降低服务水平的信息及时通告给客户，使客户及时做出必要的调整。企业还应将客户订货的装运状态、装运时间、运输路线等信息及时通告给客户，以便客户制订相应的运行作业计划。

（4）方便性

方便性是指销售物流服务水平的灵活性和便利性。不同的客户对销售物流服务的要求有相同的部分，企业可以通过一个或几个标准的物流服务满足客户的相同要求。但多数情况下客户对销售物流服务的要求是不相同的，企业需要通过不同的销售物流服务来满足客户的不同要求。例如，企业用不同的运输工具、运输方案满足客户对运输的不同要求。因此，为了更好地满足客户要求，企业就必须根据客户的规模、区域分布、购买的产品及其他因素将客户需求进行细分，为不同客户提供适宜的物流服务，以便企业针对不同客户以最经济的方式满足其服务需求。

5.2.3　企业销售物流的服务能力

销售物流的服务能力是指企业销售物流向客户提供物流服务的能力程度。销售物流的服务能力是销售物流服务的基本水准，也是销售物流客户服务最基本的方面。企业销售物流的服务能力包括可得性、作业绩效、时效性和持续改善等。

（1）可得性

可得性是指企业的产品能够不断地满足客户需求的能力。可得性表现为当客户需要产品时，企业能保证始终如一地满足客户对所需产品的需求。可得性实质上是企业所拥有的能够满足客户需求的产品库存能力。所以，可得性要求企业销售物流服务按照预期的客户订货进行产品储备，以满足客户对产品的需求。可得性一般用快速响应、最低库存、缺货频率、供应比率、订货完成率等指标来衡量。

①快速响应

快速响应是指企业销售物流对客户产品需求做出了快速反应。快速响应是企业销售物流作业目标中最基本的要求，它关系到企业销售物流能否及时满足客户的服务需求。快速响应的能力使企业将销售物流作业从传统的强调根据预测和库存情况做出计划，转向了以小批量运输的方式对客户需求做出反应上来。快速响应要求企业具有流畅的信息沟通渠道和广泛的合作伙伴支持。

②最低库存

最低库存是指企业以最低的库存来满足客户的产品需求。最低库存要求企业具备以最低的库存产品满足客户需求的能力，以便实现物流总成本的最低化。随着企业将注意力更多地转向最低库存控制，类似"零库存"之类的概念已经从国际大公司向其他众多公司转移并得到实际应用。

最低库存与企业资金占用和库存周转速度直接相关。最低库存越小，要求库存周转速度越快，而资金占用就越少；反之，则资金占用就越多。库存周转速度越快，也意味着投放在库存上的资金得到了有效利用。

③缺货频率

缺货频率是指缺货将会发生的概率。缺货频率用于衡量一种特定的产品需求超过其可得性的次数。当需求超过产品可得性时，就会发生缺货。将全部产品所有的缺货次数汇总起来，可以反映企业实现其基本服务的状况。因此，缺货频率是衡量产品可得性的起点。

④供应比率

供应比率是指衡量缺货程度或影响大小的比率。例如，一个客户订货 100 个单位产品，只有 95 个单位产品可得，则订货供应比率为 95%。供应比率可以在一段特定的时间内对多个客户订货的完成情况进行衡量，也可以衡量按特定产品提供的销售物流服务水准。一般来说，供应比率越高，客户满意度也越高；反之，则客户满意度越低。

⑤订货完成率

订货完成率是指衡量企业完成客户所预订全部产品的时间。订货完成率往往以某一个客户所预订的全部产品为衡量对象，所以订货完成率是用于衡量企业一个客户所预订的全部产品时间的指标。

在以上指标中，缺货频率与供应比率是相反的一对指标，缺货频率越低，则供应比率越高，说明企业销售服务能力的可得性越强，进而得出企业订货完成率高的结论。

（2）作业绩效

作业绩效是指企业销售物流作业满足客户需求的能力。作业绩效一般通过销售物流服务的速度、一致性、灵活性和故障恢复能力等指标来衡量。

①速度

速度即货物提供的速度。速度实际上是从客户订货开始到货物实际到达的时间。这段时间越短，说明货物提供的速度越快。

②一致性

一致性即销售物流服务内容前后的一致性。一致性实际上是企业随时履行服务承诺的物流处理能力。

③灵活性

灵活性即处理特殊服务需求的灵活性。灵活性实际上是灵活处理一次性改变装运交货地点、供应中断等异常情况的客户需求能力。

④故障恢复能力

故障恢复能力即应急方案处理服务中断的能力。企业应具有预测服务过程中可能出现的故障或服务中断的能力，并有适当的应急方案来恢复服务。当实际的服务故障发生时，应启动应急方案。

（3）时效性

时效性是指企业销售物流服务能够迅速提供有关物流作业和客户订货状况的精确信息。客户通常比较担心缺货或延迟送货等意外情况的发生，如果客户能事前收到相关的销售物流信息，就能对这些意外情况做出快速调整。所以，企业提供有关订货内容和时间的事前信息，往往能够赢得客户的认可和好评。因此，企业提供销售物流信息的时效性是衡量销售物流服务能力的重要指标。

（4）持续改善

持续改善是指企业销售物流服务能不断改善作业系统、及时发现和纠正问题的能力。企业销售物流服务要建立相应机制，以便及时发现问题，并从发生的问题中吸取教训，改善物流作业系统，避免出现类似的问题。因此，企业销售物流服务是一个不断完善和持续改进的过程。

拓展阅读 5 -2

海澜之家——现代物流支撑商业模式创新

在近年来服装行业增速下滑的情况下，海澜之家的快速发展引人注目。这家没有一套制衣设备和一个制衣工人的服装企业，2013 年实现了 127 亿元的零售总额，增幅超过 50%。海澜之家逆势增长，得益于企业从传统制造向服务经济的成功转型。

在此过程中，海澜之家不断增强物流能力建设，以支持业务高速发展。刚刚建成投入运行的海澜之家智能仓储系统，规模巨大，技术领先，实现了高度信息化和自动化，堪称国内服装物流现代化的标杆项目。2014 年 5 月初，记者来到海澜之家，深入了解其供应链管理与物流运作的成功之道。

自 21 世纪初起，海澜之家开始布局连锁门店网点，同时专注于做品牌、做设计、做销售、做物流，经过几年的运作和沉淀后，海澜之家进入高速发展阶段。

　　海澜之家以共赢为核心理念，以"品牌＋平台"的商业模式，整合服装产业链资源，使供应商、加盟商和公司有机结合形成利益共同体，实现了产业链各环节各司其职、各获其利、共同发展的良性循环。在整个服装产销流程中，海澜之家掌握上游的产品开发、品牌管理，下游的供应链管理、营销网络管理，将中间的成衣生产、运输配送外包出去。通过实现"供应商—总部—门店"的扁平化管理，海澜之家提高了效率，降低了成本，赢得了市场。

　　在供应链上游，海澜之家拥有300多家优质供应商，采用与供应商联合开发的模式。海澜之家设计中心重在产品企划与宏观设计，供应商的设计师重在产品细节设计与创意，再经过筛选、修改确定新产品款式。供应商拿到订单进行生产，产品交给海澜之家销售。供应商作为海澜之家的联营商，双方签好合作协议，共同承担市场风险。如果产品达不到规定的销售率，海澜之家会把剩余产品退给供应商。因此供应商需要全力以赴做好自己的主打产品，确保生产出高质量的产品。

　　在供应链下游，海澜之家拥有3000余家连锁门店，采取"所有权与经营权分离"的合作模式，紧紧把控住销售网络。服装企业的运作模式一般分为两种——直营和加盟，而海澜之家的加盟店更像是直营店。加盟商只需要承担加盟店经营费用，不需要参与经营，门店的运营管理全部交给海澜之家，由总部负责按照统一的管控标准执行。在商品销售后，加盟店与海澜之家根据协议约定结算营业收入。这使海澜之家实现了所有门店统一形象、统一供货、统一业务模式、统一服务规范，更有利于运营管理。

　　而物流则是海澜之家整个供应链的支撑，所有的资源都在这个平台上集散。物流园负责几百家供应商送货的接收与存储，并承载着全国数千家门店的货品分拣配送重任，此外还要处理服装逆向物流。在海澜之家董事长周建平看来，物流为公司运营提供了不可或缺的后台保障，对企业转型发展至关重要，他对物流高度重视并给予大力支持。随着业务快速增长，海澜之家的门店数量增多，营销网络扩大，货物处理量大幅上升，无疑给物流运作管理带来巨大压力和挑战。因此，近年来海澜之家投巨资建设先进高效的物流系统，不断增强物流保障能力。

　　——资料来源：全国物流信息网（http：//news. 56888. net/2014910/7529143221. html）

训练题 5 - 2

一、单项选择题

　　1. 企业向客户提供及时而准确的产品服务的活动是（　　）。

　　A. 产品销售　　　　B. 营销服务　　　　C. 销售物流　　　　D. 销售物流服务

　　2. （　　）是企业从市场竞争角度为销售物流服务设定的目标。

　　A. 降低物流成本　　　　　　　　　　B. 增加销售收入

C. 提高客户满意度   D. 保持市场份额

3. 较高的销售物流服务水平要求产品库存保持（　　）水平。

A. 较高   B. 较低   C. 均衡   D. 零库存

4. 提高销售物流服务水平会使销售物流成本（　　）。

A. 减少   B. 增加   C. 不变   D. 趋于零

5. 提高销售物流服务水平会使销售收入（　　）。

A. 减少   B. 增加   C. 不变   D. 趋于零

6. 销售物流服务属于企业为客户提供产品服务的（　　）。

A. 核心产品   B. 形式产品   C. 附加产品   D. 外观产品

7. 从客户发出订单到客户在目的地收到所订货物的时间间隔是（　　）。

A. 订单传递时间   B. 订单处理时间   C. 订货装运时间   D. 订货周期

8. （　　）是指接受客户订单到准备装运的时间间隔。

A. 订单传递时间   B. 订单处理时间

C. 订货准备时间   D. 订货装运时间

9. 因缺货而从其他仓库配货或加工生产订货所需要的时间称为（　　）。

A. 配货时间   B. 订货加工时间   C. 缺货时间   D. 额外时间

10. 企业根据客户订单要求，按照预定的提前期，安全地将订货送达客户指定地点，这是指企业销售物流服务的（　　）。

A. 订货周期   B. 信息渠道   C. 可靠性   D. 方便性

11. （　　）的可靠性是指企业向客户提供的订货与客户所订货物相符。

A. 提前期   B. 安全交货   C. 正确交货   D. 损失补偿

12. 企业的产品能够不断地满足客户需求的能力是指销售服务能力的（　　）。

A. 可得性   B. 作业绩效   C. 时效性   D. 持续改善

13. （　　）是衡量产品可得性的起点，该指标越低，则销售物流服务能力的可得性越强。

A. 最低库存   B. 缺货频率   C. 供应比率   D. 订货完成率

14. 衡量企业完成客户所预订全部产品的时间是指可得性的（　　）。

A. 最低库存   B. 缺货频率   C. 供应比率   D. 订货完成率

15. 企业销售物流服务能够迅速提供有关物流作业和客户订货状况的精确信息是指（　　）。

A. 可得性   B. 时效性   C. 一致性   D. 灵活性

二、多项选择题

1. 销售物流服务的目标具体表现为（　　）。

A. 降低物流成本   B. 增加销售收入

C. 提高客户满意度   D. 保持市场份额

2. 提高销售物流水平意味着（　　）。

A. 增加库存   B. 减少发货次数

C. 缩短订货周期　　　　　　　　　D. 增加服务可靠性

3. 企业为客户提供的产品服务可以划分为（　　　）等不同层次。

A. 核心产品　　　　B. 形式产品　　　　C. 附加产品　　　　D. 外观产品

4. 在销售物流服务中，下列属于留住老客户好处的有（　　　）。

A. 老客户要求的销售物流服务水平较低

B. 为老客户提供服务的成本比为新客户提供服务的成本更低

C. 多数老客户会愿意支付溢价而为企业带来利润

D. 满意的老客户还会作为中介而为企业带来新客户

5. 销售物流服务的构成要素包括（　　　）等。

A. 订货周期　　　　B. 可靠性　　　　C. 信息渠道　　　　D. 方便性

6. 下列属于一个订货周期包含的时间因素的有（　　　）。

A. 订单传递时间　　B. 订单处理时间　　C. 订货装运时间　　D. 订货周期

7. 销售物流服务的可靠性要素包括（　　　）可靠性。

A. 提前期　　　　　B. 安全交货　　　　C. 货物损失补偿　　D. 正确供货

8. 企业销售物流的服务能力包括（　　　）等。

A. 可得性　　　　　B. 作业绩效　　　　C. 时效性　　　　　D. 持续改善

9. 下列属于销售物流服务能力可得性衡量指标的有（　　　）。

A. 时效性　　　　　B. 最低出库　　　　C. 一致性　　　　　D. 供应比率

10. 下列属于销售物流服务能力作业绩效衡量指标的有（　　　）。

A. 时效性　　　　　B. 一致性　　　　　C. 缺货频率　　　　D. 灵活性

5.3　企业销售物流组织管理

　　企业销售物流组织管理是指按照销售物流管理目标的要求，合理组织和控制企业销售物流过程的管理活动。企业销售物流组织管理重点内容包括企业销售物流渠道管理、销售物流运输管理和销售物流配送管理等。

5.3.1　企业销售物流渠道管理

　　销售物流渠道又称分销渠道，是指产品从生产企业销售给客户所经过的路径及经销机构。销售物流渠道的起点是生产企业，终点是作为客户的用户或消费者。销售物流渠道中的中间环节称为中间商，中间商包括产品在生产者与消费者之间的所有中介组织和个人，如代理商、批发商、分销商、零售商、经销商等。

（1）销售物流渠道的流程结构

　　销售物流渠道的流程结构通常包括实体流程、所有权流程、付款流程、信息流程和促销流程等。

①实体流程

实体流程是指实体原材料及产成品从制造商转移到终端消费者的过程，如图5-3所示。

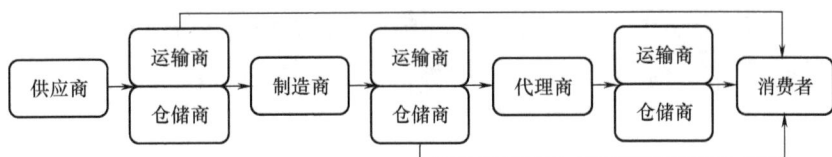

图 5 - 3 实体流程示意图

②所有权流程

所有权流程是指货物所有权从原材料供应商到生产企业以及下游营销企业，最后
到终端消费者的转移过程，如图 5 - 4 所示。

图 5 - 4 所有权流程示意图

③付款流程

付款流程是指货款从消费者到供货商直至供应商之间的流动过程，如图 5 - 5 所
示。付款流程与实体流程呈反方向。

图 5 - 5 付款流程示意图

④信息流程

信息流程是指信息在各企业之间相互传递的过程，如图 5 - 6 所示。

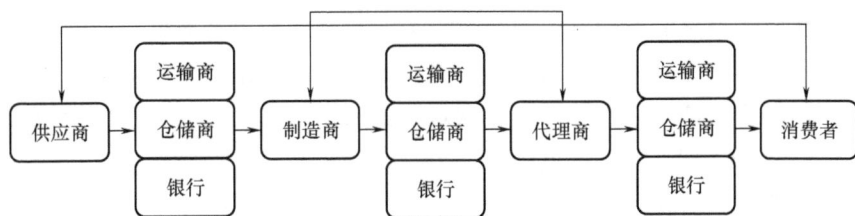

图 5 - 6 信息流程示意图

⑤促销流程

促销流程是指由渠道中某一成员运用广告、人员推销、公共关系、促销等活动对
另一成员施加影响的过程，如图 5 - 7 所示。

图 5 - 7 促销流程示意图

◇问题5-4：根据图5-3、图5-4、图5-5、图5-6和图5-7比较分销渠道各流程的不同。

（2）销售物流渠道的模式

销售物流渠道的模式一般有直接销售物流渠道、间接销售物流渠道和代理销售物流渠道等。销售物流渠道模式如图5-8所示。

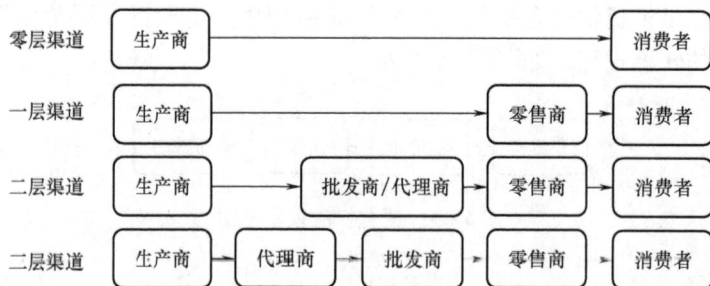

零层渠道	生产商				消费者
一层渠道	生产商			零售商	消费者
二层渠道	生产商		批发商/代理商	零售商	消费者
二层渠道	生产商	代理商	批发商	零售商	消费者

图5-8　分销渠道模式示意图

◇问题5-5：根据图5-8比较直接销售物流渠道与间接销售物流渠道的不同。

①直接销售物流渠道

直接销售物流渠道是指生产商直接把产品销售给最终消费者的销售物流渠道。图5-8中的零层渠道就是直接销售物流渠道。直接销售物流渠道是不经过任何中间环节的销售物流渠道，包括企业自设销售网点、企业人员推销、网络直销等具体方式。

直接销售物流渠道主要适用于生产批量小、分散经营的手工业品和农副产品的销售。直接销售物流渠道由于没有中间环节，因而具有缩短流通时间、及时了解市场需求变化、保证产品质量及减少产品损坏、直接控制产品价格等优点。但直接销售物流渠道分散了生产者的精力，增加了企业构筑销售网络的费用，企业会承担较大的市场风险。

②间接销售物流渠道

间接销售物流渠道是指生产商通过中间环节把商品销售给消费者的销售物流渠道。图5-8中的除零层渠道外的一层渠道、二层渠道、三层渠道都属于间接销售物流渠道。

一层渠道模式一般由生产商向零售商供货，再由零售商向消费者销售商品，比较适合生产用消费品和选购品的销售。

二层渠道由生产商向批发商供货，批发商通过挑选分类和分装调配后再供给零售商或经由代理商供给零售商，最后由零售商向消费者销售商品。二层渠道模式十分适用于产品类型属于零星、分散的中小生产企业和进货零散的小型零售企业，人们日常生活中的大多数日用消费品都采用这种销售模式，因此，二层渠道是我国消费品销售的传统模式，在商品流通中被广泛使用。

三层渠道模式生产商既利用批发商，又利用代理商和零售商来销售商品。三层渠道模式由于销售渠道较长、中间环节较多、流通费用较高，一般不宜采用。

间接销售物流渠道的优点有：中间商能迅速打开当地市场并一次性订购批量产品，减少了市场交易次数，专业化的销售渠道设置使销售成本最小化和交易规范化，同时也为购销双方搜集市场资源提供了便利。

间接销售物流渠道的缺点有：延长了流通时间，增加了物流运输和仓储等费用，促使产品价格提升，增加了消费者负担。

③代理销售物流渠道

代理销售物流渠道是指生产者通过代理商服务把商品销售给消费者的销售物流渠道。代理商如贸易中心、贸易货栈、贸易公司、贸易信托公司等。代理销售物流渠道的代理商与生产商之间并不是商品买卖关系，而只是接受客户委托，办理代销业务，以佣金或手续费方式赚取报酬。

（3）销售物流渠道的选择

销售物流渠道的选择是指在分析销售物流渠道影响因素的基础上，选择企业产品销售的中间商和确定销售物流渠道策略的过程。销售物流渠道的选择关系到企业产品能否以最快的速度、最大的辐射面接近目标消费者。

①销售物流渠道的影响因素

选择销售物流渠道应考虑的因素主要包括产品因素、市场因素、企业因素和社会环境因素。销售物流渠道的影响因素见表5-4。

表5-4　销售物流渠道影响因素

产品因素	产品的单价	单价较低的产品选择较长、较宽的销售渠道；反之选择较短、较窄的销售渠道
	产品的体积和重量	较小、较轻的产品选择较长、较宽的销售渠道；反之选择较短、较窄的销售渠道
	产品的样式	样式易变的产品选择较短的销售渠道，反之选择较长的销售渠道
	产品的稳定性和易腐性	稳定性差和易腐的产品选择最短的销售渠道
	产品的技术复杂性	技术复杂性越高的产品尽可能选择较短的销售渠道
	产品的标准化程度	标准化程度越高的产品选择较长、较宽的销售渠道；反之选择较短、较窄的销售渠道
	产品的寿命周期	随着产品寿命周期的演进选择从短到长、从窄到宽的销售渠道；产品衰退期适当压缩销售渠道
市场因素	市场需求以及客户的购买量和购买频率	市场需求大、单次购买量较少、购买频率较高的产品选择较宽、较长的销售渠道；反之选择较窄、较短的销售渠道和直销
	市场区域的范围	市场区域的范围越大选择销售渠道越长、越宽；反之选择直销
	客户的集中程度	客户集中程度高选择较短、较窄的销售渠道；反之选择较长、较宽的销售渠道

续表

企业 因素	企业商誉和资金	企业商誉好、资金雄厚自主选择销售渠道甚至建立自主的销售网络体系；反之必须依赖中间商提供销售物流服务
	企业的经营能力	企业销售力量充足或销售经验丰富选择少用或不用中间商，反之依靠中间商销售产品
	企业的服务能力	企业服务能力较强选择较短的销售渠道，反之选择较长的销售渠道
	企业的控制能力	企业要有效控制销售渠道选择较短的销售渠道
社会环境因素	社会经济环境	经济环境好销售渠道选择余地大，反之选择较短的销售渠道
	法律政策环境	遵守国家法律，选择合法的中间商，采用合法的营销手段

◇问题5-6：根据表5-4分析企业如何根据不同的影响因素选择相应的销售物流渠道？

②销售物流渠道选择的原则

销售物流渠道选择的原则主要包括经济性原则、可控性原则、适应性原则等。

a. 经济性原则。经济性原则要求企业选择的销售物流渠道能达到预期的销售目标水平。一是选择的销售物流渠道应是能够保证商品向消费者的流向是合理的；二是选择的销售物流渠道环节应尽可能少，且销售物流渠道组合是合理的；三是选择的销售物流渠道能够用最少的消耗、最快的速度、最短的距离转移商品实体；四是选择的销售物流渠道具有相对稳定性。

b. 可控性原则。可控性原则要求企业对所选择的销售物流渠道能够控制。直销对销售物流渠道控制力最强，但营销费用较高，市场覆盖面较窄，企业不可能全面采用直销模式。可控性重点体现在利用中间商销售的物流渠道，选择建立特约经销或特约代理关系的中间商比较容易控制，但企业要谨慎对待中间商的销售能力。

c. 适应性原则。适应性原则要求企业选择销售物流渠道要适应市场需求的变化。一方面是地区的适应性，即在某一特定地区建立商品的销售物流渠道，应与该地区的市场环境、消费水平、生活习惯等相适应。另一方面是时间的适应性，即根据不同时间段商品的销售状况，应能采取不同的销售物流渠道与之相适应。

③选择中间商

企业选择中间商就是要建立稳固而良好的产销合作关系，构筑起市场覆盖面广、占有率高的销售网络体系。企业选择中间商应从中间商的市场覆盖面、经营服务能力、经营目标与要求，以及企业与中间商的预期合作程度等方面着手。

选择中间商首先要求中间商的市场覆盖面与企业的目标市场一致，包括市场区域、市场范围、消费人群等方面的一致性。其次，选择中间商前必须对中间商进行评价，即企业根据销售目标对中间商完成某项产品营销的能力进行全面评价，包括中间商的营销知识、经验、技术和设施等。再次，选择中间商前还必须对中间商的经营目标与合作要求进行调查了解，包括广告投入等促销活动要求、扩大市场的潜在要求、长期稳定的合作要求等，企业必须就产品价格政策、销售条件、市场区域划分、相互服务等方面明确中间商的权利和责任。最后，选择中间商还要考虑企业与中间商的预期合作程度，当企业与中间商预期合作较好时，选择该中间商的可能性会大大增加。

④选择销售物流渠道策略

销售物流渠道策略是指销售物流渠道的营销方式和方法。销售物流渠道的策略主要有密集性营销、选择性营销、独家营销等策略。

a. 密集性营销。密集性营销是指企业选择尽可能多的中间商销售其产品的策略。密集性营销策略是一种宽渠道销售物流策略，可以使企业的产品收到最大的展示效果，使客户能够最方便地买到企业产品。但密集性营销策略可能选择一些效率不高的中间商而使产品销售成本增加。密集性营销策略在消费品中的日用品、冲动购买品，以及生产资料的标准件等营销中使用较为普遍。

b. 选择性营销。选择性营销是指企业有选择地挑选一部分中间商销售其产品的策略。选择性营销策略的中间商都是经过精心挑选的，淘汰了效率不高的中间商，可以降低企业的营销成本；企业能够与所挑选的中间商保持良好的协作关系，中间商也能够更好地完成企业赋予的营销职能；企业可以把精力集中于所挑选的中间商，增强了企业对销售物流渠道的控制能力。

c. 独家营销。独家营销是指企业在同一地区只选择一家中间商销售其产品的策略。独家营销策略要求企业在同一地区不能授权其他中间商销售其产品，被授权中间商不得再经销与之竞争的产品。独家营销策略可以提高企业对销售物流渠道的控制能力，刺激中间商努力为企业营销服务，但中间商选择不当可能会失去某一地区市场，所以加大了企业营销风险。独家营销策略在消费品中的特殊品，尤其是名牌特殊品、需要特殊服务的产品营销中使用较多。

（4）销售物流渠道的控制

企业在销售物流渠道投入使用后，还需要对销售物流渠道进行评价，根据评价结果对中间商进行奖惩，以及对销售物流渠道进行管理和调整等。销售物流渠道的控制策略主要包括中间商的评价、中间商的激励、渠道冲突的管理和渠道的调整等。

①中间商的评价

中间商的评价是指企业对中间商的营销表现定期进行考核评价。中间商评价的目的主要是鼓励表现好的中间商，鞭策表现差的中间商以促其改进和调整。评价中间商的标准主要有销售产品数量、平均库存水平、商品陈列位置、向顾客销售商品的程度、对受损商品的处理、对顾客服务表现、与生产者促销合作等。

②中间商的激励

中间商的激励是指企业采取措施激发中间商的经营兴趣，提高中间商的积极性，并帮助中间商推销产品的行为。企业激励中间商的办法主要包括物质激励、精神激励、信息支持、提供帮助、建立良好合作关系等。

③渠道冲突的管理

渠道冲突是指中间商发现其他中间商从事的活动阻碍或不利于本组织实现自身目标而发生的矛盾和纠纷。渠道冲突分为三种类型：垂直渠道冲突，即同一条渠道中不同层次中间商之间的冲突；水平渠道冲突，即同一渠道中同一层次中间商之间的冲突；

多渠道冲突,即一个企业通过两条或两条以上的渠道向同一市场出售其产品而发生的冲突。

渠道冲突管理要做好销售物流渠道的战略设计和组织工作,谨慎选择中间商,并建立渠道内中间商之间的交流和沟通机制,制定统一的经营行为规范,明确中间商的权责,适当激励渠道内中间商,使渠道内各方同时受益。

④渠道的调整

渠道的调整是指企业根据销售市场的变化而对销售物流渠道的增减取舍。渠道调整包括增减中间商、增减渠道和调整全部渠道等。增减中间商是指企业在某一销售物流渠道内增减个别中间商;增减渠道是指企业增减某一销售物流渠道模式;调整全部渠道是指企业对所使用的全部销售物流渠道进行调整,如直接渠道改为间接渠道,单一渠道改为复合渠道等。

5.3.2 企业销售物流运输管理

销售物流运输是指在企业产品销售过程中发生的与产品销售有关的运输物流活动。运输是销售物流的重要组成部分,经过运输将企业产品运达所需要的目的地,改变了企业产品的空间位置,在企业销售过程中创造了空间效用。因此,销售运输管理不仅是企业销售物流管理的重要环节,而且是整个企业物流管理的重要因素。

(1) 销售物流运输管理的流程

销售运输管理的流程是指企业销售运输管理作业的基本步骤,包括明确运输职责、选择运输方式、确定承运人、计算运费、填制运输单、监管承运人和运输保险等步骤(如图5-9所示)。

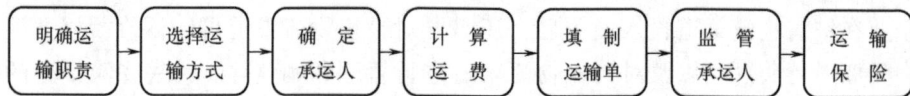

明确运 输职责		选择运 输方式		确定 承运人		计算 运费		填制 运输单		监管 承运人		运输 保险

图5-9 销售运输管理流程示意图

①明确运输职责

明确运输职责就是明确企业负责销售物流运输管理部门的具体职责。企业可以单独设立运输部门承担销售物流运输管理职责,也可以由销售部门承担销售物流运输管理职责。销售物流运输职责就是确保以最低的成本为企业提供产成品对外销售的物流运输服务。销售物流运输职责应以较低的物流运输成本获得总体客户的满意为目标。销售物流运输职责主要包括选择销售物流运输方式、选择合适的运输线路、填制运输表单、跟踪销售产品的运输状况、协助其他部门管理销售运输等。

②选择运输方式

选择运输方式就是在综合各种因素的基础上,在可供选择的运输方式中选择最合适的运输方式。可供选择的运输方式主要有铁路、公路、航空、水陆、管道运输和联合运输等方式。企业应根据运价、运输时间、运输方式的可靠性和安全性等因素,结合物流系统的总体要求、不同运输方式的成本,选择合适的运输方式。各种运输方式提供服务的可靠性、运输的速度、服务能力、运费等都是选择运输方式需要考虑的因素。

◇问题5-7：列举出物流的运输方式，并比较各种物流运输方式的优缺点。

③确定承运人

销售物流运输中的承运人是指接受企业委托承担企业销售物流运输业务的企业组织。企业在选择运输方式后，就要确定具体的承运人。确定承运人考虑的因素主要是运价和承运人的服务水平。某一运输方式大多数承运人的运价和服务是相似的，但服务水平会存在很大差异，所以服务水平是选择具体承运人的决定性因素。因此，在一种运输方式中确定承运人，应重点考虑承运人的服务水平。

承运人的服务水平主要体现在运输时间与可靠性、运输能力与可接近性、运输的安全性等方面。运输时间越短，可靠性越高，企业产品库存水平越低，缺货率也可以保持较低水平，所以企业应选择运输时间短、可靠性高的承运人，以降低产品库存水平和缺货率。运输能力反映了承运人提高运输工具和设备的能力，可接近性反映了承运人的运输接近企业物流节点的能力，所以运输能力与可接近性决定了承运人能否提供理想的运输服务，企业应选择运输能力强和可接近性高的承运人。运输的安全性要求货物在到达目的地的状态与开始托运的状态相同，运输中发生丢失或损毁会增加企业销售物流成本和影响企业信誉，所以运输安全性也是确定承运人的重要条件。

④计算运费

计算运费就是根据运输费率计算确定销售物流运输的具体费用支出。对于运输量较小的企业，运输费率可以根据承运人公布的运价来计算；对于适用例外费率的企业，则需要与承运人共同商讨所适用的运输费率；对于货物运输量常年较高的企业，往往采用与承运人单独谈判的特殊运输费率。

⑤填制运输单

填制运输单是指将有关运输信息填写在运输表单上的工作。填制运输单据也是企业运输管理的一项职责。许多企业应用计算机订单处理软件填制和输出运输单，而多数承运人也采用计算机软件系统填制和输出运输单。

⑥监管承运人

监管承运人是指企业为了使销售的产品在合适的时间运到合适的地点而对运输承运人进行的监督和管理。企业运输管理部门将企业销售的产品交给承运人后，需要监督和跟踪货物的运输状态，以保证运输货物任务的顺利完成。监管承运人的基本要求是确保货物安全、及时、准确、完好无损地送到客户指定的地点。

⑦运输保险

运输保险是指为防止和减少运输意外损失而向保险机构投保。运输保险是企业销售物流运输管理不可缺少的一个重要环节，对于防范和化解运输风险发挥着不可替代的作用。运输投保的重要工作是选择投保的险种。投保险种恰当，可以保证运输获得充分的经济保障，并节省保险费开支；投保险种不当，可能会使运输损失得不到应有的赔偿，或增加不必要险种的投保费用。

（2）销售物流运输策略

销售物流运输策略是指企业综合考虑各种因素来选择恰当的运输方式并使运输合理化的方略。销售物流运输策略重点是运输方式的选择，目标是使销售物流运输合理化。

①销售物流运输策略的影响因素

销售物流运输策略的影响因素是制约企业选择销售物流运输策略的各种内部和外部条件，主要包括环境因素和库存水平等。

环境因素主要是企业所处的地理环境、运输条件、国家的运输法律法规及政策等。企业在制定销售物流运输策略时，应重点考虑各种运输方式的特点、承运人的条件和运输能力，结合相应的地理环境等因素根据市场行情与承运人就运输价格等进行谈判。因此，运输环境因素是企业选择销售物流运输策略必须考虑的重要因素。

库存水平的影响主要表现在低库存水平下对销售物流运输策略的具体要求。随着许多企业由大批量生产转为柔性更强的小批量、多品种生产，甚至即时制生产，导致企业库存水平大幅度降低。为了防止低库存水平下的缺货，企业必须采取频繁的小批量快速运输策略，以满足对提高运输质量的要求。但这种运输策略会造成运输物流成本的增加，影响企业销售物流运输的经济效益。因此，库存水平对企业销售运输策略的影响是非常大的。

②运输方式的选择

运输方式的选择是制定销售物流运输策略的中心工作。企业可以选择单一运输方式，也可以选择多种运输方式并结合使用。运输方式的选择必须综合考虑并平衡运输系统所要求的运输服务和运输成本，以运输合理化为基准和最终目标，并兼顾运输距离、运输环节、运输工具、运输时间、运输费用等因素。

运输距离的长短是运输是否合理的最基本因素，缩短运输距离是选择运输方式首先需要考虑的重要因素。运输环节的增加不仅意味着运输成本的增加，而且会增加装卸、包装等附属活动，因而减少运输环节，尤其是减少同类运输工具的环节，这对运输合理化具有促进作用。运输工具都有其适用的优势领域，对运输工具进行优化选择，按运输工具的特点进行装卸作业，最大限度地发挥运输工具的各自优势，成为运输合理化的重要环节。运输时间在整个物流过程中占有绝对部分，所以缩短运输时间对缩短整个物流时间有决定性作用。运输费用在全部物流费用中占很大比例，运输费用很大程度上决定着整个物流系统的效率；同时，运输费用降低是企业运输合理化的一个重要目标。

（3）提高销售物流运输效率的方法

不断提高销售物流运输效率是企业销售物流运输管理的基本目标，企业应围绕这一基本目标采取有效的方法管理销售物流运输过程。企业提高销售物流运输效率的方法一般有实行集约化管理、减少承运人数量和使用自有车辆运输等。

①实行集约化管理

集约化管理是指在最充分利用一切资源的基础上，更集中合理地发挥各种资源的效用，以提高效率和效益的一种管理形式。销售物流运输实行集约化管理主要表现为预先进行集中管理，而不是反应式运输管理，即在制定运输策略、计划安排、成本核算以及协调企业销售物流等方面实行预先管理。预先管理要求企业预先分析运输中存在的问题，寻找解决问题的方法，以利于企业整体效率的提高。当企业出现由于运输效率低下而导致服务质量下降时，就可以实行集约化运输管理。企业可以采取与承运人谈判、按规定的服务水平与承运人签订合同、调整装货流程等方法来改进服务，在物流成本维持在可接受的水平下提高销售收入。

②减少承运人数量

减少承运人数量是指企业减少所使用承运人而将销售物流业务集中于较少的承运人。减少承运人会使现有承运人的业务量和经营收入增加，企业可以在运价和服务方面占据主动。但减少承运人增加了企业对少数承运人的依赖性，当个别承运人出现运营问题，而其他承运人又无力承担运输任务时，企业就不得不使用不熟悉本企业运输流程及客户服务的承运人，从而难以获得合理的运价，影响企业的运输物流成本和客户服务水平。

③使用自有车辆运输

使用自有车辆运输是指企业使用自备车辆从事销售物流运输。企业使用自有车辆运输可以直接控制自有车辆运输的服务水平，从而获得优质的运输服务。同时，自有车辆可以提供灵活的运输服务以满足零售客户的运输要求。但使用自有车辆运输时，由于许多企业管理的专业化水平不高，不能有效协调配置运输设备，造成一定程度的浪费，进而增加运输物流成本。

5.3.3 企业销售物流配送管理

配送是指按经济合理区域内用户的要求，通过配送作业按时将货物送达指定地点的物流活动。配送是在经济合理区域范围内的送货，属于从物流据点到用户的一种特殊送货服务。配送是在全面配货基础上所进行的送货活动，所以配送是"配"与"送"的有机结合，是运输与其他物流活动共同构成的有机体。配送物流作业包括拣选、加工、包装、分割、组配等作业，涵盖了集货、分拣、配货、配装、配送运输、送达服务、配送加工等物流要素。

（1）销售物流配送的一般流程

配送的一般流程包括备货、储存、配货、配装、送货等过程，见表 5-5。

表 5-5　销售物流配送的一般流程

流程	作业内容	功能地位
备货	筹集货源、订货或购货、集货、进货以及有关验货、交接、结算等	备货是配送的基础，它可以集中不同客户的需求统一备货，在一定程度上取得规模效益，降低进货成本
储存	配送的储存有储备和暂存两种形式	保证配送的稳定性及满足配送分拣配货要求
配货	按照不同客户的要求，对货物进行分拣、分类、匹配的作业	配货是配送不同于其他物流功能的独特之处，也是配送过程中的关键环节，配货水平的高低关系整个配送系统的效率和水平

流程	作业内容	功能地位
配装	按照车辆有效负荷进行搭配装载	对于不同客户和不同的货物,按照送达的时间、地点、线路进行合理配装,可以提高车辆的载货效率和运输效率,从而提高送货水平降低送货成本
送货	把货物送达客户指定的地点	送货是一种联结客户末端运输,送货不单纯是把货物运抵客户,还包括圆满地移交、卸货、堆放等服务,以及处理相关手续和结算等

◇问题5-8:根据表5-5描述销售物流配送的一般流程。

(2) 销售物流配送的类型

销售物流配送按照不同的标准可以划分为不同的类型,包括按配送的时间及数量、配送商品品种及数量、配送的节点等进行分类。销售物流配送的类型见表5-6。

表5-6 销售物流配送的类型

按配送的时间及数量分类	定时配送	按规定的时间配送
	定量配送	按规定的数量配送
	定时定量配送	按规定的时间和数量配送
	定时定路线配送	在规定的路线上确定到达时间,按车辆到达时间表配送
	即时配送	按客户安排的时间和数量配送
	快递配送	快速配送服务的配送方式
按配送商品品种及数量分类	少品种大批量配送	使用大吨位车辆配送品种较少而需求量较大的商品
	多品种小批量配送	按客户要求配齐品种并凑足整车后配送
	配套成套配送	按客户要求配齐配套成套所需的零部件及材料等之后配送
按配送的节点分类	配送中心配送	由专业性的配送中心组织配送
	仓库配送	以仓库为据点进行配送
	商店配送	由商店组织直接面对客户配送
	生产企业配送	由生产企业自行组织配送

(3) 共同配送

共同配送是指由多个企业联合组织共同实施的配送活动。共同配送是在追求配送合理化的过程中,经过长期的实践和探索优化出的一种配送形式,也是现代物流业广泛采用的一种配送方式。

共同配送实际上是通过配送作业的规模化来降低配送作业成本,通过资源共享提高物流资源的利益效率。所以,共同配送的核心思想是在物流资源共享的理念下建立企业配送联盟,使分散和较小的物流量集中和增大,产生物流规模效益,从而降低物流配送成本。

①共同配送的形式

共同配送是配送资源整合的过程，也是配送业务整合的过程。在配送整合过程中派生出不同的共同配送具体形式。

共同配送的基本形式可以分为两种：一种是由一个配送企业对多家用户进行配送，即由一个配送企业综合某一地区内多个用户的要求，统筹安排配送时间、次数、路线和货物数量，全面进行配送；另一种是体现在送货环节上的配送，即将多家用户待运送的货物混载于同一辆车上，然后按照用户的要求分别将货物运送到各个接货点，或者运到多家用户联合设立的配送货物接收点上。

②共同配送的优势

共同配送可以避免多余的交错运输，最大限度地提高物流资源的使用效率，提供最大效益的物流配送服务。共同配送的优势具体表现在：

a. 降低了物流配送成本。一方面，由于共同配送是多个货主企业共享一个第三方物流服务企业的设施和设备，从而由多个货主共同分担配送成本，降低了物流配送成本。另一方面，由多个不同货主的零散运输通过整合可以变成成本更低的整车运输，从而使得运输费用大幅度降低。共同配送还可以降低每个货主的日常费用支出，降低新产品上市时的初始投资风险。

b. 实现了从多点配送到一点配送。多点配送是在企业自营配送下每个供货商对应多个经销商进行配送，如图 5 – 10 所示；而一点配送则是将多家供货商的零散货物整合后一次性共同配送，如图 5 – 11 所示。

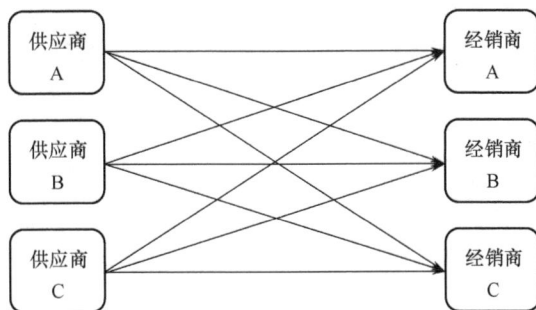

图 5 – 10　企业自营配送示意图

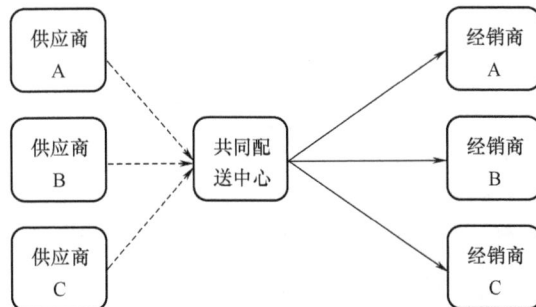

图 5 – 11　企业共同配送示意图

◇问题5-9：根据图5-10和5-11比较企业自营配送与共同配送的不同。

c. 减少了库存等资金投入。共同配送可以使企业对市场需求做出快速反应，进而减少了产品库存。所以，共同配送可以避免企业在仓库等设施、搬运系统设备、人工以及支持性信息系统等方面的资金投入，从而可以将所节约的资金投入其产品研发、市场营销等核心业务，为企业发展提供资金支持。

拓展阅读5-3

案例解析：经销商物流配送营销之路

白酒行业的调整不仅仅体现在厂家，这种调整已经从上游厂家延伸至渠道商层面。经销商的经营风险越来越大，许多经销商一年辛辛苦苦却没有利润甚至亏本。随着行业调整的加深，这种风险将会进一步加剧。

面临这样严峻的局势，许多厂家进一步加强对市场的直接管控，许多经销商成为厂家的配送商。

早些时候，洋河运作市场的方式就是由厂家做市场，经销商只是配送商的角色，这种方式不仅让洋河的市场迅速扩张，同时经销商也赚得盆满钵满，双方皆大欢喜。如今，行业寒冬来临之际，这种方式又被提出。

那么，经销商转化为配送商意义何在？

（1）厂家将承担一切经营风险，保证合作伙伴的既得利益。

（2）作为配送商，每配送一件产品就获取一份配送费，虽然配送费比经销制下每件货加价收入低，但是除车辆外不需要投入更多人力和冷库费，没有经营风险，实质是无风险回报。

（3）为了保证配送商的积极性，大厂家会对完成或超额完成配送任务的配送商给予完成任务奖励和超额任务奖。事实上，很多经销商转变为配送商后，都得到了比较满意的收入。

（4）目前，很多品牌厂家选择代理商都要考虑代理商的配送、仓储、掌控资金能力以及信誉度等，而配送更是首要条件。

某酒业负责人就曾表示，厂家在销售链条上担负着开发终端、打造品牌、面对消费者等职责，而经销商则主要承担配送及维护终端、发动核心消费者的职能。这种模式将有助于酒企直接对接终端和消费者，了解其真实需求，并根据需求做出及时调整，经销商的压力也相对少了很多。

相对于厂家而言，经销商的职能转为配送后，既发挥了经销商的配送能力和网络影响力，又可突破经销制的局限性，直接掌控和疏通下游渠道，维护物流秩序和价格秩序，避免了源自经销商之间的恶性砸价和窜货现象。只有这样，在渠道上才能创造出其他厂家无法比拟的优势。

徐福记在全国已有100多家分公司，一二线城市的国际性和全国性连锁卖场均已实现直营，但其大部分的配送和地方性 BC 类终端仍由经销商经营。这些品牌给经销商的配送服务费一般保持在配送货物金额的 5%～8%，对于经销商来说可以降低直接合作大型终端带来的风险和资金压力，通过获取配送费解决公司的营运成本，而在经营 BC 类店的过程获得相对高的毛利润。目前可以选择配送的品牌一般是国际性或国内知名食品企业。

案例分享一：从上到下的压迫式转变

伊利的市场规模扩大后，经销商模式就使伊利冷饮的发展受到阻滞，销售上不去，利益得不到保证。这种情况下，若不改变原有的销售模式，扩张将难以进行下去。于是，公司对伊利冷饮事业部的营销渠道进行全面整合：做出了一级配送、二级强化、决胜终端的决策。将一级批发商变成配送商，以此思路来开展今年的市场营销。整个冷饮事业部按照这种调整思路对没有调整过的地区分销通路进行全面的整合，对已调整过的市场分销通路进一步深化改革，不断完善。经销商变成配送商后，原来一级批发商的高风险、高回报，就变成无风险、稳定回报，从而避免了同一个厂家和不同厂家的经销商之间可能存在的相互压价的情况。厂家则可以利用原来一级批发商的配送能力和网络影响，直接把握市场。

伊利在市场上取得突破性进展就是成功运用了企业制定的营销战略。就拿浙江市场来说，虽然浙江本地品牌牢牢占据着市场，但伊利进入后，新模式便取得了突破性的进展，配送商的分销站已覆盖整个浙江地区，伊利在浙江的市场争夺战可以形容为"强龙力压地头蛇"。

案例分享二：自下而上寻求突破转变

在跨国企业进入中国建立自己的农药经销网络的时候，中国农药经销商纷纷强化自己的物流配送功能，添置运输设备，建立仓储中心和运输机构，力争以物流配送方面的优势在未来的竞争中站稳脚跟。

传统的农药经销商任务比较单一，提供的服务往往很少。在整个销售通路中，没有多少增值服务。据了解，中国农药经销商之所以进行这样的变革，是因为他们面临的挑战已十分紧迫。近年来，各方面对销售终端的争夺日趋激烈，生产企业普遍想直接控制销售终端。夹在终端和生产企业之间的经销商们好像成为企业的负担，成为阻碍产品流通的罪魁祸首。同时，经销商所拥有的利润空间和市场空间则越来越小。另外，零售商的连锁经营不断发展壮大，这对传统类型的农药经销商也构成极大威胁。连锁企业以其强大的采购能力、价格优势、分销能力、品牌信誉等对经销商提出了严峻的挑战。

在不久的将来，经销商还将面临这些挑战：

（1）有可能被生产企业抛弃。生产企业的强势品牌对于渠道的要求越来越高，他们对经销商的选择也具有更多的自主权。现有的经销商要么能主动跟进，做大做强，要么被淘汰出局，成为弱势品牌的代理商，甚至回到简单的零售商业状态。

（2）受到新的渠道策略的挑战。第一种挑战来自于经销商经营区域的缩小，这种缩小将迫使经销商改变传统的粗放经营方式，转变为对有限区域的精耕细作，由粗放式经营向集约式经营转变，这将明显暴露出这些经销商的种种不足。第二种挑战来自于生产企业的营销模式。有的企业采取准直营式营销模式，在区域市场既设有办事处，又设有代理商，承担分销或运作部分市场的工作。

（3）新的商业集团的崛起所带来的挑战。

（4）经销商在网络建设方面的挑战。一是销售网络不健全，网络建设处于起步阶段，覆盖面小，市场空白点多，网络渗透率不高；二是经销商与零售商只是单纯的利益关系，联系纽带的单一化导致关系不牢固，网络运作过程中问题很多；三是厂家希望销售渠道最短，产品贴近消费者，而经销商终端运作能力不强。

要迎接这些挑战，经销商必须改变自己，迅速建立物流配送的优势，走物流配送之路，建立社会化的物流配送中心，进入新的利润领域，获得"第三利润源"，为上游和下游提供服务。

其实，很多经销商都在向品牌物流配送商转变。目前这种情况之下，经销商仍作为销售队伍的一种延伸继续存在，且将不断进行衍变。

经销商要扮演好物流配送商这一角色，更好地赢利，要把握住以下两点：

（1）合理控制成本

在物流体系日益发达的今天，物流成本却一直居高不下，节约了成本就是就等于增加了企业的盈利。因而，经销商的物流配送在运转过程中，必须努力为自身探索降低成本的道路，在进行配送活动时，力求流程成本的最小化。配送流程的优化不单单是企业降低成本的需求，而且是物流体系发展的关键。

第一，在配送物流成本管理中，要注意协调总体成本最低同个别物流费用降低之间的关系，坚持总体成本最低的思想。

第二，在配送过程中实施物流成本预算管理，必须按照承担管理责任的各个部门或个人编制预算，明确责任，同时配合进行业绩分析和评定。不管是出库还是入库，都要有相应的交接手续，划定各个环节责任人，实行岗位责任制结合业绩激励制度。

第三，在经销商物流配送过程中必须按照配送合理化的要求，在全面计划的基础上制定科学的、距离较短的货运路线，选择经济、迅速、安全的运输方式和选用适宜的运输工具。找有经验的司机，给车辆安装 GPS，实行一人一车，划定配送区域范围的配送方式。

第四，合理的规划是降低运营成本的重要措施，在淡季通常车辆和人员都有一定的空闲，这时可以安排工作人员开车到周边市场开发新客户，拜访老客户，顺便为即将到来的旺季做市场调查，了解市场需求，以方便旺季时节的合理库存，以及更好地掌握价格动向和消费需求，以便在产品提价之前备货。

（2）提高配送效率

在日常经营中，供货速度不但决定着商品的流通速度，还对经销商在客户心中的信誉有着重要的影响。因而，在配送过程中，提高配送效率显得尤为重要。

第一，为了配货的效率化，应该将出库频率高的商品存放于出库用传送带或电梯附近，在易于存取高度的货架位置放置保管。补充用商品放置于货架的高处或最下方，可以经常方便地进行补充。零散商品预先进行零散存放。可以采用商品先进先出的重力形货架，从货架的前部取货、从后部进行补充。

在配送活动中，仓储可分为两种形式：一种是暂时储存，另一种是储备形态。一般来说，暂时储存形态仅仅适用于周转率大的商品，今天进仓明天出货的商品最适合于利用仓库首层暂存区放置。储备是基于安全库存的考虑，按照一定时期配送活动要求和到货周期，有计划地确定能够使配送活动持续进行的库存数量和形式。储备形态则适用于在仓库存放一定时期的商品，一般放在货架上。货位管理是一种提供静态货位、动态商品的储存模式。货位与货物互为关联，易于寻找，降低盘点、分拣、搬运等仓库作业时间，提高效率。

第二，在旺季的物流配送中，不仅需要频繁供货，还经常会涉及补货、换货等问题，经销商容易忙的应接不暇。所以提高旺季的供货效率更显重要。

面对旺季的大量配送需求，为了合理利用车辆和人员，应采取以淡季需求配置人员，旺季实行混合配送的配送方式。除了本区域自身配送外，针对较远的区域，一般会采用第三方物流代为运送。如果临时有大批量配送或需配送的客户数太多，则采取租用车辆的方式。这种租用方式以日计算，不用另支付其他费用，但必须有配送人员或业务人员配合。同时可以安排一定的备用车辆，用于补货和应对突发情况。还可以通过给客户让利的方式鼓励客户自己上门提货，如果给对方配送则根据情况看看能否一定程度地上调产品价格。

结语：白酒经销商转变为配送商的过程可能伴随阵痛，但市场终究是无情的，经销商必须探索出适合自己的发展之路，才能长久生存下去！

——资料来源：全国物流信息网（http://news.56888.net/2014628/0276137650.html）。

训练题 5-3

一、单项选择题

1. 产品从生产企业销售给客户所经过的路径及经销机构是指（   ）。

A. 销售物流运输
B. 销售物流配送
C. 销售物流中间商
D. 销售物流渠道

2. 实体原材料及成品从制造商转移到终端消费者的过程是指销售物流渠道的（   ）。

A. 实体流程   B. 所有权流程   C. 信息流程   D. 促销流程

3. 传统上，人们日常生活中的大多数日用消费品都采用（   ）。

A. 直接销售物流渠道
B. 间接销售物流渠道
C. 代理销售物流渠道
D. 促销销售物流渠道

4. （   ）中的销售商以佣金或手续费方式赚取报酬。

A. 直接销售物流渠道
B. 间接销售物流渠道
C. 代理销售物流渠道
D. 促销销售物流渠道

5. 单价较低的产品一般选择（　　　）。

A. 较短的销售渠道　　　　　　　　　B. 较窄的销售渠道

C. 较长、较宽的销售渠道　　　　　　D. 较短、较窄的销售渠道

6. 样式易变的产品一般选择（　　　）。

A. 较短的销售渠道　　　　　　　　　B. 较长的销售渠道

C. 较长、较窄的销售渠道　　　　　　D. 较短、较宽的销售渠道

7. 客户集中程度高选择（　　　）。

A. 较宽的销售渠道　　　　　　　　　B. 较长的销售渠道

C. 较长、较宽的销售渠道　　　　　　D. 较短、较窄的销售渠道

8. 企业要有效控制销售渠道则选择（　　　）。

A. 较短的销售渠道　　　　　　　　　B. 较长的销售渠道

C. 较长、较宽的销售渠道　　　　　　D. 较短、较窄的销售渠道

9. 选择的销售物流渠道能够用最少的消耗、最快的速度、最短的距离转移商品实体，这是选择销售物流渠道（　　　）的要求。

A. 经济性原则　　B. 可得性原则　　C. 可控性原则　　D. 适应性原则

10. 选择中间商主要考虑中间商的市场覆盖面与企业目标市场的（　　　）。

A. 竞争性　　　　　B. 一致性　　　　C. 互补性　　　　D. 交叉性

11. 名牌产品的销售适合选择（　　　）销售物流策略。

A. 密集性营销　　　B. 分散性营销　　C. 选择性营销　　D. 独家营销

12. 企业与中间商建立合作伙伴关系是对中间商的（　　　）措施。

A. 协调　　　　　　B. 评价　　　　　C. 激励　　　　　D. 领导

13. 同一渠道中同一层次中间商之间的冲突属于（　　　）。

A. 垂直渠道冲突　　B. 水平渠道冲突　　C. 多渠道冲突　　D. 复合渠道冲突

14. 服务的可靠性、运输的速度、服务能力、运费等都是（　　　）需要考虑的因素。

A. 明确运输责任　　B. 确定承运人　　C. 监管承运人　　D. 选择运输方式

15. （　　　）反映了承运人的运输接近企业物流节点的能力。

A. 可得性　　　　　B. 可接近性　　　C. 可靠性　　　　D. 可控性

16. 低库存水平需要（　　　）运输策略做保障。

A. 小批量快速　　　B. 大批量　　　　C. 多品种　　　　D. 集中

17. 在下列因素中，（　　　）应是选择销售运输策略首先考虑的因素。

A. 运输费用　　　　B. 运输时间　　　C. 运输工具　　　D. 运输距离

18. 销售物流运输实行集约化管理主要表现为（　　　）。

A. 反应式运输管理　　　　　　　　　B. 逆向运输管理

C. 预先集中管理　　　　　　　　　　D. 过程中管理

19. 按照车辆有效负荷进行搭配装载是配送的（　　　）环节。

A. 备货　　　　　　B. 配货　　　　　C. 配装　　　　　D. 送货

20. （　　　）是配送不同于其他物流功能的独特之处，也是配送过程中的关键

环节。

    A. 备货   B. 配货   C. 配装   D. 送货

21. 按客户安排的时间和数量配送属于（   ）。

    A. 定时配送   B. 定量配送   C. 即时配送   D. 快递配送

22. （   ）是通过配送作业的规模化来降低配送作业成本，通过资源共享提高物流资源的利益效率。

    A. 配套成套配送   B. 配送中心配送   C. 仓库配送   D. 共同配送

23. 共同配送形式的优势集中体现在（   ）上。

    A. 一点配送   B. 多点配送   C. 降低成本   D. 减少库存

二、多项选择题

1. 下列关于销售物流渠道的表述正确的有（   ）。

    A. 销售物流渠道是产品从生产企业销售给客户所经过的路径及经销机构

    B. 销售物流渠道的起点是生产企业

    C. 销售物流渠道的终点是作为客户的用户或消费者

    D. 销售物流渠道的中间环节是中间商

2. 下列属于销售物流渠道的流程结构的流程有（   ）。

    A. 实体流程   B. 所有权流程   C. 广告流程   D. 促销流程

3. 下列属于销售物流渠道模式的有（   ）。

    A. 直接销售物流渠道   B. 间接销售物流渠道

    C. 代理销售物流渠道   D. 促销销售物流渠道

4. 下列属于间接销售物流渠道优点的有（   ）。

    A. 缩短了流通时间   B. 减少了市场交易次数

    C. 使销售成本最小化   D. 增加了消费者负担

5. 下列属于销售物流渠道影响因素的有（   ）。

    A. 自然因素   B. 市场因素   C. 企业因素   D. 社会环境因素

6. 下列属于销售物流渠道影响因素中市场因素的有（   ）。

    A. 产品市场价格   B. 市场区域范围

    C. 客户集中程度   D. 社会环境因素

7. 销售物流渠道选择的原则主要包括（   ）。

    A. 经济性原则   B. 可得性原则   C. 可控性原则   D. 适应性原则

8. 企业选择中间商应从中间商的（   ）以及企业与中间商的预期合作程度等方面着手。

    A. 市场覆盖面   B. 经营服务能力   C. 经营目标   D. 经营要求

9. 下列属于销售物流渠道策略的有（   ）。

    A. 密集性营销   B. 分散性营销   C. 选择性营销   D. 集中性营销

10. 销售物流渠道的控制策略主要包括（   ）等。

    A. 中间商的评价   B. 中间商的激励

C. 渠道冲突的管理 D. 渠道的调整

11. 下列属于销售物流运输作业基本步骤的有（ ）。

A. 明确运输责任 B. 选择运输方式 C. 计算运费 D. 监管承运人

12. 下列属于销售物流运输策略影响因素的有（ ）。

A. 地理环境 B. 经济环境 C. 库存水平 D. 产品价格

13. 下列属于企业提高销售物流运输效率的方法有（ ）。

A. 实行密集性营销 B. 实行集约化管理

C. 减少承运人数量 D. 使用自有车辆运输

14. 下列属于销售物流配送流程的有（ ）。

A. 购货 B. 备货 C. 送货 D. 售货

15. 下列属于共同配送优势的有（ ）。

A. 降低了物流配送成本 B. 增加了销售收入

C. 实现了从多点配送到一点配送 D. 减少了库存等资金投入

单元小结

本单元主要包括企业销售物流认知、企业销售物流服务、企业销售物流组织管理等学习内容。

企业销售物流是指企业出售商品的过程中所发生的物流活动。企业销售物流具有一体化和较强的服务性的特征。企业销售物流的基本环节包括产品包装、产品储存、订单处理、发送运输、装卸搬运等。企业销售物流的基本模式主要有生产企业自营销售物流、第三方销售物流、电子商务销售物流。

企业销售物流管理是指对企业销售物流活动的计划、组织、协调和控制活动。现代销售物流管理具有整体优化、市场经营行为、顾客服务导向和信息化等特点。企业销售物流管理的目标是追求销售物流的合理化，为客户提供优质的物流服务。企业销售物流的管理内容主要包括销售物流规划管理和销售物流业务管理。销售物流规划管理涉及销售物流战略、计划、组织和控制等管理环节。销售物流业务管理涉及订单管理、库存管理、运输管理、配送管理、终端管理和退货管理。

销售物流服务是指企业向客户提供及时而准确的产品服务的活动。销售物流服务的目标主要包括降低物流成本、增加销售收入、提高客户满意度和保持市场份额等。销售物流服务的构成要素包括订货周期、可靠性、信息渠道、方便性等。订货周期包含的时间因素有订单传递时间、订单处理时间、订货准备时间、订货装运时间和额外时间等。可靠性要素包括提前期的可靠性、安全交货的可靠性和正确供货的可靠性。销售物流的服务能力是指企业销售物流向客户提供物流服务的能力程度。销售物流的服务能力包括可得性、作业绩效、时效性和持续改善等。可得性一般用快速响应、最低库存、缺货频率、供应比率、订货完成率等指标来衡量。作业绩效一般通过销售物流服务的速度、一致性、灵活性和故障恢复能力等指标来衡量。

销售物流渠道的流程结构通常包括实体流程、所有权流程、付款流程、信息流程和促销流程等。销售物流渠道的模式一般有直接销售物流渠道、间接销售物流渠道和代理销售物流渠道等。选择销售物流渠道应考虑的因素主要包括产品因素、市场因素、企业因素和社会环境因素。销售物流渠道选择的原则主要包括经济性原则、可控性原则、适应性原则等。企业选择中间商应从中间商的市场覆盖面、经营服务能力、经营目标与要求，以及企业与中间商的预期合作程度等方面着手。销售物流渠道的策略主要有密集性营销、选择性营销、独家营销等策略。销售物流渠道的控制策略主要包括中间商的评价、中间商的激励、渠道冲突的管理和渠道的调整等。

销售运输管理管理的流程包括明确运输职责、选择运输方式、确定承运人、计算运费、填制运输单、监管承运人和运输保险等步骤。销售物流运输策略的影响因素是制约企业选择销售物流运输策略的各种内部和外部条件，主要包括环境因素和库存水平等。提高销售物流运输效率的方法一般有实行集约化管理、减少承运人数量和使用自有车辆运输等。

配送的一般流程包括备货、储存、配货、配装、送货等过程。销售物流配送按照不同的标准可以划分为不同的类型，包括按配送的时间及数量、配送商品品种及数量、配送的节点等进行分类。共同配送是指由多个企业联合组织共同实施的配送活动。共同配送可以避免多余的交错运输，最大限度地提高物流资源的使用效率，提供最大效益的物流配送服务。

单元6 企业回收与废弃物流管理

学习目标

完成企业回收与废弃物流管理的知识与技能的学习，能够准确描述企业回收物流的特点和分类、废弃物流的概念和分类，明确认知回收与废弃物流的处理方法。

学习内容

企业回收物流的特点、分类和处理，企业废弃物流的概念、分类和处理。

导入案例

IBM 公司的回收物流管理模式

IBM 公司是世界较早在回收物流管理方面开发商机的企业，很长时间以来一直在设法利用客户使用过后的二手产品和部件。IBM 的业务中包含许多回收物流。

当前，IBM 公司已经在北美、欧洲、亚洲的许多国家开始执行回收工作，即允许客户免费或支付少许费用退回已使用的产品。目前，IBM 公司在整个产业范围内进行广泛的合作，以战略联盟的方式寻求构造回收物流的价值链优势。在新西兰，IBM 公司利用由荷兰信息技术厂商联合会组建的网络系统来执行对产品的回收。这样，IBM 公司的客户就可以通过不断电电源供应将用过的二手设备退回回收中心，从而使这些客户与 IBM 结成共同体，并成为消费习惯、成为 IBM 公司的忠诚客户。IBM 公司在回收这些产品后，或者捐献给慈善机构，或者将其拆解作为可利用的回收原材料，一方面服务于社会，另一方面降低了成本。

在认识到回收物流的重要性后，IBM 公司在 1998 年专门设立了全球回收服务中心（GIPS）来负责全球范围内的所有产品的回收业务，其目标是管理回收产品以便利用和实现价值最大化。IBM 公司在全球建立了 25 个机构来回收二手物品，并进行检测及加工利用，还通过自己的网站及公共网站进行网上拍卖，拓宽了回收产品的营销渠道。

IBM 公司不仅回收二手产品，也对零部件进行回收再利用，将它们拆卸后作为产品售后服务的备用件。一些二手零部件，由于它们的技术和经济生命周期都比相应的整体产品要高，而且性能要好，所以在进行清理后作为备用件，仍具有很高的使用价值和经济效益。从总体来看，二手零部件成本节约可达到 70% 以上。

随着 IBM 公司回收业务量的不断增大，也出现了诸多问题。比如，工厂支持系统的缺陷在某种程度上已经限制了此项业务的发展。以往的物料需求计划信息系统并不支持拆卸零部件的回收利用，并且拆卸运营活动与部件计划之间缺乏合作与交流，这些都在某种程度上限制了回收业务的发展。目前，IBM公司正利用在阿姆斯特丹的全球物流开发集团以广泛合作的方式开发集成拆卸系统，以克服这些不足。

——资料来源：孔继利. 企业物流管理［M］. 北京：北京大学出版社，2012.7：288。

案例问题：案例中IBM公司实施了哪些回收物流管理策略？结合案例分析回收物流管理的重要性。

案例问题提示：案例中IBM公司主要实施回收物流策略有允许客户免费或支付少许费用回收退回已使用的产品，专门设立全球回收服务中心负责回收业务，对零部件进行回收再利用。IBM公司将回收的二手产品捐赠给慈善机构服务了社会，将二手产品拆解再利用和对零部件回收再利用都降低了成本。

在生产流通过程中，生产加工和销售产品的同时，会形成一些不具有使用价值的不合格品和由于变质、损坏和使用寿命终结而丧失使用价值的物资。这些物资一部分可以回收再利用而形成再生资源，对其进行回收再利用的物流就是回收物流；另一部分基本或完全丧失了再利用的价值而成为废弃物，对其进行处理的物流就是废弃物流。

6.1 企业回收物流管理

企业回收物流是伴随着企业生产经营过程而形成的一种逆向物流活动。在生产经营过程中，需要将不具有使用价值或丧失使用价值的物资进行回收再利用，回收物流就是在回收可以再利用物资过程中而形成的物流活动。

6.1.1 企业回收物流的特点

回收物流是对生产和流通中的再生资源进行再利用的物流活动。回收物流包括销售退货、生产加工中的不合格品的返修以及周转使用的包装物从需方返回企业等形成的物资实体流动。企业在供应、生产、销售活动中必然会产生各种边角余料和废料等，这些物料需要专门的回收物流完成其回收流动活动。如果企业回收物流不够顺畅，往往会影响企业生产环节，甚至影响产品生产质量，还会占用大量空间，造成一定的浪费。

回收物流具有运输、储存、包装、搬运和加工等物流功能，与一般物流具有相同的特点，但也具有自身的特殊性。回收物流具有分散性、缓慢性、复杂性、多变性和高成本性等特点。

（1）分散性

回收的物料种类繁多，形成的渠道和方式复杂，产生的领域涉及生产、流通和生活等不同领域，导致回收物流产生的地点、时间、数量和质量难以预见，具有分散性的特点。

（2）缓慢性

回收物流实际上是两个过程，即回收过程和再利用过程。由于开始回收时物料品种多、数量少，需要不断汇集而形成流量规模，同时收集整理也是一个复杂和缓慢的过程。回收物料的再利用需要经过拆解、加工、改制等环节，需要较长的时间。可见，回收物流具有明显的缓慢性的特点。

（3）混杂性

回收物流中的物料往往是不同种类、不同状态的物料混杂在一起，必须经过检查、分类后才能进行区分。

（4）多变性

由于回收物流的分散性和消费者的要求不同，企业很难控制回收的时间和空间，形成回收物流的多变性。

（5）高成本性

回收物流的高成本性主要体现在：一方面由于回收物料缺乏规范的包装，以及回收时间和数量不确定，难以形成运输和储存的规模效益；另一方面所回收的物料需要检测、分类、拆解、加工等处理，增加了处理费用。

6.1.2　企业回收物流的分类

回收物流可以按照不同的分类标准划分为不同的类别，主要包括按回收的渠道分类、按回收物流的成因和处置方式分类，以及按回收物料的类别分类等。

（1）按回收的渠道分类

按回收的渠道，回收物流可以划分为退货回收物流和收旧回收物流。退货回收物流是指客户将不符合购买要求的产品退回给经销商而形成的物流，其物流流向与常规销售产品的流向正好相反。收旧回收物流是指将最终顾客所持有的废旧产品回收而形成的物流，按照物流处理过程分为直接再售产品流、再加工产品流、再加工零件流、报废产品流、报废零件流等。

（2）按回收物流的成因和处置方式分类

按回收物流的成因和处置方式，回收物流可以划分为投诉退货、终端退回、商业退回、维修退回、生产报废和副品、包装等六大类，见表6-1。

表6-1　回收物流按成因和处置方式分类

类别	成因	处置方式	举例
投诉退货	运输短缺或重复、质量问题	检查、确认、退换货、补货	电子消费品，如手机
终端退回	完全使用后需处理	再加工、再利用、再循环	电脑组件、打印硒鼓、家电
商业退回	未使用即退回	再销售、再加工、再循环	零售商积压库存，如时装
维修退回	缺陷或损坏	维修、修复	有缺陷的家电和电子消费品
生产报废和副品	经济法律法规	再利用、再生产、再循环	钢铁业产品
包装	包装物多次循环使用	再使用、再循环	啤酒箱、包装袋

（3）按回收物料的类别分类

按回收物料的类别，回收物流可以划分为产品回收物流、包装物回收物流、零部件回收物流、其他物料回收物流。

①产品回收物流

产品回收物流是指生产企业收回所有弃置产品的物流活动。产品回收的原因见表6-2：

表6-2 产品回收的原因

原因1	购买产品的功能质量有缺陷而不能满足客户的需要
原因2	产品的功能、包装已过时，被新的品种取代
原因3	按规定停止销售的过期、失效产品
原因4	销售商库存过多的产品
原因5	销售商库存的季节性产品
原因6	销售商退出或破产

②包装物回收物流

包装物回收物流是指在回收处置包装物过程中的物流活动。包装的目的是为了在物流活动中保护产品、方便储运、促进销售，包装操作就是将物品包封并予以适当地装饰和标示的活动。包装物由包装材料、包装容器和辅助材料等构成。

由于包装物可以分为一次用包装物和多次周转用包装物，因而包装物回收物流的内容包括两个方面：一方面是对一次用包装物的回收处理，另一方面是对多次周转用包装物的回收活动。

③零部件回收物流

零部件回收物流是指对某些机械性零部件的回收处置所形成的物流活动。零部件回收物流一般包括收集、分拆、配送、测试、拆卸或装配、复原或再制造等业务流程。例如，企业里达到寿命周期或因事故报废的机械设备，以及飞机引擎、汽车引擎、家电、电脑、打印机、复印机、手机等的零部件都开始越来越多地进入回收物流过程中。

④其他物料回收物流

其他物料回收物流是指除了产品回收、包装物回收和零部件回收以外的其他物料回收活动形成的物流。其他物料主要是企业生产经营过程中产生的边角余料、维修设备替换下来的零件，以及可再利用的其他物料等。

6.1.3 企业回收物流处理

回收物流处理是指在回收物流过程中对回收物的处置方法。回收物流处理过程可以分为收回收集、中间处理和最终处理三个阶段。回收物流处理过程如图6-1所示。

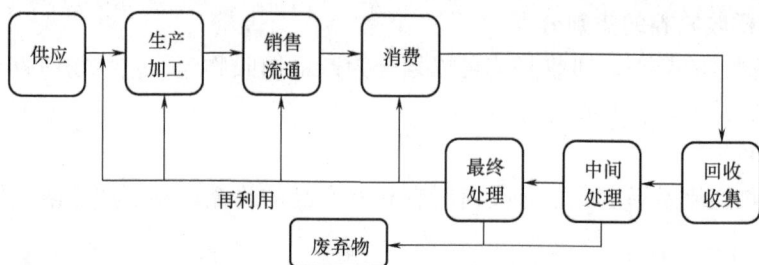

图 6-1　回收物流处理过程示意图

◇问题 6-1：根据图 6-1 描述企业回收物流的处理过程。

(1) 回收物流处理的环节

回收物流处理的环节一般包括回收、检验、处理决策、分拆、再加工和报废等。

①回收

回收是指将顾客所持有的产品通过有偿或无偿的方式退回销售方。回收在此主要是指对顾客使用后的产品的收旧回收。销售方可能是供应链上任何一个节点，来自顾客的产品可能返回到上游的供应商、制造商，也可能是下游的配送商、零售商。

②检验

检验是指对回收产品的功能进行测试分析。检验包括对回收产品的结构特点、回收产品各零部件的性能等方面的检测分析。

③处理决策

处理决策是指根据回收产品检验结果确定最佳处理方案。处理决策首先是根据检验的回收产品的结构特点和各零部件的性能确定可行的处理方案，包括直接再销售、再加工后销售、分拆后零部件再利用和产品或零部件报废处理等。然后对各可行方案进行成本效益分析，选择确定最优的处理方案。

④分拆

分拆是指将回收产品按其结构特点分解拆卸成零部件。分拆是对回收产品由整体产品到个体零部件的处理过程，回收产品经过分拆才能进一步分类，确定可再加工利用的零部件和报废的零部件。

⑤再加工

再加工是指对回收产品或分拆后的零部件进行加工以恢复其价值。再加工包括对回收产品的直接再加工和对分拆后的零部件的再加工。再加工后的产品可以用于销售，分拆后再加工的零部件可以用于再利用。

⑥报废

报废是指对丧失经济价值或严重危害环境的回收产品或零部件进行销毁。报废处理可以采取机械处理、地下掩埋或焚烧等方式。地下掩埋和焚烧对环境会带来一定影响，如占用土地、污染地下水、污染空气等，所以报废处理应谨慎选择这两种方式。

（2）回收物流处理的方法

回收物流处理的方法分为产品回收处理方法、包装物回收处理方法、零部件回收处理方法和其他物料回收处理方法。

①产品回收的处理方法

产品回收的处理方法因企业所处的供应链节点和回收产品是否是合格品不同而有所区别。销售商可以将回收的产品直接退回给制造商，制造商可以将回收的合格产品重新出售或打折出售、卖给二级市场、捐赠给慈善机构等，将有问题或不合格的回收产品进行修理、改造处理，或者直接报废处理。

②包装物回收的处理方法

包装物回收的处理方法主要包括预处理、运输及最终处理。包装物的预处理包括清洗、检测、归集和分类等工作；包装物运输主要是客户与包装物回收站之间的运输，由于回收站的设置分散且接近客户，因而会在提高回收物流服务水平的同时增加运输物流成本；包装物的最终处理包括重新利用、整修、回收物料、循环利用、低价售卖等。

③零部件回收的处理方法

零部件回收的处理方法包括分类、检测、分拆、修复或再加工等。首先是对回收的零部件进行分拣、检测，然后把有价值的零部件进行拆解，对于能够修复的零部件进行修复，对于有再利用价值的零部件进行再加工，重新用于产品的装配或修理失效部件；对于丧失价值的零部件直接作为废弃物处理。

④其他物料回收的处理方法

其他物料回收是除上述产品回收、包装物回收和零部件回收以外的物料回收。这些物流回收的处理方法主要是按照回收物流的处理环节进行处理，对于有价值的物料可以通过修复、再加工等进行再利用，对于丧失价值的物料直接作为废弃物进行处理。

拓展阅读 6 - 1

我国回收物流的现状和存在的问题

1. 我国回收物流的现状

无论在家里、单位，还是在街道、马路、工厂，我们随时都能见到垃圾或垃圾箱，我国每年垃圾与废品的产生量非常大。如北京每年有生活垃圾 669 万吨，每天产生1.83 万吨，平均每人每天产生 400 千克生活垃圾。在上海每年产生的废品约 265 万吨，其中有废钢 120 万吨、废纸 120 万吨、废橡塑 10 万吨、废玻璃 15 万吨等。

以废纸回收为例，每年世界废纸回收 1.7 亿吨，总回收率为 47.7%，某些国家回收率大于 60%，其中，德国、韩国的回收率约为 75%。而我国的废纸回收率在 30% 左右，因此，每年约有 1400 万吨 废纸没有回收利用。

我国每年约有 500 万吨 废钢铁、20 万吨废有色金属、1400 万吨 废纸沦为真正的垃圾。每回收一吨废纸，可生产800千克再生纸，节约木材4立方米（少砍17棵成熟的大树）、节约用电512千瓦时。1吨废塑料再生利用则可制造出0.7吨汽油或柴油。美国每年钢铁厂的废物处理约有10亿美元的商业价值，而我国冶金矿产资源总回收率为30%~50%，比发达国家低10%~20%，冶金废物已经成为国家最为严重的资源浪费和污染源，同时也妨碍了钢铁工业的迅速发展。

我国每年至少有500万台电视机、400万台冰箱、600万台洗衣机报废，约有500万台电脑、上千万部手机进入淘汰期。轮胎年产量超过1亿条，废旧轮胎的产生量为5000多万条，随着轿车逐步进入家庭，废旧轮胎数量还将大大增加。目前，我国每年通过废旧轮胎翻新和各种综合利用等工艺，可回收利用2600万~3000万条废旧轮胎，回收利用率要比国外先进水平低30%~40%。每年要扔掉2000万条废旧轮胎。废旧物品作为再生资源进行回收，可利用的价值非常大，但我国的再生资源回收物流的发展面临许多问题，因此，对回收物流的策略进行研究非常必要。

2. 我国回收物流存在的问题

（1）缺乏相应的理念

我国废品回收站的人员没有进行专业的培训，缺乏对废品回收意义的认知，许多都是由"拾荒人员""马路天使"等"游击队"组成。在利益的驱使下，许多废品"二次变废"，如用水把纸打湿掺杂使假等，同时也反映出废品回收物流价值理念的推广不足。

从企业物流管理部门的职能人员来看，对回收物流也认识不足，同时一些企业缺乏社会责任感，认为回收物流没有经济效益，因此，没有统一协调的信息流和资金流的管理理念。有的企业内部还各自为政，内部管理脱节，缺乏整体的观念，不重视对回收物流的管理。因此，回收物流理念有待加强。

（2）缺乏规范管理

我国废旧物资回收再利用行业存在数量多而质量差的问题。废旧物资零星分散，缺乏统一的组织和管理，给资源回收带来不利影响。废品回收的主要机构是废品回收站或流动收购者，其人员分布在城市的各条街道，一般未办理营业执照。由于废品回收工作门槛低，从业人员素质较低，有的还为少数偷盗者销赃提供了方便。因此，严重影响了治安管理、群众财产安全和社会秩序。有的废品回收站不仅给社会带来噪音、空气和水源的污染，还缺乏消防意识，火灾隐患较为突出。

（3）缺乏企业回收站点

我国尚未形成由制造商负责的废旧产品回收制度。废旧产品一般是由社会回收网络回收，难以形成社会化、市场化、规模化的经营机制，同时，回收网络不健全，可能导致回收物以手工劳动为主，进入小作坊进行低级加工，大中型企业参与回收物流的程度低。因此，既浪费了资源，又污染了环境。

（4）废品回收率低

我国废品回收率低的原因是：一方面废品回收业一直处于回收种类少、价格低的困境中，这就导致城市垃圾中废品含量增高，回收率降低。许多有利用价值的废品混杂在生活垃圾中被焚烧、填埋，造成了大量的浪费。另一方面，我国废品回收站只是从经济利益出发，没有从节约资源、保护环境的角度考虑，回收对象多集中为废旧金属、废纸等利润高的物资，而对玻璃制品、废旧塑料和废电池的回收则很少，所以废品回收率低。

（5）处理技术落后

我国废品回收的机构多为无照经营的街边回收站，合法的废品回收企业很少。即使是规范的废品回收企业，其规模也很小，多数没有技术开发能力，缺乏了解回收物流技术信息的渠道。城市的废品回收站，一般是搭建简易的小房，采用户外作业，露天堆放废品。回收物流的所有作业靠人工分拣、装卸、搬运。各类设备不齐全，工艺流程落后，常常技术处理不当。因此，阻碍了废品的回收利用。

——资料来源：谢卓君.我国回收物流对策探讨［J］.天津：再生资源与循环经济，2013.8：18~20。

训练题 6-1

一、单项选择题

1. 回收物流是对可再生资源进行（　　）。

A. 回收　　　　　B. 开发利用　　　　C. 创新利用　　　D. 回收再利用

2. 与一般常规物流相比，回收物流是一种（　　）。

A. 逆向物流　　　B. 正向物流　　　　C. 正物流　　　　D. 负物流

3. 回收物流的（　　）特点表现为由于回收物流的分散性和消费者的要求不同，企业很难控制回收的时间和空间。

A. 缓慢性　　　　B. 混杂性　　　　　C. 多变性　　　　D. 高成本性

4. 回收物流划分为退货回收物流和收旧回收物流是按（　　）分类。

A. 回收物流成因　　　　　　　　　B. 回收物流渠道

C. 回收物流处置方式　　　　　　　D. 回收物料的类别

5. 完全使用后需处理是回收物流中（　　）的成因。

A. 投诉退货　　　B. 终端退回　　　　C. 商业退回　　　D. 维修退回

6. 销售商库存的季节性产品是（　　）的成因。

A. 产品回收物流　　　　　　　　　B. 包装物回收物流

C. 零部件回收物流　　　　　　　　D. 其他物料回收物流

7. 确定直接再销售、再加工后销售、分拆后零部件再利用和产品或零部件报废处理等方案的过程属于回收物流处理的（　　）环节。

A. 回收　　　　　B. 检验　　　　　　C. 处理决策　　　D. 分拆

8. 采取预处理方法的是回收物流处理的（　　）处理方法。

A. 产品回收物流　　　　　　　　　B. 包装物回收物流

C. 零部件回收物流　　　　　　　　D. 其他物料回收物流

二、多项选择题

1. 下列关于回收物流表述正确的有 （　　　）。
   A. 回收物流是废品回收处理的物流
   B. 回收物流是废品回收处理再利用的物流
   C. 回收物流是对再生资源进行回收的物流
   D. 回收物流是对再生资源进行回收再利用的物流

2. 下列属于回收物流特点的有 （　　　）。
   A. 集中性　　　　　B. 缓慢性　　　　　C. 多变性　　　　　D. 高成本性

3. 下列属于按回收渠道分类的回收物流类别有 （　　　）。
   A. 退货回收物流　　B. 终端退回　　　　C. 商业退回　　　　D. 收旧回收物流

4. 下列属于按回收物料类别分类的回收物流类别有 （　　　）。
   A. 产品回收物流　　　　　　　　　B. 包装物回收物流
   C. 零部件回收物流　　　　　　　　D. 其他物料回收物流

5. 下列属于产品回收物流成因的有 （　　　）。
   A. 产品的功能、包装已过时　　　　B. 产品被新的品种取代
   C. 按规定停止销售的过期、失效产品　　D. 销售商库存过多的产品

6. 下列属于回收物流处理环节的有 （　　　）。
   A. 回收　　　　　　B. 购回　　　　　　C. 检验　　　　　　D. 净化

6.2　企业废弃物流管理

企业废弃物流是对生产经营过程中产生的废弃物所进行的处理活动。废弃物流与回收物流的区别表现在回收物流是对可再生利用物资的处理，废弃物流是对不可再生利用物资的处理。

6.2.1　企业废弃物流的概念

废弃物流是对经济活动中的不可再利用物资进行处理的物流活动。废弃物是指在生产建设、日常生活和其他社会活动中产生的，在一定时间和空间范围内基本或完全失去使用价值，无法回收和利用的排放物。所以，废弃物流处理的是丧失原有使用价值且不能再利用的物资。

废弃物不是一个绝对概念，只是在现有经济和技术水平条件下，暂时无法实现再利用的物资资源。随着人们认识水平和技术水平的不断提高，废弃物的价值会被进一步发现和利用，从而使更多的废弃物变成可利用的物资资源。

废物物流过程实际上就是对废弃物的处理过程。废弃物流过程是根据实际需要对废弃物进行收集、分类、加工、包装、搬运、储存等物流作业过程，还包括将废弃物分送到专门的处理场所进行最后处理的过程。

6.2.2 企业废弃物流的分类

废弃物流可以按照不同的分类标准划分为不同的类别，主要包括按废弃物的形态分类、按废弃物的来源分类等。

（1）按废弃物的形态分类

按废弃物的形态分类，废弃物流可以划分为固体废弃物流、液体废弃物流和气体废弃物流。

①固体废弃物流

固体废弃物是指处理固体废弃物而形成的物流。固体废弃物也称垃圾，是指各种各样的固体垃圾的混合物。固体废弃物一般采用专用的物流设备进行运载和处理，具有物流量大和物流形态多的特点。

②液体废弃物流

液体废弃物流是指处理液体废弃物而形成的物流。液体废弃物也称废液，是指各种成分液体的混合物。液体废弃物流经常使用罐体、管道等物流工具运载和处理。

③气体废弃物流

气体废弃物流是指处理气体废弃物而形成的物流。气体废弃物也称废气，是指工业企业，尤其是化工类企业排放的废气。废气经常使用管道系统直接向空气中排放。

（2）按废弃物的来源分类

按废弃物的来源分类，废弃物流可以划分为工业废弃物流、农业废弃物流和生活废弃物流。

①工业废弃物流

工业废弃物流是指处理工业生产过程中的废弃物形成的物流。工业废弃物是废弃物的重大来源，大体包括生产过程中产生的工艺性废料、废品和工具及装备等的报废物等。工艺性废料受生产工艺流程和技术水平的影响，往往连续产生相同的废弃物，如化工类生产中化学反应的剩余物或排放物；金属轧制生产中的切头、钢渣、炉渣等。工艺性废品具有一定的规律性，多数可以重回工艺过程。所以，工艺性废料和废品能够形成稳定的回收物流。工具及装备更新报废一般不经常发生，具有发生一次、处理一次的物流特点。

②农业废弃物流

农业废弃物流是指处理农业生产过程中的废弃物形成的物流。农业废弃物主要包括农业种植中的秸秆、粮食皮壳，以及农产品加工中的废渣、废液等。农业种植中的废弃物有分散、价值低，运输距离短、价格低的物流特点；农产品加工中的废弃物一般与工业废弃物流处理相同。

③生活废弃物流

生活废弃物流是指处理生活垃圾形成的物流。生活垃圾包括家庭垃圾、办公垃圾、城市垃圾、建筑垃圾等。生活垃圾排放地点分散，需要防止散漏的半封闭物流器具储存和运输。生活垃圾的产生具有连续性，能够建立稳定的物流处理系统。

6.2.3 企业废弃物流处理

废弃物流处理是指在废弃物流过程中对废弃物的处置方法。与回收物流一样，废弃物流过程也可以分为废弃物的回收收集、中间处理和最终处理三个阶段，如图6-2所示。

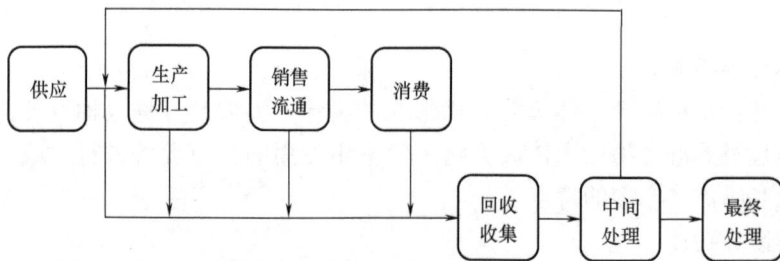

图6-2 废弃物流处理示意图

◇问题6-2：根据图6-2描述企业废弃物流的处理过程。

废弃物的最终处理方法主要有掩埋、焚烧、堆放和净化等。

（1）掩埋

大多数企业对企业产生的最终废弃物在政府规定的规划区域，利用原有的废弃坑塘或用挖掘的深坑，将废弃物运来、倒入，表面用土进行掩埋。掩埋后的场地甚至可以作为农田进行农业种植，也可以用于绿化、建筑或市政用地。

掩埋处理方式主要适用于对地下水无毒害的固体垃圾。掩埋的优点是不形成堆场、不占地、不露天污染环境、可防止异味对空气的污染；缺点是挖掘、填埋需要一定的投资、在未填埋之前仍有污染。

（2）焚烧

焚烧是指在一定区域内用高温燃火焚毁废弃物。焚烧处理方式适用于有机物含量较高的垃圾或经过分类处理的有机物垃圾的最终处理。有机物在垃圾中容易发生生物和化学变化，会造成空气、水及环境污染，且自身也具有可燃性，所以采取焚烧处理方式是一种有效的方法。

（3）堆放

堆放是指在远离城市的沟、坑、塘等处，选择合适的位置直接倾倒堆放废弃物。堆放处理方式无需再处理，通过自然风化作用逐渐沉降，属于低成本的处理方式。但堆放处理方式的物流运输距离比较远，且堆放在自然界中很容易造成周围环境和地下水的污染。

（4）净化

净化是指对废弃物进行无害化处理。净化处理方式可以减少对环境的危害，尤其是废水的净化处理是废弃物处理方式的代表性方法。

拓展阅读 6-2

高校校园垃圾分类可行性分析及推广建议

1. 高校校园垃圾处置现状及问题

高校所产生的主要垃圾有餐厨垃圾、生活垃圾、废纸等。在上海各大高校的公共道路上每隔一段距离都有垃圾分类的垃圾桶，这些分类垃圾桶非常简单，一组两个，分别标示着"可回收"、"不可回收"。

高校垃圾分类工作目前面临的主要问题有以下几点：

（1）高校师生对垃圾分类意识不足，了解不全面。

（2）高校对垃圾分类工作重视不够，实施垃圾分类的体系、制度等不完善；政策、制度、宣传不到位。

（3）高校目前投入垃圾分类工作的精力有限，并没有合理利用现有的资源（如垃圾分类的垃圾桶）。

虽然公共道路上都有分类垃圾桶，但是所有楼宇内，如教学楼、实验室、体育馆、图书馆等地，都没有分类垃圾桶，一般都是在卫生间附近摆置单一的垃圾桶，导致即使学生有心进行垃圾分类，也没有办法实际进行操作。

一般学生、教师在食堂就餐时，产生的餐厨垃圾由食堂后勤工作人员统一收集，再由垃圾站进行回收和统一处理，可以避免与其他生活垃圾一起投掷的问题，初步做到了垃圾分类。但在食堂以外的地方，如办公室、教室、寝室等地就餐时产生的果皮、茶叶包，这些餐厨垃圾是否能获得垃圾分类就不得而知，这些餐厨垃圾很可能就和生活垃圾、废纸等一样被丢弃在垃圾桶内。除了餐厨垃圾，在高校，普通的生活垃圾基本还有两类，一类是卫生间的茶叶包、卫生纸等，可以通过打扫卫生的后勤人员统一收集和检查分类；还有一类就是办公室、教室里产生的废纸、报废文具、用过的餐巾纸等。报废文具基本上都是可以回收的，其中废纸是可以直接回收利用的，报废的文具如水笔、圆珠笔壳同样可以回收利用，但是报废的订书钉等是金属，容易产生划伤等问题，应该做特殊处理（建议和玻璃一样包裹或分类收集）后再丢弃。目前所有报废的办公垃圾和餐巾纸、瓜果皮等一样，都是简单地丢掷在同一垃圾桶中，然后直接被垃圾站统一回收，这个过程中的垃圾是没有经过分类的。

2. 高校校园开展垃圾分类工作的可行性分析及作用

垃圾分类可以根据项目管理的方法，首先是要明确的目标（可以是阶段性目标），其次是确定如何做，花费多少时间达到目标，由谁参与、负责做等具体问题。垃圾分类的目标是最简单、明确的，就是减少垃圾产生量，并且将其中可以利用的垃圾进行分类再回收。时至今日，地球环境污染至斯，普通老百姓不是没有责任的，当然就更有义务来改善人类的居住环境。每个公民都应该作为保护环境、治理环境的项目参与者；而高校作为一个培养高级人才的高等学府，更应该实行垃圾分类，并推广垃圾分类的可行性经验。

高校应该从思想和行动上感化和培养德智体美劳全面发展的学生，为社会输送优质人才。从思想上，高校实施垃圾分类，教授相关的垃圾分类知识，就是培养学生有爱护环境、垃圾必须分类的意识。不仅可以培养学生爱护环境从我做起的意识，还可以通过学生影响其家庭成员，随着时间的推进，让垃圾分类意识、爱护环境的意识深入民心。从行动上，让在校园公共道路各个角落随处可见的简单的分类垃圾桶起到实际作用。虽然垃圾分类的垃圾桶在高校随处可见，但是究竟有多少人去真正细致将垃圾分类，又由谁最终检查垃圾桶内的垃圾分类是否合理？垃圾回收后的处理是否通过垃圾站进行，运输和处理过程中，是否有监督，是否最终在处理焚烧时，避免已分类的垃圾再次混合处理？高校应切实重视这些问题，从前期的分类、中间的监督、后期的回收几个方面着手，让这些垃圾分类设施真正起到作用，充分发挥学生的能动性，参与到高校垃圾分类工作的实际环节中，让环境保护不再只是表面文章。

高校的垃圾分类的时间计划应该分阶段性。环境的治理不是一天能够完成，也不是一个月、一年就能做好的，如苏州河治理项目，从1999年12月26日苏州河综合整治一期工程全线开工至今已经15年，仍在持续，所以垃圾分类工作也需要分阶段进行。

第一阶段，通过宣传，让高校的教师、学生都具有保护环境、垃圾分类是自己的义务和责任的意识；合理利用高校校园公共道路上已有的分类垃圾桶。

第二阶段，保持和优化，在管理上进一步完善垃圾分类监管制度和监管体系。如高校在合理利用现有的分类垃圾桶以外，在公共教学区域的楼宇，如教学楼、实验室等地设置分类垃圾桶。

第三阶段，把高校垃圾分类的经验和方法推广到整个城市，甚至推广到全国，通过5~10年，让垃圾分类成为社会常态。政府需要制定合理的法规政策、设立监管体系，对垃圾分类回收进行全过程监管（可以考虑在各垃圾站设置探头，对垃圾运输车辆进行实时监控，对最后的垃圾处理方式进行检查），适当投入新设备购置、定期维护等费用，也可以像征收如排污水费一样的垃圾费来避免不必要垃圾的过度产生。市民需建立垃圾分类意识，投资购买合格的家庭垃圾袋、垃圾桶等，也可以由政府制定相应鼓励措施，以更利于垃圾分类的实际实施。

——资料来源：陈雯．高校校园垃圾分类可行性分析及推广建议［J］．上海：上海工程技术大学教育研究，2014.1：24~28。

训练题 6-2

一、单项选择题

1. 废弃物流是对经济活动中的（   ）进行处理的物流活动。
   A. 可再生资源   B. 生产建设垃圾
   C. 日常生活垃圾   D. 不可再利用物资

2. 废弃物流划分为固体废弃物流、液体废弃物流和气体废弃物流是按（   ）

分类。

    A. 废弃物的形态   B. 废弃物的来源

    C. 废弃物的成因   D. 废弃物的处理方式

3. 废弃物流划分为工业废弃物流、农业废弃物流和生活废弃物流是按（　　　）分类。

    A. 废弃物的形态   B. 废弃物的来源

    C. 废弃物的成因   D. 废弃物的处理方式

4. 一般采用专用的物流设备进行运载和处理，且具有物流量大和物流形态多特点的是（　　　）。

    A. 固体废弃物流   B. 液体废弃物流

    C. 气体废弃物流   D. 混合废弃物流

5. 不能形成稳定的回收物流的工业废弃物流是（　　　）。

    A. 工艺性废料   B. 工艺性废品

    C. 工具及装备的报废物   D. 退货

6. （　　　）排放地点分散，需要防止散漏的半封闭物流器具储存和运输；且产生具有连续性，能够建立稳定的物流处理系统。

    A. 工业废弃物   B. 农业废弃物

    C. 农业种植废弃物   D. 生活废弃物

7. 不形成堆场、不占地、不露天污染环境、可防止异味对空气的污染属于（　　　）废弃物处理方式的优点。

    A. 堆放   B. 掩埋   C. 焚烧   D. 净化

8. （　　　）是废弃物处理方式的代表性方法。

    A. 垃圾堆放   B. 垃圾焚烧   C. 垃圾掩埋   D. 废水净化

二、多项选择题

1. 下列关于废弃物的表述正确的有（　　　）。

    A. 废弃物是一个绝对的概念

    B. 废弃物是在现有经济和技术水平条件下，暂时无法实现再利用的物资资源

    C. 废弃物是在生产建设、日常生活和其他社会活动中产生的不可再利用的排放物

    D. 废弃物是在一定时间和空间范围内基本或完全失去使用价值，无法回收和利用的排放物

2. 下列关于废弃物流表述正确的有（　　　）。

    A. 废弃物流是对生产经营过程中产生的废弃物所进行的处理活动

    B. 废弃物流是对经济活动中的不可利用物资进行处理的物流活动

    C. 废物物流过程实际上就是对废弃物的处理过程

    D. 废弃物流过程实际上就是对回收物的处理过程

3. 下列属于按废弃物的形态分类的废弃物流类别的有（　　　）。

    A. 生活废弃物流   B. 固体废弃物流

C. 液体废弃物流 　　　　　　　　　　　　D. 气体废弃物流

4. 下列属于按废弃物的来源分类的废弃物流类别的有 （　　　）。

A. 工业废弃物流 　　　　　　　　　　　　B. 农业废弃物流

C. 生产废弃物流 　　　　　　　　　　　　D. 生活废弃物流

5. 回收物流过程和废弃物流过程都可以分为回收物或废弃物的 （　　　）等阶段。

A. 回收收集　　　B. 检验分拆　　　C. 中间处理　　　D. 最终处理

6. 下列属于废弃物的最终处理方法的有 （　　　）。

A. 掩埋　　　　　　B. 焚烧　　　　　　C. 堆放　　　　　　D. 净化

单元小结

本单元主要是企业回收物流管理和废弃物流管理两项学习内容。

回收物流是对生产和流通中的再生资源进行再利用的物流活动。回收物流具有分散性、缓慢性、复杂性、多变性和高成本性等特点。

按回收的渠道，回收物流可以划分为退货回收物流和收旧回收物流。按回收物流的成因和处置方式，回收物流可以划分为投诉退货、终端退回、商业退回、维修退回、生产报废和副品、包装六大类。按回收物料的类别，回收物流可以划分为产品回收物流、包装物回收物流、零部件回收物流、物料回收物流。

回收物流处理的环节一般包括回收、检验、处理决策、分拆、再加工和报废等。回收物流处理的方法分为产品回收的处理方法、包装物回收的处理方法、零部件回收的处理方法、其他物料回收的处理方法。

废弃物流是对经济活动中的不可利用物资进行处理的物流活动。废物物流过程实际上就是对废弃物的处理过程。

按废弃物的形态分类，废弃物流可以划分为固体废弃物流、液体废弃物流和气体废弃物流。按废弃物的来源分类，废弃物流可以划分为工业废弃物流、农业废弃物流和生活废弃物流。

废弃物流处理是指在废弃物流过程中对废弃物的处置方法。废弃物的处理过程包括废弃物的回收收集、中间处理和最终处理等阶段。废弃物的最终处理方法主要有掩埋、焚烧、堆放和净化等。

单元 7　企业现代物流管理模式

学习目标

完成企业现代物流管理模式的知识与技能的学习，能够准确描述企业现代物流管理模式的基本原理，学会企业现代物流管理模式的基本应用。

学习内容

物料需求计划（MRP）、制造资源计划（MRPⅡ）、分销需求计划（DRP）、配送资源计划（DRPⅡ）、准时制生产（JIT）、约束理论（TOC）、零库存管理（ZIM）、供应商管理库存（VMI）、联合管理库存（JMI）。

导入案例

叉车总厂制造资源计划的应用

某叉车总厂引进了日本 TCM 叉车制造技术，批量生产的产品包括 1～10t 汽油、柴油、电瓶叉车，有 80 多个品种、几百种规格，属于典型的多品种、小批量物流生产方式。在该厂生产的不同规格产品中，通用件很多，有的产品通用件占 80%～90%。在原有的管理方式下，由于产品复杂，造成产品准备周期长、紧急生产调度多、物料布置（尤其是外协件）计划不周，作业计划由于应变能力差而使实际执行效率低等问题，时常出现装配线因缺件而停工，零件制造受瓶颈能力牵制的现象。由于缺乏实时生产监控，使得车间调度效率不高，按期交货不能保证，流动资金占用较高，成本中企管费高居不下。原有生产体系受到严重挑战，迫切需要解决产供销、财务的协调问题。该厂根据自身经营、计划、生产特点，对照 MRPⅡ理论与成功范例，开始了 MRPⅡ总体方案设计。

1. 引进和实施 MRPⅡ的过程

该厂先后派出多批专业人员前往已有 MRPⅡ的推行经历的企业进行专项调研，学习实施的经验教训，为以后实施打下基础。

经过一年多调研，决定采用购买 MRPⅡ软件来建立运行环境，并期望通过引进软件，拓展管理手段，引进先进的管理思想，建立相应的管理体制，而不是为了应用计算机而购买 MRPⅡ系统。

通过比较，与当时已进入中国的 MRPⅡ软件及供应服务公司进行广泛深入的接触，最后在五家公司中进行筛选，筛选的主要条件是：软硬件平台对企业需求的适应性，MRP Ⅱ软件的先进性与企业特点（生产类型、经营、产品结构）的适应性，供应商的信誉，供应商提供的实施服务能力和水平，价格。最终选定美国 EMS 公司的 TCM - EMS 软件，由美国 Image 公司提供技术服务和实施指导、培训。

EMS 的实施是一个系统工程，需要全员的参与。为保证系统实施，成立了项目领导组，由第一副厂长兼总工程师担任项目总设计师和领导组组长，其他各部门负责人担任各分项目组组长。同时 Iamge 公司也相应成立了项目专家工作组，具体负责实施准备、软件安装、功能扩充、技术培训、现场指导及各项技术服务工作。项目领导组、分项目组与专家工作组一起共同拟定实施技术方案、具体进度计划、人员培训计划、组织管理计划、各种文档目录等。

为适应系统管理，对沿用多年的计划体系进行了较大的改革。首先是贯彻 MRP Ⅱ 思想体系，对计划编制、下达及管理对象进行了重大调整，实现了从开环计划到闭环管理的转变，使计划应变能力和可执行性、为客户服务和生产管理水平都得到提高。用滚动计划给出当年前三个月的计划执行情况和后四个月的品种、数量预排计划。MPS 计划、毛坯计划、进口计划均可据此编制。实施过程就是解决难题的过程。

2. 取得效果

(1) 库存减少，周转次数增加。第一年实现生产资金（库存）水平由上年 4700 万元下降到 3600 万元，第二年下降至 3000 万元，创直接经济效益 80 万元。第一年库存周转次数是 4.4 次，第二年为 5.7 次，增加 29%。

(2) 为客户服务水平提高。交货提前期平均缩短 15 天。

(3) 计划水平提高。计划兑现率提高 20%。

(4) 信息数据标准化和规范化。到第二年年底，形成的数据量为：项目文件 1.2 万条，计 10 万条记录；工艺主文件 13 万条；加上其他数据，合计数据量约为 143 兆。

(5) 标准承包制订快捷准确。该厂利用与日本、德国进行合作谈判的机会，以标准成本为突破口，按性能选项快捷准确地生成标准成本，提高功效二三十倍，大大减轻了成本核算人员的工作量。

(6) 财会更加有效、实用。由于资源共享，日记账规范严谨；应收账、应付账更有效、实用；各种财务报表制作得心应手。

该项目已通过国家机械工业管理部门验收，并被省人民政府树为计算机辅助管理示范单位，成果获第四届中国机械行业企业管理创新成果奖。

——资料来源：杜学森. 企业物流管理 ［M］. 上海：上海交通大学出版社，2005.8：184～186。

案例问题：案例中叉车总厂引进和实施 MRP Ⅱ 经历了哪些过程？除了 MRP Ⅱ 之外，还有哪些企业现代物流管理模式？

案例问题提示：该厂引进和实施 MRP Ⅱ 大致经历了调研、选定管理软件、成立项目领导组和专家工作组、改革原有生产计划体系、实施 MRP Ⅱ 等过程。

企业现代物流管理模式还有物料需求计划（MRP）、分销需求计划（DRP）、配送资源计划（DRP Ⅱ）、准时制生产（JIT）、约束理论（TOC）、零库存管理（ZIM）、供应商管理库存（VMI）、联合管理库存（JMI）等。

7.1 物料需求计划与制造资源计划

7.1.1 物料需求计划

物料需求计划（Material Requirement Planning，MRP）是指根据企业产品生产计划，倒推编制生产所需零部件等资源的采购或生产计划的一种企业管理模式。在物料需求计划中，"物料"是一个广义的概念，泛指产品、原材料、在制品、零部件、中间件以及外购件等。

物料需求计划是由美国库存协会在20世纪60年代初提出的一种工业制造企业内物资计划管理模式。在此之前，企业的物资库存计划通常采用订货点法，即当库存水平低于订货点时，就开始订货。订货点法在物资消耗量平稳的情况下适用，不适用于订单生产。物料需求计划就是为了适应订单生产中的相关需求而产生的。

（1）物料需求计划的基本原理

物料需求计划是一个由输入、转换、输出构成的管理信息系统。在物料需求计划运行过程中，输入系统输入产品生产需求信息，经过转换计算生成零部件等物料采购信息和物料制造信息。物料需求计划的基本原理如图7-1所示。

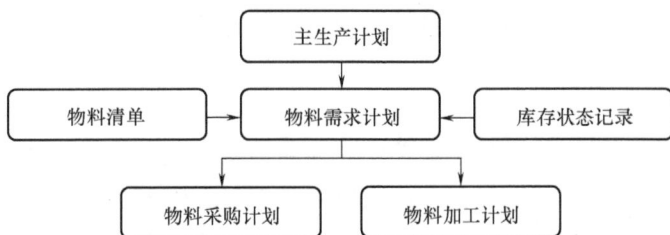

图7-1 MRP基本原理示意图

◇问题7-1：根据图7-1描述物料需求计划的基本原理。

①输入

物料需求计划输入系统包括主生产计划（Master Production Schedule，MPS）、物料清单（Bill of Material，BOM）和库存状态记录。

主生产计划即最终产品的生产计划，也称主产品生产进度计划。由于物料需求计划根据主生产计划中的需求逐项逐层分解而得出所需各种零部件和原材料的需求量和提前期，因而它是输出相关物料需求计划的主要依据，也是物料需求计划的主要输入信息。主生产计划信息主要来源于客户需要预测、订单、合同等。

物料清单即产品结构信息文件，也称产品结构清单。物料清单的产品结构信息包括最终成品的零部件及原材料结构，以及零部件在数量、时间上的相互关系。物料清单是需求分解的主要依据，图7－2是一个简单的物料清单结构示意图。

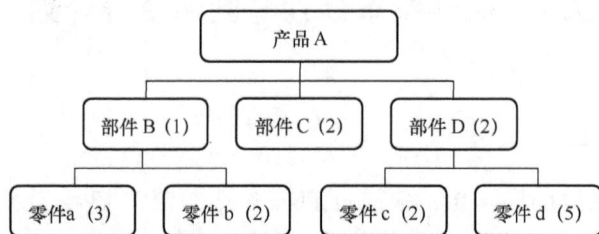

图7－2　产品结构示意图

在图7－2中，组成产品A零部件的字母表示零部件，字母后括号内数字表示该零部件的数量，如部件B（1）表示B部件1个单位。

◇问题7－2：根据图7－2描述产品A的结构情况。

库存状态记录显示所需各种物料的现有库存量。现有库存量需要在制订采购计划和加工计划时予以扣除。随着物料库存量的变化，库存状态记录要实时更新，保证数据信息的准确性。

②转换

转换是物料需求计划将输入信息转换为输出信息的过程。通过转换明确物料需求的具体品种、数量和时间等。

③输出

物料需求计划输出系统包括物料采购计划和物料加工计划。如果所需零部件等物料是外购件，则生成物料采购计划；如果所需零部件等物料是自制件，则生成物料加工计划。

（2）物料需求计划的工作步骤

物料需求计划的工作步骤一般为编制物料清单、制订主生产计划、输入需求信息、生成输出信息。

①编制物料清单

编制物料清单是根据产品层次结构信息，确定产品及其各个零部件的需要数量、需要时间，以及零部件需求数量、需要时间的相互成套关系。编制物料清单既是对产品层次结构的分解，也是为确定产品所需零部件的需求数量和时间的依据。

②制订主生产计划

制订主生产计划是确定产品在各时间段内生产量的过程。制订主生产计划构成了不同时期供应零部件的需求基础。

③输入需求信息

输入需求信息是向物料需求计划输入物料清单信息、主生产计划信息和库存状态记录信息的过程。在使用计算机信息处理系统下，还可以向物料需求计划输入物料编码、供应商编码、进货提前期、安全库存量等基础数据信息。

④生成输出信息

生成输出信息是根据输入物料清单信息、主生产计划信息和库存状态记录信息生成物料采购计划和物流加工计划的过程。物料采购计划和物流加工计划构成了物料仓库补货的依据，决定了物料的进货补货的方式，控制了物料的库存量，从而影响了物料的库存成本。

(3) 闭环物料需求计划

闭环物料需求计划是指在物料需求计划基础上，将资源需求计划和能力需求计划纳入其中，形成一个完整的封闭的生产计划与控制系统。物料需求计划能够确定主生产计划中产品有关物料需求的准确数量和时间，但没有考虑企业现有采购条件和生产能力。因此，所确定的物料需求可能会因原材料供应不足而无法生产或因设备和工时不足而没有能力生产，同时也缺少根据计划实施情况的反馈信息对计划进行控制调整的功能。为了克服物料需求计划的不足，20 世纪 70 年代物料需求计划发展为闭环物料需求计划。

闭环物料需求计划增加了资源需求计划和能力需求计划，也就增加了对投入与产出的控制。资源需求计划（Resource Requirements Planning，RRP）是依据长期的需求预测数据来估算完成主生产计划所需资源的一种计划管理方法。能力需求计划（Capacity Requirement Planning，CRP）是对物料需求计划所需生产能力进行核算的一种计划管理方法。闭环物料需求计划如图 7 - 3 所示。

◇问题 7 - 3：根据图 7 - 3 描述闭环物料需求计划的基本原理。

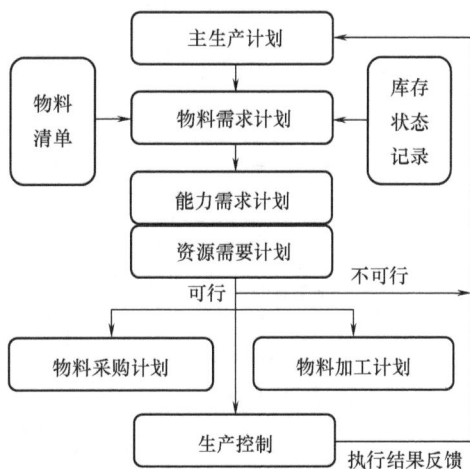

图 7 - 3　闭环 MRP 基本原理示意图

闭环物料需求计划的特点体现在两个方面：一方面是生产计划必须建立在企业已有资源和能力基础上。在按物料需求计划下达生产任务之前，必须根据生产计划对企业现有物料资源和生产能力进行核算，确定生产计划需求与现有物料资源及生产能力之间的平衡情况。另一方面是生产计划与控制是一个整体。生产计划必须考虑生产控制反馈信息，并根据反馈信息评估生产计划和调整生产计划或制订未来计划。如果资源需要和能力需求计划的输出表明生产计划不可行，则必须对其进行重新安排。

7.1.2 制造资源计划

制造资源计划（Manufacturing Resource Planning，MRPⅡ）是指在闭环物料需求计划基础上，将物料流动与资金流动结合起来而形成的一个完整的经营计划管理系统。闭环物料需求计划虽然使生产活动方面的各种子系统得到了统一，但涉及的还仅仅是物流活动，而与物流活动密切相关的资金流动在企业物流管理活动起着关键性作用。由于涉及资金流的成本与收入核算主要由企业财会部门负责，因而会造成核算数据的重复记录和存储，甚至造成核算数据的不一致。为了解决这一矛盾，20 世纪 70 年代物料需求计划进一步发展为制造资源计划。

（1）制造资源计划的基本结构

制造资源计划将物料需求计划与其他相关生产经营活动，以及财务活动、资金流等连接成一个整体，实现了企业生产经营管理的系统化。制造资源计划涉及企业经营规划、主生产计划、物料需求计划、资源需求计划、能力需求计划、物料采购计划、物料加工计划、成本计划和资金计划等生产经营计划，形成了计划与控制、基础信息和财务核算等不同的系统。制造资源计划基本结构如图 7-4 所示。

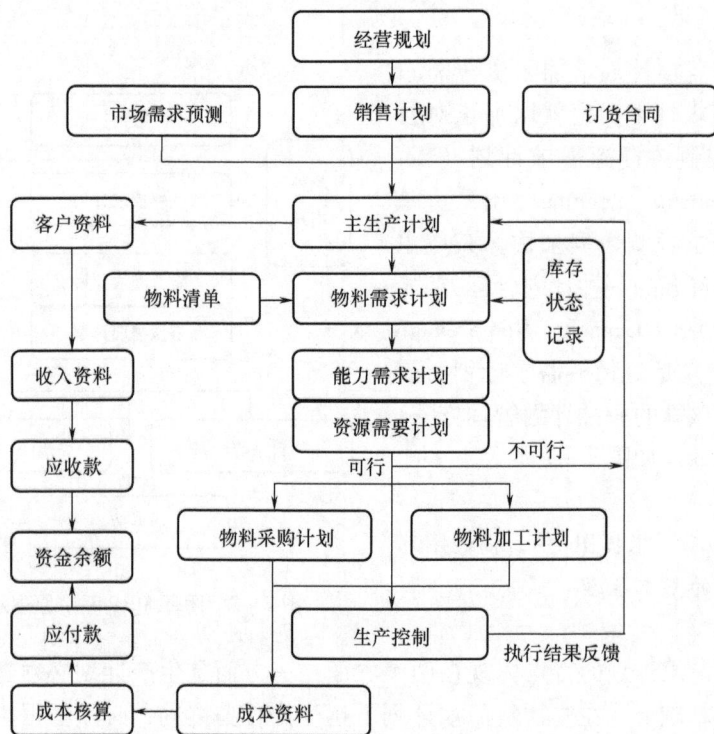

图 7-4　MRPⅡ基本结构示意图

◇问题 7-4：根据图 7-4 描述制造资源计划的基本结构。

①计划与控制系统

计划与控制系统包括制造资源计划中所涉及经营规划等各种计划及生产控制。其中，经营规划涉及市场需求预测、销售计划、销售合同等内容，并作为制订主生产计划的依据。经营规划应在企业高层主持下，会同销售、生产、采购和财务等管理部门共同制订。

②基础信息系统

基础信息系统是指为实施计划与控制、财务核算提供基础信息的管理系统。在图7-4中，列出的市场预测数据、订货合同、物料清单、库存状态记录、客户资料、收入资料和成本资料，以及工艺路线和信息交流路线等，都是属于基础信息，在制造资源计划运行中发挥着重要作用。

③财务核算系统

财务核算系统是指发挥采购和加工的成本核算以及资金流入和流出核算的管理系统。在图7-4中，左侧列出了财务核算系统的几项主要功能，以说明根据客户资料和收入资料核算应收款即资金流入，通过物流采购和加工计划获得成本资料进行成本核算，以核算应付款即资金流出，再通过资金流入与流出的核算来确定资金余额。

（2）制造资源计划的基本特点

制造资源计划最核心的特点是实现了物料信息与资金信息的集成及企业管理系统的集成。这种集成主要表现为由于制造资源计划包括了成本和资金核算等财务核算功能，可以由生产经营活动直接产生财务信息，将实物形态的物料流动信息直接转换为价值形态的资金流动信息，因而保证了生产与财务信息的一致，改变了资金流动信息滞后于物料流动信息的状况，便于实时做出决策。例如，将主生产计划中的产品单位转换为货币单位，就构成了销售计划；将财务上的应付款、应收款同采购、销售及库存集成后，就形成了一个进、销、存管理系统，使得企业内的生产系统、财务系统、销售系统、供应系统及技术支持系统等协调一致，成为一个有效运行的整体。

制造资源计划除了核心特点外，还具有计划的一贯性、管理的系统性、信息的共享性、动态应变性和模拟预见性等具体特点。

①计划的一贯性

计划的一贯性表现在制造资源计划是一种计划主导的管理模式，计划层次从宏观到微观、从战略到战术，由粗到细，层层优化。计划下达前反复验证和平衡生产能力，并根据反馈信息及时调整，保证计划的一贯性和可执行性。

②管理的系统性

管理的系统性表现在制造资源计划是一项系统管理工程，将企业与生产经营直接相关部门的工作连接成一个整体，各部门从系统整体出发做好本部门工作，使得管理更加具有系统性。

③信息的共享性

信息的共享性表现在制造资源计划是一种制造企业管理信息系统，企业各部门都依据同一信息数据进行管理，任何一种信息数据变动都能及时反映到各有关部门，实现了信息数据的共用共享。

④动态应变性

动态应变性表现在制造资源计划是一种闭环系统，要求跟踪、控制和反馈瞬息万变的实时情况，管理人员可随时根据企业内外环境条件的变化迅速做出反应，及时进行决策调整，保证生产计划的顺利实施。由于制造资源计划可以及时掌握各种动态信息，保持较短的生产周期，因而具有较强的应变能力。

⑤模拟预见性

模拟预见性表现在制造资源计划具有模拟预见功能，将预见在相当长的计划期内可能发生的问题，事先采取措施消除隐患，而不是等问题已经发生了再花几倍的精力去处理。这使得管理人员从忙碌的事务性工作中解脱出来，致力于实质性的分析工作，提供更加合理的可行方案供领导决策。

拓展阅读 7 – 1

物料需求计划在生产企业的应用

天津 A 食品有限公司创建于 1997 年 9 月，公司位于天津城北工业园，这里环境优美，交通便利。公司现有员工人数 220 多人，其中技术人员 15 名。生产厂区占地 25 亩，拥有车间近 5000 平方米，巧克力生产线 8 条。公司固定资产 1500 万元，设备先进，技术力量雄厚。公司主要产品有巧克力、夹心巧克力、巧克力豆三大系列二十余种产品，产品口感细腻滑润、香味浓郁、滋味纯正、包装精美。其独特的配方和全新的口味深受广大消费者的青睐。自 1999 年以来，公司销售额连年保持 70% 以上的增长率，成为天津市巧克力的又一品牌。2008 年年底 A 商标又被评为天津市著名商标。公司按照国家食品卫生法进行加工，严格把好检验关，认真做好生产各个环节的卫生控制及检验，保证食品安全卫生。产品销往东北、南方、西北等地二十几个省市区，初步建立起以江、浙、沪、皖为中心，辐射华中、华北、西北、西南的销售网络。

1. 天津 A 食品有限公司的生产问题

天津 A 食品有限公司的产品包括三大系二十余种，但生产线只有 8 条，在日常的生产中总是面临转产停滞和维修停滞的压力。车间的生产任务总是临时改变，生产产品的品种也有时突然变更。没有以月或周为单位的固定生产计划，加班量惊人。没有固定的工人轮休表，生产线全年运转，没有固定的维护计划。各车间的加工进度差异较大，材料的领用也存在不准确、消耗过大、各批次有不同的替代料存在等问题；由于材料定额不准确，额外发料的情况时有发生；工时的确认不及时，导致当月应分配的间接费用不能合理地分配；生产计划安排不合理，直接导致不能均衡生产，致使费用的归集也不均衡；人为干预生产的情况长期存在，导致不同批次产品成本差异较大；整个生产和成本归集过程完全由人工操作，缺乏监督和制约，致使成本发生、归集不合理，导致成本失真。

2. 采用 MRP 对生产环节优化重组

（1）订单驱动生产

天津 A 食品有限公司在生产环节上出现的问题主要还是因为生产品种和生产量的不确定，临时生产或追加生产过多。针对这个问题，可以采用订单式生产，以销售订单作为需求的源头，全过程追踪在计划、生产、采购等订单执行，以明确订单的执行状况；系统可以将生产任务单的信息，物料的齐备状况，车间的产能／负荷状况等显示，方便计划人员排产，提升人员的工作效率；车间生产主管可以根据企业设定的生产排程的优先级方法，确定每个车间的工作顺序，使各车间的步调一致，物料就可以匹配且按时到达后工序，生产就可以变得平稳。

物料需求计划（MRP）在制造业已经被广泛地应用，用于计算相关需求。物料需求计划就是为生产 MPS（主生产计划）中的最终产品的组装件和物料，计算准确的数量、需求的日期和计划订单发布。基于以上对订单的要求，在传统 MRP 模型基础上，通过增加订单关联处理功能对生产计划流程进行优化，其作用主要表现在：第一，在MRP 处理过程中，同一时段内的需求合并的同时，形成与 MPS 中最终产品生产计划订单对应的订单关联表。利用订单关联表将每种物料的需求与最终产品的生产联系起来。第二，在生产计划执行阶段，即在车间作业和采购作业执行过程中，由于需求或供应变更对 MPS 主生产计划的影响，可以根据订单关联表进行配套反查分析，保证最终产品的零部件供应齐套。

（2）主生产计划的改进

①按照订单和现有产品库存确定每种产品的生产计划。它反映了每种产品在当批生产总量中的分配量，可用于指导编制 MPS，使得生产计划人员在编制 MPS 时能遵循生产预期的目标。

②根据订单、季节性产品销售浮动预测和供应链上各节点库存总量，计算生产毛需求量。算法如下：

生产毛需求量＝供应链上各节点库存总量－（订单上的实际生产需求＋季节性产品销售浮动预测）

③根据生产毛需求量和供货合同中事先谈好的供货批量规则，以及下游分销节点中的库存量，计算各生产期的计划产出量。

④计算生产中所需原料的库存和供应能力，看是否可满足各生产期的生产计划需求。这一步是考量供应部门能否满足 MPS 的需要，以使得主生产计划在需求与能力之间取得平衡。

⑤审核 MPS 是否可行，对存在的问题提出建议。审核方法如下：

如需求（需求包括原料需求和生产力需求）和能力（能力包括供应能力和生产能力）基本平衡，MPS 可执行；如需求和能力差距较大，MPS 不可执行。应修正方案，平衡能力。平衡方法包括重新计算生产毛需求量，紧急追加订购原料，分小批量多批次供货给客户，安排加班，购买生产设备增加生产能力等。

⑥在 MPS 审核通过后，排制生产任务。

（3）可拆解式物料清单的设计

作为最细致的食品之一，巧克力有着较复杂的物料清单（BOM）。天津A食品有限公司的产品BOM可以分到4～5级，甚至更多。最终级别的原材料品种达到几十种。同时，这些原材料还不断地进行技术、质量、品位的改进。因此，BOM表是一份动态的表，具有时间有效性属性。而考虑到库存、前置期因素、技术等方面的改进与物流操作的实际实施是有一定时间差的。可见，BOM表的深度、最终级别上物料种类的数量是随着时间不断改变的原材料种类数量。原材料改变和实际物流实施的时间差，是天津A食品有限公司关注的BOM表特点。而随着市场需求的不断变化、新产品的迅速推出，这些信息逐渐成为天津A食品有限公司物流管理中信息流的主要方面之一。为此，建议在物流部门内设立专门部门负责处理相关工作，维护、管理、控制BOM表，保证后续工作的准确性。

而在天津A食品有限公司的BOM工作范围内，还有食品产品特色的"口味"概念。所谓"口味"，是指按照客户的需求可以提供不同的巧克力。这些巧克力根据味道划分，各种味道由各组不同的原材料组成。为了能使用计算机处理，味道、原材料都是由一组英文字母和数字组成的编号。举例来说，坚果是一种口味，有一个编号（NC）。根据客户需要，这种产品可以提供花生和核桃两种选择，则NC下分别对应味道编号NC1，NC2。同时，NC1，NC2各自对应一组原材料号。逻辑关系如表7-1所示：

表7-1　逻辑关系

NC	NC1				NC2			
原材料	AA	BB	CC	DD	AA	ZZ	CC	FF

具有这种定义的包括纯可可（75%/60%/45%）、果味（橘子、草莓、苹果、葡萄）、其他类（牛奶、咖啡）等。再加上无需客户选择的其余相同的原材料（例如可可脂、砂糖、甜味剂等），就组成了完整的产品BOM。

使用"口味"概念，可以将客户对产品的个性化需求与种类繁多同时有要求精准的原材料需求联系起来，是以"十"为数量级的装备数量和以"百"为数量级的最终原材料的"转换器"。使用这种方式可以避免直接定义过多的产品，而让客户无法选择。客户在各个口味上选择不同的味道，销售人员把相应的味道编号输入计算机系统（在国外，客户甚至可以自行在网络上标记自己的选择），计算机系统对同一"口味编号"下的各个"味道编号"加以统计，根据"味道编号"对应的BOM表得出可选口味相关的"特殊"原材料的最终需求。这样还可以把"特殊"原材料与一般原材料区别开来，有利于库存控制和管理。

——资料节选自：杨国梁. 物料需求计划在生产企业的应用研究［J］. 物流工程与管理，2013.5：159-160，167。

训练题 7 -1

一、单项选择题

1. 物料需求计划是（　　　）。

A. 生产所需物料的采购或生产计划　　　B. 生产所需物料的采购计划

C. 生产所需物料的生产计划　　　　　　D. 产品生产计划

2. 物料需求计划是根据（　　）编制的。

A. 采购计划　　　　B. 产品生产计划　　C. 产品销售计划　　D. 物流计划

3. （　　）是输出相关物料需求计划的主要依据。

A. 采购计划　　　　B. 库存状态记录　　C. 主生产计划　　D. 物料清单

4. 包括最终成品的零部件及原材料结构，以及零部件在数量、时间上的相互关系等产品结构信息的是（　　　）。

A. 采购计划　　　　B. 库存状态记录　　C. 主生产计划　　D. 物料清单

5. 闭环物料需求计划中的"闭环"主要体现在（　　　）。

A. 增加了能力需求计划　　　　　　　　B. 增加了资源需求计划

C. 增加了能力需求计划与资源需求计划　D. 生产计划与控制一体化

6. 制造资源计划产生的直接动因是（　　　）在企业物流管理活动起着关键性作用。

A. 物料流动　　　　B. 资金流动　　　　C. 产品流动　　　　D. 信息流动

7. 制造资源计划在闭环物料需求计划基础上增加了（　　　）。

A. 资金流动计划　　　　　　　　　　　B. 物料流动计划

C. 资源需求计划　　　　　　　　　　　D. 能力需求计划

8. 制造资源计划中财务核算系统用于成本核算和（　　　）。

A. 制订经营规划　　　　　　　　　　　B. 编制采购计划

C. 资金流量核算　　　　　　　　　　　D. 基础信息处理

9. 制造资源计划的核心特点是（　　　）。

A. 计划的一贯性　　　　　　　　　　　B. 管理的系统性

C. 信息的共享性　　　　　　　　　　　D. 信息的集成性

10. （　　　）表现在制造资源计划是一种闭环系统。

A. 计划的一贯性　　　　　　　　　　　B. 管理的系统性

C. 信息的共享性　　　　　　　　　　　D. 动态应变性

二、多项选择题

1. 下列关于物料需求计划的表述正确的有（　　　）。

A. 编制的是生产所需物料的采购或生产计划

B. 编制的依据是企业产品生产计划

C. 编制的是企业产品生产计划

D. 主要是适应订单生产中的相关需求而产生的

2. 下列属于物料需求计划输入内容的有（　　　）。

A. 主生产计划　　　　B. 物料清单　　　　C. 采购计划　　　　D. 加工计划

3. 下列属于物料需求计划输出内容的有（　　　）。

A. 主生产计划　　　　B. 物料清单　　　　C. 采购计划　　　　D. 加工计划

4. 下列属于物料需求计划的工作步骤的有（　　　）。

A. 编制物料清单　　　　　　　　　　　B. 制订主生产计划

C. 输入需求信息　　　　　　　　　　　D. 生成输出信息

5. 闭环物料需求计划在物料需求计划基础上增加了（　　　）。

A. 物料需求计划　　　　　　　　　　　B. 资源需求计划

C. 能力需求计划　　　　　　　　　　　D. 物料生产计划

6. 制造资源计划可以划分为（　　　）。

A. 计划与控制系统　　　　　　　　　　B. 基础信息系统

C. 财务核算系统　　　　　　　　　　　D. 数据处理系统

7. 下列属于制造资源计划所涉及的生产经营计划有（　　　）。

A. 经营规划　　　　　　　　　　　　　B. 管理工作计划

C. 成本计划　　　　　　　　　　　　　D. 资金计划

8. 下列属于制造资源计划特点的有（　　　）。

A. 计划的一贯性　　　　　　　　　　　B. 管理的系统性

C. 信息的共享性　　　　　　　　　　　D. 动态应变性

7.2　分销需求计划与配送资源计划

7.2.1　分销需求计划

分销需求计划（Distribution Requirement Planning，DRP），也称配送需求计划，它是一种既保证有效地满足市场需要，又使得物流资源配置费用最少的企业物流管理模式。分销需求计划是物料需求计划在流通领域的运用，因此，它属于流通领域的一种物流管理模式。

分销需求计划是以业务流程优化为基础，以销售与库存综合控制管理为核心，集采购、库存、销售、促销管理、财务以及企业决策分析等功能于一体的高度智能化的企业配送业务解决方案。分销需求计划能够实现物流高效率的集成化管理，具有优化流程与规范化管理、降低经营成本、优化资源分配等功能。

（1）分销需求计划的基本原理

分销需求计划主要解决分销物资的供应计划和调度问题，以达到保证有效地满足市场需要又使得配置费用最省的目的。分销需求计划是通过转换处理输入信息而生成输出信息的管理信息系统。在分销需求计划运行过程中，输入市场需求、库存状态记录、生产企业资源等信息，经过分销需求计划的转换处理，生成订货进货计划和送货计划等信息。分销需求计划的基本原理如图7-5所示。

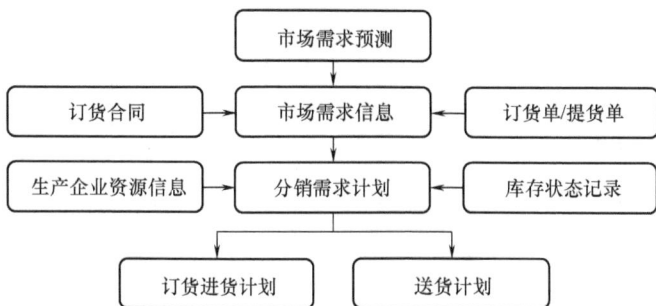

图7-5　DRP基本原理示意图

◇问题7-5：根据图7-5描述分销需求计划的基本原理。

①输入信息

分销需求计划输入信息包括市场需求信息、库存状况记录信息和生产企业资源信息。

市场需求信息包括市场需求预测信息、订货单和提货单以及订货合同信息。市场需求预测信息是企业通过市场调查获取的未来一定时期产品需求的信息，订货单包括客户的订货需求以及企业内部子公司的订货需求，提货单和订货合同反映的是客户的订货需求。所有需求要按产品需求的数量和品种进行统计，并整理成市场需求信息文件。

库存状况记录信息是对企业自有库存物资进行统计记录的信息，显示现有库存量，据此针对市场需求确定必要的进货量。

生产企业资源信息是生产企业供应用于销售产品的相关信息，包括供应的产品数量、品种以及地理位置等信息。

②输出信息

分销需求计划输出信息是经过转换处理生成的信息，包括订货进货计划和送货计划。

订货进货计划是从生产企业订货和进货的计划安排。对于市场需求的物资，如果企业库存不足甚至无货，则需要向生产企业按订货提前期订货和进货，以满足市场需要。

送货计划是将客户的订货按客户要求进行运送的计划安排。为了保证按时送达，要考虑作业时间和路程远近，提前一定时间开始作业。对于大批量需求可以实行直送，而对于数量众多的小批量需求可以进行配送。

分销需求计划要求企业根据市场需求预测结果、订货合同、订货单和提货单等信息确定市场需求，并按照市场需求与企业现有生产资源和库存情况生成订货进货计划和送货计划，实现有计划的信息管理和物流管理。

（2）分销需求计划的利弊

分销需求计划优点体现为企业营销和物流两个方面带来的好处。分销需求计划的利弊见表7-2。

表7-2　分销需求计划的利弊

优点		缺点
在营销上的优点	**在物流上的优点**	
改善了服务水准，保证了准时配送和减少了顾客的抱怨	由于协调装运，因而降低了配送中心的运输费用	库存计划系统需要每一个配送中心精确的、经过协调的预测数，预测误差就有可能成为一个重大问题
更有效地改善了促销计划和新产品引入计划	由于分销需求计划能准确地确定何时需要何种产品，因而降低了库存水平	
提高了预计短缺的能力，使营销努力不花费在低储备的产品上	由于库存减少，使仓库的空间需求也减少	库存计划要求配送设施之间的运输具有固定而又可靠的完成周期，而完成周期的不确定因素则会降低系统的效力
由于分销需求计划有助于共用一套计划数字，因而改善了与其他企业功能的协调	由于延迟交货现象的减少，因而降低了顾客的运输成本	
提高了向顾客提供协调存货管理服务的能力	改善了物流与制造之间的库存可视性和协调性	由于生产故障或递送延迟，因而综合计划常易遭受系统紧张的影响或频繁改动时间表的影响
	由于分销需求计划能够在多计划远景下有效地模拟库存和运输需求，因而提高了预算能力	

（3）分销需求计划的实施

分销需求计划主要应用于两类企业：一类是拥有储存和运输业务的流通企业，如储运公司、配送中心、物流中心、流通中心；另一类是具有流通部门承担分销业务，且拥有销售网络和储运设施的较大型的生产企业。

分销需求计划可以借助互联网的延伸性及便利性，使商务过程不再受时间、地点和人员的限制，企业的工作效率和业务范围都得到了有效的提高。企业也可以在兼容互联网时代的现有业务模式和现有基础设施情况下，迅速构建B2B电子商务的平台，扩展现有业务和销售能力，实现零风险库存，降低分销成本，提高周转效率，确保获得领先一步的竞争优势。

实施分销需求计划的主要因素包括企业高层的支持、实施团队的能力、重视最终使用者、专注于流程、合理而有效的实施步骤等。

①企业高层的支持

企业高层的支持主要体现在三个方面：一是企业高层能为分销需求计划设定明确的目标；二是企业高层向分销需求计划实施提供所需的时间、人力、财力和其他资源；三是企业高层能确保企业全员认识到实施分销需求计划的重要性。

②实施团队的能力

分销需求计划实施团队的能力要求包括：一是业务流程重组能力，二是对系统进行客户化和集成化的能力，三是 IT 网络的设计能力和管理能力，四是改变和服务管理方式的能力。

③重视最终使用者

重视使用者可以采取的方法包括：一是邀请未来分销需求计划系统的最终使用者参观成功的分销需求计划，了解系统带来的好处；二是让系统的最终使用者参与分销需求计划的实施；三是实施分销需求计划过程中为最终使用者提供便利服务。

④专注于流程

将注意力专注于流程而不是专注于技术，这关系到实施分销需求计划能否成功。因为技术因素只是实施分销需求计划的促进因素，并不是最终的解决方案。所以，分销需求计划项目实施的首要任务是花费一定的时间去调研现有的影响、销售和服务模式与策略，并最终找到改进的方法。

⑤合理而有效的实施步骤

分销需求计划的实施需要改造和整合现有业务流程，这一过程需要确定优先项目，按重要程度分步骤先完成几个重要的项目，再完成其他项目。同时，分销需求计划的效率和有效性的获得需要依次经过终端用户效率的提高、终端用户有效性的提高、团队有效性的提高、企业有效性的提高、企业间有效性的提高的渐次动态过程。

7.2.2 配送资源计划

配送资源计划（Distribution Resource Planning，DRPⅡ）是指在分销需求计划基础上，增加物流能力计划而形成的一种集成和闭环的物流资源配置系统。配送资源计划是在流通领域中配置物资资源的方法，主要适用于流通领域。配送资源计划是一种企业内部资源配送计划系统管理模式，能够实现物流资源按时、按量满足需求。

（1）配送资源计划的基本结构

配送资源计划是在配送需求计划的基础上，通过提高各环节的物流能力而达到系统优化的目的。配送资源计划将分销需求计划与物流能力计划等其他物流活动，以及财务活动连接成一个整体，实现了企业销售物流管理的系统化。配送资源计划涉及分销需求计划、物流能力计划、运输仓储计划和财务核算、车辆管理等功能，形成了计划管理、财务核算和车辆管理等系统。配送资源计划的基本结构如图7-6。

◇问题7-6：根据图7-6描述配送资源计划的基本结构。

①计划管理系统

计划管理系统由分销需求计划、物流能力计划、运输计划、仓储计划构成。计划管理就是根据分销需求计划提出的送货物流需求进行物流能力平衡，选择物流优化模式，确定物流能力计划和运输仓储计划，形成完整的物流计划体系。

```
┌─────────────────┐
│   市场需求预测    │
└─────────────────┘
         │
┌────────┐  ┌─────────────┐  ┌──────────────┐
│ 订货合同 │→│  市场需求信息  │←│ 订货单/提货单  │
└────────┘  └─────────────┘  └──────────────┘
                   │
┌──────────────┐ ┌─────────────┐ ┌──────────────┐
│ 生产企业资源信息 │→│  分销需求计划  │←│ 库存状态（管理） │
└──────────────┘ └─────────────┘ └──────────────┘
              │              │
      ┌─────────────┐  ┌─────────────┐
      │  订货进货计划  │  │   送货计划    │
      └─────────────┘  └─────────────┘
                   │
┌─────────────┐  ┌─────────────┐   ┌────┐
│  物流优化模式  │←│  物流能力平衡  │   │ 车 │
└─────────────┘  └─────────────┘   │ 辆 │
      │          ┌─────────────┐   │ 管 │
      │          │  物流能力计划  │→ │ 理 │
      │          └─────────────┘   │    │
      │          ┌─────────────┐   │    │
      └────────→ │  运输仓储计划  │   │    │
                 └─────────────┘   └────┘
┌─────────────┐  ┌─────────────┐
│  地理位置信息  │  │   成本核算    │
├─────────────┤→ └─────────────┘
│  物流成本资料  │
└─────────────┘
```

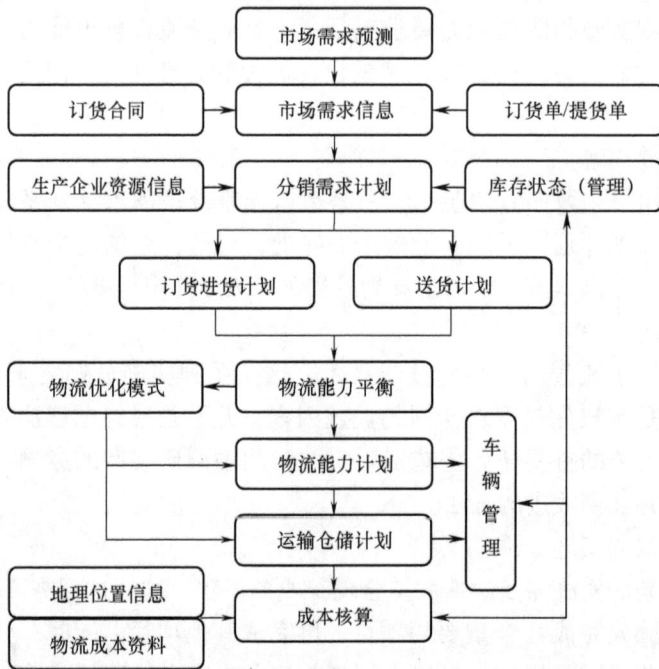

图 7-6　DRPⅡ基本结构示意图

②财务核算系统

财务核算系统的核心功能是成本核算。财务核算就是根据运送距离等地理位置信息、运输单价等物流成本信息和车辆信息、库存信息及时核算系统的物流成本，确定物流业务利润。

③车辆管理系统

车辆管理是配送管理的重要内容，包括车辆的调度、计划安排、运输跟踪等工作。车辆管理就是根据物流能力计划和运输计划对车辆进行调配，以适应实施配送资源计划的要求。

④仓储管理系统

仓储管理是物流能力平衡的前提之一，并为物流成本核算提供相关数据。

（2）配送资源计划的基本特点

由图 7-6 可知，配送资源计划在分销需求计划的基础上优化了物流管理和决策，并表现出新的特点。

①丰富了管理内容

配送资源计划增加了物流能力计划、物流优化决策、仓储管理、车辆管理和成本核算等系统，使管理内容更加丰富和完整。

②拓展了管理功能

配送资源计划不仅具有物资进、销、存管理功能，而且具有对仓库、车辆的配置利用以及成本、利润核算等功能，还具有物流优化、管理决策等功能。

③具有闭环性

配送资源计划是一个自我适应、自我发展的闭环系统，所以其信息系统也是一个闭环反馈系统，订货信息和送货信息都能及时反馈到仓库和车辆管理部门。

拓展阅读 7-2

金利来成功实施 DRP 管理

金利来（中国）服饰皮具有限公司是金利来集团在国内开办的合作企业，其营业额占集团总营业额的82%。公司主要从事以金利来品牌为主的男士服装服饰的经营销售，已成功地树立起金字招牌。其产品包括将近100个类别、2000多种商品，2001年公司开始对其在线订单处理及ERP（企业资源计划管理）系统进行开发。但是，在线订单系统和ERP系统只是解决了金利来公司内部资源流转的问题，无法和公司遍布全国各地的将近800家代理商、分销商进行实时数据通信，金利来急需管理好并拓展公司现有的业务渠道和贸易伙伴资源。因此金利来决定引入DRP（分销需求计划）系统，使企业对订单和供货具有快速反应和持续补充库存的能力。系统依托于互联网，将制造商（或供应商）与代理商（或经销商）有机地联系在一起，可以自动处理制造商（或供应商）及其遍布全国各地的代理商（或经销商）之间的仓储管理、销售管理和订购管理。

1. 拟定方案

金利来经过多年的发展，已拥有稳定庞大的消费群，其品牌价值和影响力与日俱增；金利来现有的市场反应速度、准确性和分析方法越来越跟不上公司的发展进程；代理商和潜在的经销商对公司的信息需求也越来越强烈；公司已采用的ERP系统具备了实现新的信息战略的基础；而互联网又缩小了企业规模与采用新的IT技术的差距。以上分析说明通过低成本加强管理，将金利来现有的资源有效发挥，将会对市场产生更强大的作用力。

于是金利来DRP系统解决方案就此产生：通过将金利来代理商及代理商所属专柜货专卖店进行业务整合，并与金利来ERP系统一起组建金利来业务网站，达到加快供应反应速度、提高企业凝聚力和市场洞察力及扩展企业发展空间的目的。金利来DRP系统由四部分组成：集团管理系统、代理商管理系统、专卖店管理系统、接口管理系统。

（1）集团管理系统可以实现金利来总部对代理商及其下属门店的进、销、存信息查询分析，并对代理商的系统进行管理和维护。

（2）代理商管理系统在代理商级实现进、销、存自动管理，并提供相关决策分析及业务指导。

（3）专卖店管理系统在专卖店级实现进、销、存管理及相关数据的分析。

（4）接口管理系统主要包括集团ERP与金利来DRP系统的信息数据交叉和专卖店与DRP数据中心的信息交叉。

这套系统为金利来的业务经营及贸易伙伴的合作提供了一种全新的模式。金利来和经销商之间可以实时地提交订单、查询产品供应和库存状况并获得市场销售信息及客户支持，实现金利来与经销商之间点对点的供应链管理，有效地缩短供销链。

2. 实效分析

经过认真分析可以得出，DRP系统给金利来带来了如下益处：

（1）通过DRP系统，可以建立起异地分布式的企业销售网络及支持供应链管理的计划和控制系统。

金利来总部在运作过程中，能及时、准确、稳定地获得全国范围的仓库、经销商、子公司或代销点等各部门的进、销、存及财务状况等信息；有效地管理公司的销售网络；合理地利用销售网络的资源，减少企业在销售网络上的资金占用，优化物流、资金流和信息流的运作；可以从根本上改进公司在商品运作过程中与下游的代理商、经销商之间的沟通方式、产品销售方式及服务方式；金利来集团管理系统除了实现本部的进、销、存管理外，还包括在线订单管理、综合查询系统（包括各分公司、下级代理商的信息）等管理功能。

（2）通过DRP系统，任何商店都可以以不超过本地电话费的成本检查库存、发出订单和跟踪货物传递过程。一旦一个订单发到公司，信息管理相关部门都以与通过传真、邮件或电话发出的订单相同的处理方式开具发票。

（3）通过DRP系统，代理商可在网上随时监控各种单据。任何代理商都可以掌握自己库存分布、物流配送和实时销售监控的状况，并可与金利来总部进行网上对账、结算等账务处理。这样代理商就可在网上随时监控各种单据的状况，在总部的管理和监督下独立运行。

（4）由于DRP系统留有很好的接口，可以和ERP、MRPⅡ等系统进行无缝衔接，进而提高整个公司信息化的效率。

（5）通过DRP的收银系统，专卖店实现了进、销、存管理，可以加快收银速度、统一管理资金、提高管理质量、实时反馈销售情况，同时还可以实时查到本地的库存状况，并可根据当前库存产生补货单，经门店或上级代理商确认后，通过系统直接形成订货单反馈到金利来总部，完成自动补货过程。

（6）DRP系统简洁明了的操作使用户抛弃了那种手工方式、基于纸张的操作模式。

——资料来源：浦震寰、蔡改成. 企业物流管理（第二版）[M]. 大连：大连理工大学出版社，2012.6：190~192。

训练题 7-2

一、单项选择题

1. 分销需求计划是（　　）在流通领域的应用。

A. 主生产计划　　　　　　　　　　　B. 物料需求计划

C. 闭环物料需求计划　　　　　　　　D. 制造资源计划

2. 分销需求计划是一种追求（　　　）的企业物流管理模式。

A. 配送距离最短　　　　　　　　　　B. 运输距离最短

C. 配送设备费用最少　　　　　　　　D. 物流资源配置费用最少

3. 分销需求计划主要解决分销物资的（　　　　）。

A. 供应计划和调度问题　　　　　　　B. 物资的分配销售问题

C. 采购物料的调度问题　　　　　　　D. 采购物流的计划问题

4. （　　　）是生产企业供应用于销售产品的相关信息。

A. 市场需求预测信息　　　　　　　　B. 库存状态记录信息

C. 生产企业资源信息　　　　　　　　D. 客户订货送货信息

5. 降低了顾客的运输成本是分销需求计划在（　　　　）上的优点。

A. 供应　　　　　B. 生产　　　　　C. 销售　　　　　D. 物流

6. 能为分销需求计划设定明确的目标的是（　　　　）。

A. 高层管理者　　　B. 中层管理者　　C. 最终使用者　　D. 实施团队

7. 业务流程重组能力、IT 网络的设计能力和管理能力是实施分销需求计划对（　　　）的要求。

A. 高层管理者　　　B. 中层管理者　　C. 最终使用者　　D. 实施团队

8. 邀请参观分销需求计划的成功案例并为其使用提供便利服务是实施分销需求计划（　　　）因素。

A. 实施团队的能力　　　　　　　　　B. 重视最终使用者

C. 实施步骤的合理性　　　　　　　　D. 企业高层的支持

9. 配送资源计划是在配送需求计划的基础上增加了（　　　　）。

A. 资金流动计划　　　　　　　　　　B. 资源需求计划

C. 物流能力计划　　　　　　　　　　D. 能力需求计划

10. 配送需求计划和配送资源计划都是（　　　　）的物流管理模式。

A. 生产领域　　　B. 流通领域　　　C. 消费领域　　　D. 生活领域

二、多项选择题

1. 下列关于分销需求计划的表述正确的有（　　　　）。

A. 既保证有效地满足市场需要，又使得物流资源配置费用最少

B. 属于物料需求计划在流通领域的运用

C. 以物料需求计划为基础

D. 以制造资源计划为基础

2. 下列属于分销需求计划输入信息的有（　　　　）。

A. 市场需求信息　　　　　　　　　　B. 库存状况记录信息

C. 生产企业资源信息　　　　　　　　D. 订货送货信息

3. 下列属于分销需求计划输出信息的有（　　　　）。

A. 市场需求信息　　　　　　　　　　B. 订货信息

    C. 生产企业资源信息　　　　　　　　D. 送货信息

4. 下列属于分销需求计划在营销上的优点有（　　　　）。

    A. 降低了顾客的运输成本　　　　　　B. 改善了服务水准

    C. 保证了准时配送　　　　　　　　　D. 减少了顾客的抱怨

5. 下列属于分销需求计划在物流上的优点有（　　　　）。

    A. 降低了顾客的运输成本　　　　　　B. 降低了库存水平

    C. 降低了配送中心的运输费用　　　　D. 提高了预计短缺的能力

6. 下列属于实施分销需求计划主要因素的有（　　　　）。

    A. 实施团队的能力　　　　　　　　　B. 重视最终使用者

    C. 实施步骤的合理性　　　　　　　　D. 企业高层的支持

7. 配送资源计划可以分为（　　　　）等。

    A. 生产管理系统　　　　　　　　　　B. 计划管理系统

    C. 财务核算系统　　　　　　　　　　D. 车辆管理系统

8. 下列属于配送资源计划的优点有（　　　　）。

    A. 优化了物流管理和决策　　　　　　B. 丰富了管理内容

    C. 拓展了管理功能　　　　　　　　　D. 具有闭环性

7.3　准时制生产与约束理论

7.3.1　准时制生产

准时制生产（Just In Time，JIT）是指在所需要的时刻，按所需要的数量生产所需要的产品或零部件的生产模式。准时制生产的目的是加速半成品的流转，将资金的积压减少到最低的限度，从而提高企业的生产效率。准时制生产是一种全方位的系统管理工程，属于一种"拉动"式的生产模式。

准时制生产是日本丰田汽车公司在 20 世纪 60 年代实行的一种生产方式。1973 年以后引起其他国家生产企业的重视，并逐渐在欧洲和美国的企业中推行开来。准时制生产在推广应用过程中，经过不断发展完善，不仅为日本汽车工业的腾飞插上了翅膀，而且为世界工业界所瞩目，被视为当今制造业中最理想且最具有生命力的生产系统之一。

（1）准时制生产的基本结构

经过多年的探索和完善，准时制生产已经逐步发展成为包括经营理念、生产组织物流控制、质量管理、成本控制、库存管理、现场管理和现场改善等在内的较为完整的生产管理模式。准时制生产的基本结构如图 7-7 所示。

◇问题 7-7：根据图 7-7 描述准时制生产的基本结构。

```
                        ┌──────────────────┐
                        │   整体利润增加   │
                        └──────────────────┘
              ┌──────────────────┐  ┌──────────────────┐
              │ 消除浪费：降低成本 │  │ 柔性生产：提高竞争力 │
              └──────────────────┘  └──────────────────┘
                        ┌──────────────────┐
                        │    准时制生产    │
                        └──────────────────┘
              ┌──────────────────┐  ┌──────────────────┐
              │    看板管理      │  │   良好的外部协作  │
              └──────────────────┘  └──────────────────┘
        ┌──────────┐   ┌──────────────┐   ┌──────────────┐
        │ 质量保证 │   │  适时适量生产 │   │  弹性作业人数 │
        └──────────┘   └──────────────┘   └──────────────┘
    ┌──────┐┌──────┐┌──────┐┌──────┐┌──────────┐┌──────┐
    │全面质││自动化││设备快││设备合││多技能作 ││标准  │
    │量管理││      ││速布置││理布置││业人员   ││作业  │
    └──────┘└──────┘└──────┘└──────┘└──────────┘└──────┘
              ┌──────────────────────────┐
              │ 全员参加的改善和合理化活动 │
              └──────────────────────────┘
```

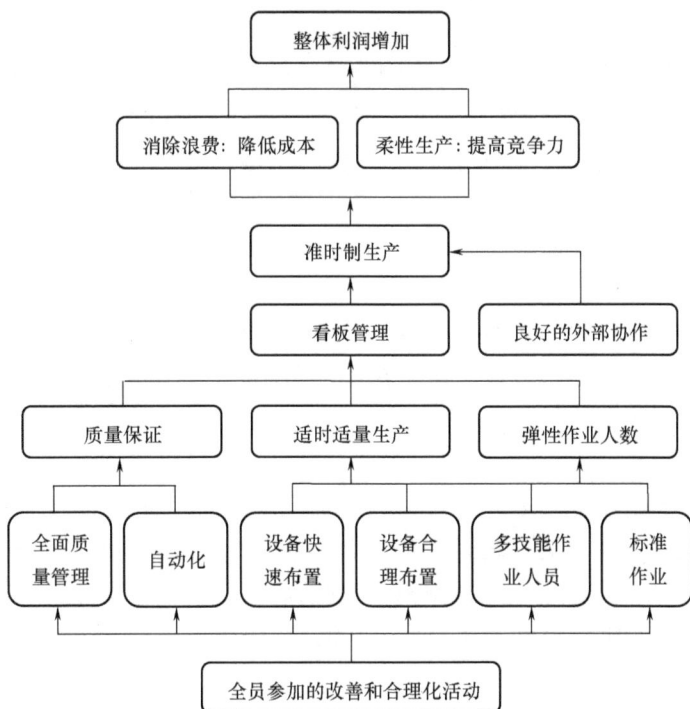

图 7-7 JIT 基本结构示意图

由图7-7可知，准时制生产的基本结构系统表明适时适量生产是这一结构体系的核心，而消除浪费和进行柔性生产而使整体利润增加是这一系统的最终目标。为了完成设定的目标，准时制生产以看板管理为实施的主要手段，通过质量保证体系和弹性人员安排以及良好的外部协作的支持，来推进企业生产制造进程。质量保证要求以消除不合格品为目标，实行以加工自动化为保障的全面质量管理；适时适量生产和弹性作业人员安排都需要生产设备的快速和合理布置，以及高素质多技能作业人员的标准化作业。因此，准时制生产是一种企业全员参与和推进的管理系统改善和合理化活动。

（2）准时制生产的基本理念

准时制生产的核心理念是"只在需要的时候，按需要的量，生产所需的产品"。准时制生产是以市场需求为依据，准时地组织各个环节进行生产，既不超量，也不超前。准时制生产体现了零库存、消除浪费、拉动式生产、均衡生产、柔性生产、质量管理、看板管理等基本理念。

①零库存

准时制生产是一种追求无库存的生产系统，或使库存达到最小的生产系统。准时制生产认为库存量常常会掩盖企业经营管理中的某些缺陷，如供应问题、质量问题、组织问题等，在需求拉动下，随着库存水平的下降，问题和薄弱环节也会逐渐暴露出来。而随着问题的不断解决，企业的库存会下降到一个适当水平，使仓储的各项费用的浪费也随之减少，直至消除。因此，准时制生产确立了"库存是一种负债而非资产"

的新理念，认为任何库存都是浪费，必须消除。

②消除浪费

准时制生产的实施方向是消除一切无效劳动和浪费。企业在提高客户服务水平的同时，应该把浪费降到最低程度。准时制生产认为在生产过程中凡是没有价值增值的环节都是浪费。企业物流活动中的常见的浪费有不满意的客户服务、无需求造成的积压和库存、实际不需要的流通加工程序、不必要的物料移动、因供应链上游不能按时交货或提供服务的等候、提供客户不需要的服务等。

③拉动式生产

准时制生产是采用拉动式的生产模式，以总装配拉动产品生产，以产品拉动零件加工，以零件拉动毛坯生产，以主机厂拉动配套厂生产。准时制生产把供、产、销紧密地衔接起来，使物资储备、成品库存和在制品大为减少，提高了生产效率。

④均衡化生产

准时制生产的基础之一是均衡化生产，即平均制造产品，使物流在各作业之间、生产线之间、工序之间、工厂之间平衡、均衡地流动。为达到生产均衡化，在准时制生产中采用月计划、日计划，并根据需求变化及时对计划进行调整；在生产过程中，工序间的零件实行小批量流动，甚至是单件流动，在工序间基本上不存在积压或者完全没有堆积的半成品。

⑤柔性生产

为了使生产资源合理利用准时制生产实行柔性化生产，包括劳动力柔性和设备柔性。劳动力柔性是指当市场需求波动时，要求劳动力资源也作相应调整。例如，需求量增加不大时，可通过适当调整具有多种技能的操作人员的操作来完成；当需求量降低时，可以减少生产班次、解雇临时工、分配多余的操作工去参加维护和维修设备。设备柔性是指在产品设计时就考虑加工问题，以及发展多功能设备。

⑥质量管理

准时制生产强调全面质量管理，目标是消除不合格品。消除可能引起不合格品的根源，并设法使每一工序都尽可能地达到最高质量水平。所以，准时制生产要求最大限度地限制废品流动造成的损失，每一个需求方都应拒绝接受废品，使废品停留在产生的工序，不让其继续流动而损害下面的工序。准时制生产中还包含许多有利于提高质量的因素，如批量小、零件很快移到下道工序、质量问题可以及早发现等。

⑦看板管理

准时制生产将传统生产过程中上道工序向下道工序送货，改为下道工序根据"看板"向上道工序取货，看板系统是准时制生产现场控制技术的核心，但准时制不仅仅是看板管理。

（3）准时制生产的基本手段

看板管理方式是准时制生产控制物流的基本手段。看板管理是指利用看板使生产现场流程各环节之间准时衔接和协调，以便实现零库存的目标。看板管理要求在企业的各工序之间、或企业与企业之间、或生产企业与供应商之间，下一环节基本按一定的日程表向上一环节订货，上一环节按日程准时给下一环节送货，各环节之间做到准时同步。

看板是指准时制生产中用于控制生产现场流程的信息指示工具。看板上一般记载着零部件的编号、数量、加工时间和方法、顺序及运送数量、运送时间、运送目的地、放置场所、搬运工具等提示信息。

①看板的分类

看板可以根据功能和应用对象的不同划分为不同的类别。常见的看板主要有生产看板和取货看板。

生产看板是指用来指示某工序加工制造规定数量零件的看板，它指出所需加工零件的件号、件名、类型、零件存放位置、加工设备等。取货看板是指下道工序按看板所列信息到上道工序或协作厂领取零件的看板。取货看板又分为工序间取货看板和外协取货看板。

除了生产看板和取货看板外，有些企业还使用信号看板、临时看板等不同用途的看板。信号看板是指在总装生产线上或其他固定生产线上作为生产指令的看板，一般用信号灯或不同颜色的小球，表示不同的生产状态和指令。临时看板是指在生产中出现次品、临时任务或临时加班情况所用的看板，一般只有一次，用毕及时收回。

②看板的使用规则

在准时制生产模式下，看板发挥着传递生产及运送指令的功能，看板系统从下道工序向上道工序逐个传递生产和运送指令，根据下道工序对零部件的需求启动上道工序的生产。在使用看板过程中，企业必须遵循看板的使用规则（见表 7-3）。

表 7-3　看板的使用规则

规则 1	没有看板允许生产，也不允许运送
规则 2	下道工序必须准时到其上道工序领取适量的零件
规则 3	上道工序必须及时适量地生产下道工序所需的零件
规则 4	决不允许将废次品送给下道工序
规则 5	看板的数量控制到最少，这意味着上道工序在制品的减少

7.3.2　约束理论

约束理论（Theory Of Constraint，TOC）是指关于企业改进和如何最好地实施改进的一套管理理念和管理原则。约束理论可以帮助企业识别出在实现目标的过程中存在着哪些约束，并进一步指出如何实施必要的改进以消除这些约束，从而更有效地实现企业目标。

约束理论将企业看成是一个完整的系统，任何一个系统至少有一个约束因素。"约束"也称"瓶颈"，是指企业在实现其目标的过程中现存的或潜伏的制约因素。"约束管理"就是通过逐个识别和消除约束，使得企业的改进方向和改进策略明确化，从而达到帮助企业更有效地实现其目标的目的。

（1）约束理论的核心内容

约束理论的核心内容包括重新建立企业目标和作业指标体系、寻找系统资源的约束、生产排序等。

①重新建立企业目标和作业指标体系

约束理论认为，一个企业的最终目标是在现在和将来实现价值最大化。衡量生产系统的作业指标应该有效产出、库存和运行费用等。有效产出在此是指企业在某个规定时期通过销售获得的货币；库存在此是指企业为了销售有效产出而在所有外购物料上投入的货币；运行费用在此是指企业在某个规定时期为了将库存转换为有效产出所花费的货币。

②寻找系统资源的约束

约束理论认为，在生产系统中，有效产出最低的环节决定着整个系统的产出水平。所以，如果某一环节阻碍企业更大程度地增加有效产出，或约束了库存和运行费用的节约，则这一环节就是一个约束或称瓶颈。所以，企业改进就是要找出生产系统约束、充分利用约束、由非约束配合约束、打破约束、再找下一个约束，坚持持续不断地改进。

通过对企业自身的生产运行情况及资源配置进行分析，企业可以确定约束资源。在这个过程中要用到的数据主要有：客户服务目标、现有设备生产能力、生产线上所有零部件的清单、各道工序的相对位置及其供应点的位置、处于不同位置工序的生产加工能力、不同零部件的加工批量，以及不同工序、不同零部件的库存水平、控制库存的方法等。

③生产排序

在确定了企业约束资源后，约束理论便开始进行生产排序，其工作程序见表7-4：

表7-4　生产排序工作程序

步骤1	确定约束机器的最大生产能力并使其按最大程度工作，为此安排约束机器前，首先安排生产时间总和大于约束机器生产时间的非约束机器开始生产
步骤2	向前推理给约束机器排序
步骤3	向后推理给其他非约束机器排序，以不断保障约束机器的需求
步骤4	传送的批量不一定与生产批量一致，是可变的

（2）约束理论的管理原则

约束理论的管理原则共有两类9项：第一类是有关生产系统约束资源的管理原则，有6项；第二类是有关生产系统物流的管理原则，有3项。

第一类：有关生产系统约束资源的管理原则。

①约束控制了库存和有效产出。

②非约束资源的利用程度不由其本身决定，而是由系统的约束决定。

③约束上一个小时的损失则是整个系统的一个小时的损失。

④非约束资源节省的一个小时无益于增加系统的有效产出。

⑤资源的"利用"和"活力"不是同义词。"利用"在此是指资源应该利用的程度，"活力"在此是指资源能够利用的程度。例如，一个非约束资源能够达到100%的

利用率，但其后续资源如果只能承受其 60% 的产出，则其另外 40% 的产出将变成在制品库存，此时从非约束资源本身考察，其利用率较好，但从整个系统来看，只有 60% 的有效性。所以，"利用"注重的是有效性，而"活力"注重的则是可行性，从平衡物流的角度出发，应允许在非约束资源上安排适当的闲置时间。

⑥编排作业计划时要考虑资源约束，提前期是作业计划的结果，而不是预定值。

第二类：有关生产系统物流的管理原则。

①平衡物流，而不是生产能力。约束理论主张在企业内部追求物流平衡。物流平衡就是使各道工序与约束机床同步，以求生产周期短、在制品少。约束理论认为生产能力的平衡实际是做不到的，因为波动是绝对的，市场每时每刻都在变化，生产能力的稳定只是相对的。所以必须接受市场波动的现实，并在这个前提下追求物流平衡。

②转运批量可以不等于加工批量。约束理论将在制品库存分为转运批量和加工批量。转运批量是指工序间运送一批零部件的数量；加工批量是指经过一次调整准备所加工的同种零部件的数量，可以是一个或几个转运批量之和。确定加工批量主要考虑资源的合理运用和合理的在制品库存；而确定转运批量则主要考虑提高生产的连续性、平行性，减少工序间的等待时间、转运工作量和费用。可见，由于转运批量和加工批量考虑的因素不同，因而二者不一定相等。因此，约束理论认为，一方面为了使销售率达到最高，"约束资源"上的加工批量必须大；另一方面在制品库存不应该因此而增加，而是要减少转运批量和非约束资源上的加工批量，从而减少库存费用和加工费用。

③批量的大小不是可变的，而是固定的。

拓展阅读 7 –3

福特的准时制生产物流

20 世纪最初的 20 年间，福特首先把泰勒科学管理原则应用于生产的组织过程，创立了流水线作业体系，从而奠定了现代大工业管理组织方式的基础，因此被称为泰勒福特制。20 世纪 80 年代以来，美国、西欧及其他国家开始学习和应用日本首创的准时制生产（JIT）管理模式。作为美国三大汽车制造公司之一的福特汽车公司工厂遍及北美，生产重点在于汽车组装，于 1987 年开始实施准时制生产。福特公司的准时制生产是以最低库存、直接针对市场需求的小批量生产，其生产设计具有迅速转产或转型的灵活性。厂房布局是与机械加工过程组合密切，这样能够减少材料的配送。另外，由于与零售商达成协议，因此生产计划很稳定。

公司的准时制生产需要准时制生产系统的支持。福特汽车公司的准时制生产系统特点有以下几个方面。

（1）厂内系统

福特公司的生产线进料储存量设计为保持全天所需的原材料另外加上半天的保险存货，除非需要安全库存的关键物品，消除了大多数非生产线进料库存。大部分原材料直接传递到生产线进料地点，消除大宗库存，取消库存用地。通过将物料直接传递到生产线进料地点，取消了额外的进料管理，同时可使用退换窗口来改进搬运效率。

（2）包装系统

所用包装是专门为福特公司设计，采用可折叠式包装以便于回收，减少包装的成本及其处理成本，提高包装的保护性以便于运输；标签及文字记录的位置标准化，使搬运快捷、准确。优化模型设计，方便运输工具及铲车作业，提高搬运效率，尤其是提高生产线进料处的搬运效率。

（3）运输系统

尽量减少承运人的数量，随时检验运输系统的可靠性，必要时用汽车运输取代铁路运输。在可能的情况下，用即时性的铁路运输取代常规铁路运输。

（4）内向运输系统

汽车和铁路运输定时到达福特工厂，采用时间窗口进行递送。使用转动式拖车卸货，使接货的人力安排更有效，减少了卸货车辆的等待时间。采用循环收取的办法，以便一辆车能从若干个供应者那里收取物料。这样，重复和线路熟悉就可提高效率。运输公司与福特公司每天通过信息系统来联系。另外，还利用铁路运输来发展即时性业务。

（5）供应者

供货方以年合同方式向福特公司供货。供货方掌握20天的关于福特公司每日生产需求的连续报表，以便使供货计划由每天物资需求系统（DMRS）来连接。每天晚上，DMRS将次日物资需求信息传递给运输公司。供货者必须随时将物资准备好以便装车。运输采用特定的集装箱、用指定的托盘在特定的时间、窗口进行。承运人要在特定的时间和窗口提收物资，货物往往在当日或连夜运送。

从福特公司的成功经验来看，JIT管理协调员是确保系统正常运行的关键。当供货者或承运人或福特厂家未能按计划运作时，JIT管理协调员对系统进行调整；供货者或承运人一方违约时，JIT管理协调员要追究其责任。另外福特公司和供货者及承运人三方按计划运作，建立伙伴关系，履行各自的承诺。福特公司对可靠的支付费用，并帮助培训。

——资料来源：程灏、石永奎. 企业物流管理［M］. 北京：中国铁道出版社、经济科学出版社，2008.8：96～98。

训练题 7-3

一、单项选择题

1. 准时制生产是一种（ ）生产模式。

A. 按时   B. 按量

C. 按需   D. 按时、按量、按需

2. 准时制生产中的"准时"是指（ ）。

A. 按时生产所需要的产品或零部件

B. 按量生产所需要的产品或零部件

C. 按需生产所需要的产品或零部件

D. 在所需要的时刻，按所需要的数量生产所需要的产品或零部件

3. 准时制生产的基本结构的核心是（   ）。

A. 适时适量生产   B. 准时生产   C. 看板管理   D. 质量保证

4. 准时制生产的重要实施手段是（   ）。

A. 适时适量生产   B. 准时生产   C. 看板管理   D. 质量保证

5. 库存量常常会掩盖企业经营管理中的某些缺陷，库存不是资产而是负债是时制生产的（   ）理念。

A. 消除浪费   B. 拉动式生产   C. 零库存   D. 均衡生产

6. 在生产过程中凡是没有价值增值的环节都是浪费是时制生产的（   ）理念。

A. 消除浪费   B. 拉动式生产   C. 零库存   D. 均衡生产

7. 指出所需加工零件的件号、件名、类型、零件存放位置、加工设备等的看板属于（   ）。

A. 生产看板   B. 取货看板

C. 工序取货看板   D. 外协取货看板

8. 约束理论中的"约束"实际上是企业在实现目标过程中的（   ）。

A. 影响因素   B. 制约因素   C. 有利条件   D. 前提条件

9. 企业为了销售有效产出而在所有外购物料上投入的货币是指约束理论中的（   ）。

A. 约束   B. 有效产出   C. 库存   D. 运行费用

10. 约束理论中的转运批量可以（   ）加工批量。

A. 不等于   B. 等于   C. 大于   D. 小于

二、多项选择题

1. 下列关于准时制生产的表述正确的有（   ）。

A. 属于一种"拉动"式的生产模式

B. 属于在所需要的时刻，按所需要的数量生产所需要的产品或零部件的生产模式

C. 属于"按需、按时、按量"的生产模式

D. 目的是加速半成品的流转，减少资金的积压，提高企业的生产效率

2. 准时制生产实现其整体利润增加最终目标的直接途径有（   ）。

A. 大批量生产   B. 多品种生产   C. 柔性化生产   D. 消除浪费

3. 下列属于准时制生产所体现的基本理念有（   ）。

A. 零库存   B. 消除浪费   C. 均衡生产   D. 柔性生产

4. 下列属于看板类别的有（   ）。

A. 取货看板   B. 送货看板   C. 临时看板   D. 信号灯

5. 下列属于看板使用规则的有（   ）。

A. 上道工序必须准时到下道工序领取适量的零件

B. 下道工序必须及时适量地生产上道工序所需的零件

C. 决不允许将废次品送给下道工序

D. 看板的数量控制到最少

6. 下列属于约束理论的核心内容的有（　　　）。

A. 重新建立企业目标　　　　　　　　B. 重新制定作业指标体系

C. 寻找系统资源的约束　　　　　　　D. 生产排序

7. 下列属于约束理论衡量生产系统的作业指标有（　　　）。

A. 有效产出　　　　　　　　　　　　B. 无效产出

C. 库存　　　　　　　　　　　　　　D. 运行费用

8. 下列属于约束理论有关生产系统物流的管理原则的有（　　　）。

A. 转运批量等于加工批量　　　　　　B. 转运批量可以不等于加工批量

C. 平衡生产能力　　　　　　　　　　D. 平衡物流

7.4　现代库存管理模式

随着企业库存管理技术的发展，现代库存管理模式不断涌现，如零库存管理、供应商管理库存、联合管理库存等。

7.4.1　零库存管理

零库存管理（Zero Inventory Management，ZIM）是指企业按照准时制生产方式组织供应而使整个生产过程库存最小化的一种库存管理模式。零库存管理是与准时制生产同时存在的管理模式，可以追溯到20世纪60年度准时制生产的产生。准时制生产的核心是一种追求无库存的生产系统，或使库存达到最小的生产系统，由此零库存管理的理念应运而生。到20世纪80年代之后，零库存管理经过不断发展而得到广泛应用。例如，零库存管理在日本已经拥有了供、产、销的集团化作业团队，形成了以零库存管理为核心的供应链体系；零库存管理在美国已从最初的一种减少库存水平的方法，发展成为内涵丰富，包括特定知识、技术、方法的管理哲学。

（1）零库存管理的基本理念

零库存管理是一种管理理念，企业通过这一理念控制生产经营中的库存水平，努力消除因库存量增加而造成的成本和浪费。零库存管理的基本理念主要体现在以下几方面：

①零库存是处于周转状态的库存

准时制生产下的零库存是指实现在生产过程中基本没有积压的原材料和半成品。生产过程的零库存在操作层面上则是指原材料、半成品和产成品等物料，在采购、生产、销售等一个或几个经营环节中，不以仓库储存的形式存在，而均处于周转状态。也就是说，零库存的关键不在于适当不适当，和是否拥有库存也没有直接关系，关键在于物料的存储形式是否处于周转状态。

②零库存管理认为库存是一种浪费

传统库存管理认为库存对企业极为重要，为了保证生产经营的顺利进行往往保有大量的库存，旧的库存还没有消耗出去，新的库存又补充进来。企业生产中出现问题，总是通过库存来弥补。而零库存管理则认为库存是一种浪费，库存掩盖了企业生产经营中的诸多矛盾，增加了物资损耗，加大了生产成本。

③零库存是社会储备充足环境下的特殊库存

虽然现代管理技术和信息技术可以把零库存的控制范围从一个企业延伸到相关的社会流通系统，但在整个社会流通系统中，零库存只是一种理念，而不可能成为现实。没有社会储备的保障和供大于求的经济环境，企业的零库存是很难实现的。因此，零库存是相对于一个具体的企业而言的，它是在充分社会储备保障前提下的一种特殊库存形式。

④零库存管理并非单纯的从数量上使库存为零

由于物流活动中存在着"二律背反"现象，因而单纯降低企业库存会增加物料采购批次，可能会引起企业运输费用等采购物流成本的大量增加，库存成本和采购物流成本不可能同时降低为最低水平。所以，在库存成本与采购物流成本之间找到一个平衡点是库存管理的基本要求，即使是零库存，也不是盲目地压缩库存，更不是把企业库存绝对地降低为零，而是相对尽可能降低。

⑤零库存管理的意义在于使库存趋于"零"

零库存管理的目的是为了减少资金占用量和提高物流管理的经济效益。如果把零库存管理仅仅看成是仓库中库存的数量减少或数量变化趋于零，则零库存管理的这一目的就很难实现。因为在库存结构、库存布局不尽合理的状况下，即使某些企业的库存货物数量趋于零或等于零，但从供应链或全社会来看，由于仓储设施重复存在，用于设置仓库和维护仓库的资金占用量并没有减少。因此，零库存管理应当包含两层意义：一是库存数量趋于零；二是库存设施、设备的数量及库存成本同时趋于零。

（2）零库存管理的实施

零库存管理的实施主要涉及实施条件和实施方式等。

①零库存管理的实施条件

虽然绝对的零库存是不存在的，零库存只是一种理念，但企业可以利用这一理念来尽量减少库存。零库存管理的实施条件主要包括：

a. 需求拉动的思想。企业管理者要清醒地认识到，降低库存必须以最终需求为起点，由供应链下一环节的需求来拉动上一环节的需求。由于"牛鞭效应"的作用，需求拉动会造成供应链上游环节需求的放大，使库存增加而造成浪费，因而必须对最终需求进行准确的预测，并提高信息处理的及时性和准确性。

b. 与供应商建立战略伙伴关系。实施零库存管理一方面要求供应商提供的供货质量优良而稳定，使企业可以省去检验时间；另一方面要求供应商能够对企业订货的变化做出及时、迅速的反应。这就需要企业与供应商之间要密切合作，建立长期而稳定的战略合作伙伴关系。

c. 小批的配送。供应商及时、迅速的配送才能保证企业对客户的需求做出快速反应，以适应不断变化的客户需求，实现对客户的有效服务。及时、迅速配送的前提是供应商实施小批量配送，小批量配送才能满足企业零库存管理的要求。

d. 先进的物流条件。供应商及时、迅速、小批量配送要有先进的物流条件。为了降低小批量配送成本，需要供应商之间相互配合、联合配送，因此供应链中采用先进的物流信息技术是必不可少的。

e. 全员参与。零库存管理中人的要素是最为关键的，它要求企业管理者树立零库存管理的理念，积极支持和推进相关技术方法，而企业全体员工在各自的岗位要认真参与和履行零库存管理的相应职责。

②零库存管理的实施方式

零库存管理的实施方式主要包括准时制方式、虚拟库存方式和越库供应方式等。

a. 准时制方式。准时制方式是借助准时制生产模式实施零库存管理的方式。准时制生产采用看板管理，使企业供应链的上一环节与下一环节的在制品、零部件的数量、品种和时间适时衔接，保证在每一环节不会出现物料的过多生产和库存。因此，准时制方式要求企业加强与供应商的协调与联系，准确把握生产现场的物流量和物流时间，及时将所需物料送达生产现场。

b. 虚拟库存方式。虚拟库存是指企业在充分掌握市场信息的基础上，将可利用的社会资源库存虚拟成企业库存。虚拟库存要求可利用的社会资源库存充裕而稳定，且企业必须充分掌握市场动态、社会生产和物流状况。虚拟库存方式充分利用了社会可利用资源的库存，并将其当做企业库存看待，实现了企业的零库存。虚拟库存方式可以使企业避免库存风险，降低物流成本，提高企业经济效益。

c. 越库供应方式。越库供应是指企业将采购的物资不经过本企业仓库而直接供应给下一个需求环节。越库供应方式实现了物资由收到发的直接转移，经过很少或几乎没有的库存占用实现物资的交付。因此，越库供应方式省去了库存环节，使收货与发货环节高度整合，体现了物资流动的及时性。越库供应方式广泛应用于快速消费品供应行业。

7.4.2 供应商管理库存

供应商管理库存（Vendor Managed Inventory，VMI）是指供应商等上游企业基于其下游客户的生产经营、库存信息，对下游客户的库存进行管理与控制的一种库存管理模式。供应商管理库存是一种能使库存管理得到持续改进的合作性库存管理模式。供应商管理库存以协议为约束，以企业与供应商双方都获得最低成本为目的，由供应商管理库存，并监督协议执行情况和不断修正协议内容。

催生供应商管理库存模式产生和形成的主要诱因是供应链中的"牛鞭效应"。"牛鞭效应"使供应链上的订货数量从最终客户端向供应链的上游方向逐级放大，使得供应商不得不以高库存来满足需求，直接加重了供应商的供应和库存风险。而供应商管理库存就是为了防范和克服"牛鞭效应"所带来的风险而产生的一种库存管理模式。

（1）供应商管理库存的实施条件

供应商管理库存的实施条件主要包括供需双方建立战略伙伴关系、供需双方建立可靠的信息共享平台、企业对物料进行 ABC 分类管理、企业库存状态透明化和订单标准化。

①供需双方建立战略伙伴关系

供需双方建立战略伙伴关系是实施供应商管理库存的基础条件。供需双方建立战略伙伴关系，双方形成利益共同体，供应商才可能把企业的需求与自身的利益紧密结合，企业才会与供应商共享商业机密信息，为企业实施供应商管理库存奠定基础。

②供需双方建立可靠的信息共享平台

供需双方建立可靠的信息共享平台是实施供应商管理库存的沟通桥梁。供需双方建立可靠的信息共享平台，企业把需求计划、需求状况等信息不断地传输给供应商，供应商把供货、发货等信息快速传输给企业，供需双方建立起稳定而可靠的信息沟通渠道。

③企业对物料进行 ABC 分类管理

企业对物料进行 ABC 分类管理是实施供应商管理库存的必要手段。企业的物料品种需求多种多样，不可能对所有的物料都实施供应商管理库存，而只能有选择地实施。这就要求企业必须对物料进行有效的 ABC 分类管理，选择比较重要的少数物料或重要的少数供应商参与供应商管理库存。

④企业库存状态透明化、订单标准化

企业库存状态透明化、订单标准化是实施供应商管理库存的必要支持。实施供应商管理库存需要供应商对企业库存能随时跟踪调查，方便快捷地做出供应决策。企业库存状态的透明化、订单标准化能够为供应商进行跟踪调查与决策提供重要支持。

（2）供应商管理库存的实施步骤

供应商管理库存的实施步骤一般可以分为选择实施的物料和供应商、制订协议、组建实施工作团队、试运行、具体实施和检查评估等步骤，见表 7-5。

表 7-5　供应商管理库存的实施步骤

步骤 1	选择物料和供应商	将企业所需的物料进行 ABC 分类分析，选择实施 VIM 的物料和供应商
步骤 2	制订协议	与选定的供应商协商制订 VMI 协议
步骤 3	组建团队	供需双方共同组建专门负责实施 VMI 的工作团队
步骤 4	试运行	供需双方进行合作磨合，发现问题及时纠正，不断完善实施方案
步骤 5	具体实施	通过物流信息系统，企业将需求和库存信息传递给供应商，供应商决定供货的品种、数量、时间，完成日常补货业务
步骤 6	检查评估	VIM 工作团队及时对 VIM 运行状况进行评估，对企业设置的关键控制点进行检查，对没达到预期效果的进行改进和完善

在上述实施步骤中，供需双方制订的供应商管理库存协议涉及的主要内容包括供应目标和评价指标、供需双方的责任和义务、库存控制系统的规则、库存控制的参数、库存信息的传递方式、订单处理的业务流程，以及供应商管理库存的规程等。

7.4.3 联合管理库存

联合管理库存（Jointly Managed Inventory，JMI）是指在供应商管理库存基础上的上游企业和下游企业权利与责任平衡和风险共担的库存管理模式。联合管理库存把供应链系统管理进一步集成为上游和下游两个协调管理中心，库存连接的供需双方以供应链整体的观念出发，同时参与，共同制订库存计划，实现供应链的同步化运作，从而部分消除了由于供应链环节之间的不确定性和需求信息扭曲现象导致的供应链的库存波动。因此，联合管理库存体现了战略供应商联盟的新型企业合作关系，强调了供应链企业之间双方的互利合作。

联合管理库存与供应商管理库存的区别主要表现在：一是供应商管理库存通过协议实现供应商参与库存管理，而联合管理库存通过供应链各节点共同参与、共同制订库存计划实现库存管理目标；二是供应商管理库存各企业与各供应商的库存管理具有相对独立性，而联合管理库存供应链任何节点的需求都是供需双方协调的结果，库存管理成为供需链接的纽带和协调中心；三是供应商管理库存无法消除需求放大的现象，而运行良好的联合管理库存可以消除需求放大的现象。

（1）联合管理库存优势

联合库存管理是解决供应链系统中独立库存模式导致的需求放大现象，改善供应链的供应水平和运作效率，提高供应链同步化程度的一种有效方法。实行联合库存管理，建立有效的物资供应运行机制，应是供应链库存管理一种发展方向。联合管理库存的优势主要体现在信息、成本、物流和战略联盟等方面。

①信息优势

联合管理库存通过在上下游企业之间建立起一种战略性的合作伙伴关系，实现了企业间库存管理上的信息共享。这样既保证供应链上游企业可以通过下游企业及时准确地获得市场需求信息，又可以使各个企业的一切活动都围绕着顾客需求的变化而开展。

②成本优势

联合管理库存实现了从分销商到制造商到供应商之间在库存管理的一体化，可以让三方都能够实现准时采购。准时采购不仅可以减少库存，还可以加快库存周转，缩短订货和交货提前期，从而降低企业的采购成本。

③物流优势

联合管理库存则打破了传统的各自为政的库存管理局面，体现了供应链的一体化管理思想。联合管理库存强调各方的同时参与，共同制订库存计划，共同分担风险，能够有效的消除库存过高以及"牛鞭效应"。

④战略联盟的优势

联合管理库存的有效实施既加强了企业间的联系与合作，保证了这种独特的由库存管理而带来的企业间的合作模式不会轻易地被竞争者模仿，为企业带来竞争优势。

（2）联合管理库存的实施策略

联合管理库存的实施策略主要包括建立供需协调管理机制、利用 MRP Ⅱ 和 DRP 两个资源计划、建立快速响应系统、借助第三方物流等。

①建立供需协调管理机制

建立供需协调管理机制的内容包括确立共同合作目标、明确协调控制方法、构建信息沟通系统和建立利益分配激励机制等，具体内容见表 7 - 6。

表 7 - 6　建立供需协调管理机制的内容

内容 1	确立共同合作目标	本着供需双方互惠互利的原则确立共同合作目标
内容 2	明确协调控制方法	明确 JMI 中的需求预测方法、库存分配方法，以及最高库存、最低库存和安全库存的确定方法等
内容 3	构建信息沟通系统	充分利用 Internet 优势，集成条码技术、扫描技术、POS 系统和 EDI 等现代信息技术系统
内容 4	建立利益分配奖励机制	建立公平的利益分配机制，对 JMI 各方进行有效奖励

②利用 MRP Ⅱ 和 DRP 两个资源计划

在原材料联合管理库存的协调管理中应采用制造资源计划，在产品联合管理库存的协调管理中应采用分销需求计划，并在供应链系统中将两种资源计划有机地结合起来。

③建立快速响应系统

快速响应系统是 20 世纪 80 年代由美国服装行业发展起来的一种供应链管理策略。快速响应系统主要是通过确定供应链内各节点的库存和供应时间而使得库存水平最小化。联合管理库存快速响应系统的建立一般要完成两个阶段的任务：第一阶段是参与联合管理库存的各企业内部实行物料管理的条码化和自动化，即通过对物料的标准化识别加快订单的处理，采用自动补货系统和自动数据交换系统提高业务自动化水平；第二阶段是联合管理库存内快速响应系统的集成，采取更有效的企业间合作方式，实现联合管理库存的效益化目标。

④借助第三方物流

实现联合管理库存可借助第三方物流来具体实施。第三方物流也称物流服务提供商，是由供需双方以外的物流企业提供物流服务的业务模式。把库存管理部分功能代理给第三方物流，使企业更加集中于自己的核心业务，提高了服务水平和运作效率。第三方物流起到了供应商和用户之间联系的桥梁作用，同时第三方物流可以提供专业化的物流服务，增加了供应链的敏捷性和协调性，并且能够大大改善供应链的用户服务水平和运作效率。

拓展阅读 7 -4

零库存下的时代诱惑

海尔最近掀起了家电行业管理风暴，成为第一个实行"零库存管理模式"的中国家电企业。通过改革，海尔的资金和存货周转时间已经下降到 3～4 天。由于周转时间的缩短，海尔集团两家上市公司（青岛海尔、海尔电器）经营活动产生的现金流量净额大幅增长 1051.95%。但也因为这种模式导致了货品供应不及时，出现了所谓的"旺季遭遇战"。

海尔的改革为制造企业带来一种新的管理模式，吃下这个螃蟹的海尔能否走好或者走向真正的强大虽还有待观察，但不可否认，海尔的管理模式已经成为众多企业关注的方向，"零库存"变革正如一匹烈马，骑得好与不好，就要看骑马的人的能力了。

最近我们走访了一家企业配件生产厂家，300 人的规模，产值却达到近 10 亿，人均产值很高。整个生产线就在车间里，一眼望去，从进料到成品出库尽在眼下，生产布局紧凑而有序。

该公司制造经理介绍，目前公司采用的是"零库存，柔性化生产模式"，不管是物料还是成品都保持零库存（有些配件为少量库存，库存量不超过 3 天的需求量），周转率在 3 天以内，在业界都保持了非常高的水准。

公司根据客户的生产计划安排供应商物料，在严格控制供应商的资质及严格的约束下，大部分物料免检，少部分关键物料采用了现场检验的方式。对物料及成品出库卸货、装货及在途时间以分钟加以准确测算和控制，同时客户对其也有着严格的要求，在规定的时间必须把货品送到，如耽搁一分钟将会面临 2 万元的罚款。公司在经过一系列的管理变革后精算到了每分每秒，很少出现违规情况。零库存的模式保持了公司高生产率和高利润率。

"MES（制造执行系统）在我们车间起到了非常重大的作用，正是 MES 能够帮助我清晰到分秒计算来料、上料、生产及出库的时间。"该公司工程部经理表示了这样的观点，"从 2007 年以来，我们经过严格挑选后，选择了广州万友软件有限公司为我们建造 MES 制造执行系统，现在我们已经基本应用了 MES 的 11 个模块上的功能。"

"每一条生产线会生产很多个品种，生产工人也不知道现在准备的物料是应用到哪个产品上，也不知道下一个是会生产哪种产品，完全靠 MES 系统检测物料，MES 会根据当天的生产计划排程计算出生产时间来安排生产线生产多少，如果哪个点上出现生产浪费（时间利用不充分），在上面安装的报警灯就会显示相应的报警信息等，相关部门会做出相应改善。"

本次随我们一同来考察的是 2008 年北京奥运会的供应商，在信息化建设方面也有着非常好的基础，生产线整洁有序，管理水平很高。但对于考察公司的管理水平还是表示出一分敬意，认为很有参考意义，但是对于要实现零库存管理还是觉得有一段很长的路要走。

"MES 实现车间优化管理的基础，MES 可以让车间的生产精益化、透明化，我认为 MES 走的是真正现代制造的必经之路。"一起前来考察的公司制造经理表示，"下一步我们将着手研究 MES 的规划工作，通过 MES 的规划进一步优化公司的生产工艺。零库存也是我们追求的目标，我们会根据我们的实际情况出发逐步改进管理模式。"

——资料来源：全国物流信息网（http：//news. 56888. net/2014624/6461137395. html）。

训练题 7 - 4

一、单项选择题

1. 零库存的真正含义是（   ）。
A. 库存数量为零　　　　　　　　　　B. 库存数量等于零
C. 在途状态的库存　　　　　　　　　D. 周转状态的库存

2. 零库存管理是与（   ）同时存在的管理模式。
A. 物料需求计划　　　　　　　　　　B. 分销需求计划（DRP）
C. 准时制生产　　　　　　　　　　　D. 约束理论

3. 传统库存管理认为库存是一种资产，而零库存管理则认为库存是一种（   ）。
A. 存货　　　　B. 浪费　　　　C. 权益　　　　D. 收益

4. 将资源市场中的库存当做企业库存属于零库存管理实施方式中的（   ）。
A. 虚拟库存　　B. 越库供应　　C. 租借仓库　　D. 准时库存

5. 省去库存环节的是（   ）。
A. 虚拟库存　　B. 越库供应　　C. 租借仓库　　D. 准时库存

6. 供应商管理库存是指（   ）。
A. 供应商管理自身企业的库存　　　　B. 企业与供应商各自管理自身的库存
C. 供应商管理企业的库存　　　　　　D. 企业管理供应商的库存

7. 催生供应商管理库存模式产生和形成的主要诱因是（   ）。
A. 准时制　　　B. 零库存　　　C. 二律背反　　D. 牛鞭效应

8. 供应商管理库存是以（   ）约束供需双方的行为。
A. 信息　　　　B. 价格　　　　C. 物流　　　　D. 协议

9. 联合管理库存是在（   ）基础上发展形成的。
A. 供应商管理库存　　　　　　　　　B. 零库存
C. 分销需求计划　　　　　　　　　　D. 准时制

10. 在原材料联合管理库存的协调管理中应一般采用（   ）。
A. MRP　　　　B. MRPⅡ　　　C. DRP　　　　D. DRPⅡ

二、多项选择题

1. 下列关于零库存的表述正确的有 （　　　）。
A. 零库存就是库存数量为零
B. 零库存就是库存数量最小化而趋于零
C. 零库存是单纯库存数量为零　　　　　D. 零库存并非单纯库存数量为零

2. 下列属于零库存管理理念的有 （　　　）。
A. 库存是一种浪费
B. 零库存只要求库存数量趋于零
C. 零库存是库存量及其成本趋于零
D. 零库存是社会储备充足环境下的特殊库存

3. 下列属于零库存管理实施条件的有 （　　　）。
A. 需求拉动的思想　　　　　　　　　　B. 与供应商建立战略伙伴关系
C. 大批量的配送　　　　　　　　　　　D. 先进的物流条件

4. 下列属于零库存管理实施方式的有 （　　　）。
A. 物料需求计划　　B. 准时制　　　　C. 虚拟库存　　　D. 租借仓库

5. 供应商管理库存的实施条件要求企业应做到 （　　　）。
A. 订单标准化　　　　　　　　　　　　B. 库存独立化
C. 信息共享化　　　　　　　　　　　　D. 物料进行 ABC 分类

6. 下列属于供应商管理库存实施步骤的有 （　　　）。
A. 企业物料进行 ABC 分类　　　　　　B. 选择实施的物料
C. 供需双方制订库存管理协议　　　　　D. 选择实施的供应商

7. 下列属于联合管理库存主要优势的有 （　　　）。
A. 信息优势　　　B. 零库存优势　　　C. 准时制优势　　　D. 物流优势

8. 联合管理库存可以借助 （　　　）来实施。
A. MRP　　　　　　　B. MRPⅡ　　　　　C. DRP　　　　　　D. DRPⅡ

单元小结

　　本单元主要包括物料需求计划、制造资源计划、分销需求计划、配送资源计划、准时制生产、约束理论、零库存管理、供应商管理库存、联合管理库存等企业现代物流管理模式的学习内容。

　　物料需求计划是指根据企业产品生产计划，倒推编制生产所需零部件等资源的采购或生产计划的一种企业管理模式。在物料需求计划运行过程中，输入系统输入产品生产需求信息，经过转换计算生成零部件等物料采购信息和物料制造信息。物料需求计划的工作步骤一般为编制物料清单、制订主生产计划、输入需求信息、生成输出信息。

闭环物料需求计划是指在物料需求计划基础上，将资源需求计划和能力需求计划纳入其中，形成一个完整的封闭的生产计划与控制系统。

制造资源计划是指在闭环物料需求计划基础上，将物料流动与资金流动结合起来而形成的一个完整的经营计划管理系统。制造资源计划将物料需求计划与其他相关生产经营活动，以及财务活动、资金流等连接成一个整体，实现了企业生产经营管理的系统化。制造资源计划最核心的特点是实现了物料信息与资金信息的集成及企业管理系统的集成，还具有计划的一贯性、管理的系统性、信息的共享性、动态应变性和模拟预见性等具体特点。

分销需求计划，也称配送需求计划，它是一种既保证有效地满足市场需要，又使得物流资源配置费用最少的企业物流管理模式。在分销需求计划运行过程中，输入市场需求、库存状态记录、生产企业资源等信息，经过分销需求计划的转换处理，生成订货进货计划和送货计划等信息。实施分销需求计划的主要因素包括企业高层的支持、实施团队的能力、重视最终使用者、专注于流程、合理而有效的实施步骤等。

配送资源计划是指在分销需求计划基础上，增加物流能力计划而形成的一种集成和闭环的物流资源配置系统。配送资源计划将分销需求计划与物流能力计划等其他物流活动，以及财务活动连接成一个整体，实现了企业销售物流管理的系统化。配送资源计划在分销需求计划基础上，优化了物流管理和决策，并表现出丰富了管理内容、拓展了管理功能、具有闭环性等新的特点。

分销需求计划和配送资源计划都是流通领域的物流管理模式。

准时制生产是指在所需要的时刻，按所需要的数量生产所需要的产品或零部件的生产模式。准时制生产是包括经营理念、生产组织物流控制、质量管理、成本控制、库存管理、现场管理和现场改善等在内的较为完整的生产管理模式。准时制生产的核心理念是"只在需要的时候，按需要的量，生产所需的产品"。准时制生产体现了零库存、消除浪费、拉动式生产、均衡生产、柔性生产、质量管理、看板管理等基本理念。看板管理方式是准时制生产控制物流的基本手段。

约束理论是指关于企业改进和如何最好地实施改进的一套管理理念和管理原则。约束理论的核心内容包括重新建立企业目标和作业指标体系、寻找系统资源的约束、生产排序等。约束理论分为有关生产系统约束资源的管理原则和有关生产系统物流的管理原则。

零库存管理是指企业按照准时制生产方式组织供应而使整个生产过程库存最小化的一种库存管理模式。零库存管理是一种管理理念，企业通过这一理念控制生产经营中的库存水平，努力消除因库存量增加而造成的成本和浪费。零库存管理的实施条件主要包括需求拉动的思想、与供应商建立战略伙伴关系、小批量的配送、先进的物流条件、全员参与。零库存管理的实施方式主要包括准时制方式、虚拟库存方式和越库供应方式等。

供应商管理库存是指供应商等上游企业基于其下游客户的生产经营、库存信息，对下游客户的库存进行管理与控制的一种库存管理模式。供应商管理库存的实施条件主要包括供需双方建立战略伙伴关系、供需双方建立可靠的信息共享平台、企业对物料进行 ABC 分类管理、企业库存状态透明化和订单标准化。供应商管理库存的实施步骤一般可以分为选择实施的物料和供应商、制订协议、组建实施工作团队、试运行、具体实施和检查评估等步骤。

　　联合管理库存是指在供应商管理库存基础上的上游企业和下游企业权利与责任平衡和风险共担的库存管理模式。联合管理库存的优势主要体现在信息、成本、物流和战略联盟等方面。联合管理库存的实施策略主要包括建立供需协调管理机制、利用 MRP Ⅱ 和 DRP 两个资源计划、建立快速响应系统、借助第三方物流等。

参考书目

［1］浦震寰、蔡改成．企业物流管理（第二版）［M］．大连：大连理工大学出版社，2012.

［2］鲁楠、张继肖．企业物流管理［M］．大连：大连理工大学出版社，2008.

［3］孔继利．企业物流管理［M］．北京：北京大学出版社，2012.

［4］朱光福．企业物流管理［M］．重庆：重庆大学出版社，2012.

［5］吴清一．物流实务（第二版）［M］．北京：中国物资出版社，2005.

［6］程灏、石永奎．企业物流管理［M］．北京：中国铁道出版社，2008.

［7］乔志强、程宪春．现代企业物流管理实用教程［M］．北京：北京大学出版社，2010.

［8］兰洪杰、施先亮、赵启兰．供应链与企业物流管理［M］．北京：清华大学出版社、北京交通大学出版社，2004.

［9］包忠明．市场调查与预测［M］．北京：中国财政经济出版社，2009.

［10］李永生、郑文岭．仓储与配送管理（第三版）［M］．北京：机械工业出版社，2009.

［11］王婷．物流操作实务［M］．北京：机械工业出版社，2006.

［12］包忠明、何彦．财务管理实务教程［M］．北京：北京大学出版社，2013.

［13］李承霖．企业物流管理实务［M］．北京：北京理工大学出版社，2008.